普通高等院校“十三五”规划教材
“互联网+”融媒体系列教材

U0958446

金融学学习指导书

徐嵩杰 隋安琪／主编
孙蕾蕾 田密／副主编

立信会计出版社
LIXIN ACCOUNTING PUBLISHING HOUSE

图书在版编目(CIP)数据

金融学学习指导书 / 徐嵩杰，隋安琪主编. —上海：立信会计出版社，2022.7

ISBN 978 - 7 - 5429 - 7105 - 0

Ⅰ.①金… Ⅱ.①徐… ②隋… Ⅲ.①金融学—教材 Ⅳ.①F830

中国版本图书馆 CIP 数据核字(2022)第 117414 号

策划编辑 郭 光
责任编辑 郭 光

金融学学习指导书

JINRONGXUE XUEXI ZHIDAOSHU

出版发行	立信会计出版社		
地 址	上海市中山西路 2230 号	邮政编码	200235
电 话	(021)64411389	传 真	(021)64411325
网 址	www.lixinaph.com	电子邮箱	lixinaph2019@126.com
网上书店	http://lixin.jd.com		http://lxkjcbs.tmall.com
经 销	各地新华书店		

印 刷	常熟市华顺印刷有限公司	
开 本	787 毫米×1092 毫米	1/16
印 张	14.25	
字 数	302 千字	
版 次	2022 年 7 月第 1 版	
印 次	2022 年 7 月第 1 次	
印 数	1—2100	
书 号	ISBN 978 - 7 - 5429 - 7105 - 0/F	
定 价	42.00 元	

前　言

本书是《金融学》的配套学习指导书，具有应用性、针对性和易学性的特点。本书注重学用结合，理论联系实际，适合应用型院校的经济与金融、投资学、财务管理、工商管理、市场营销、国际贸易等专业的教学，也可以作为对金融学有兴趣的读者的学习参考书。

本书在编写过程中，充分考虑人才培养和专业教学改革的需要，在内容和结构安排上与《金融学》相一致，每章节设计了“内容概要”“练习题”和“参考答案”三部分，便于学生梳理总结各章知识脉络，进行查漏补缺。

本书主要有以下亮点：

(1) 遵循应用型院校的教育理念，调整知识难易程度，同时保证金融学知识体系的合理性与完整性。

(2)“内容概要”部分梳理总结了每章的知识脉络，便于学生对知识点进行回顾，整体把握知识点间的逻辑关系，做到了然于胸。

(3)“练习题”部分结合金融学相关考试的经典考题，融合国家经济发展战略和金融政策，便于学生对各章节内容进行自测的同时，逐渐掌握金融学重要考点，把握经济发展中出现的新思想、新内容、新技术，与时俱进。

(4)“参考答案”部分不仅给出了练习题的参考答案，而且提供了详细的答案解析，对题目考核的知识点进行说明，让学生知其然也知其所以然。

本书由徐嵩杰、隋安琪、孙蕾蕾、田密、魏来、孔令一、刘燕、李满林编写。在编写过程中，编者参阅了大量的文献资料和相关教材，得到多位专家及商业银行、证券公司等金融系统人士的支持，以及立信会计出版社郭光编辑的大力支持，在此表示诚挚的谢意！

书中如有疏漏之处，敬请广大读者批评指正，以便本书能够得到不断的充实和完善。

编　者

2022 年 6 月

目　录

第一章 货币与货币制度

第一部分 内容概要

一、货币的概念、本质与形态

(一) 货币的概念

经济学家通常把货币定义为一种普遍被接受的、可以用来购买商品并且可以用来清偿债务的物品。上述概念包含两层含义：①普遍可接受性，即使用货币的时候，大家都愿意接受。②商品交换的媒介并能偿还债务。当然这一定义并不是十分精确的。从货币的本质来说，货币是商品，但又不是一般的商品，而是固定地充当一般等价物的特殊商品，并体现一定的社会生产关系。

(二) 货币的本质

货币是固定地充当一般等价物的特殊商品，反映了一定的社会生产关系。

1. 货币是固定地充当一般等价物的特殊商品

货币之所以能成为一般等价物，是因为货币首先是商品，但它又不是一般商品，而是特殊商品。

2. 货币反映一定的社会生产关系

货币作为一般等价物，无论是表现在金银上，还是表现在某种价值符号上，都只是一种表面现象，其实质是反映商品生产者之间的关系。

(三) 货币的形态

货币的形态大致经历了实物货币、金属货币、代用货币、信用货币几个阶段。

1. 实物货币

实物货币是人类历史上最古老的一种货币形态。这些物品既是普通商品，可随时直接用于消费，又是特殊货币商品，可用来进行间接交换。由于多数实物货币都不易分割、不易保存、不便携带，因而不利于行使货币职能。

2. 金属货币

金属货币是指以金属作为货币材料，充当一般等价物。由于金属货币具有价值比较稳定、易于分割、易于保存、便于携带等优点，因此在交换中逐渐代替非金属实物货币成为主要交换手段，最终成为通行的货币。

3. 代用货币

代用货币是代替金属货币在市场上流通的货币。它作为可流通的金属货币的凭据代替金属货币流通，其本身的价值就是所替代的金属货币的价值。货币只是交换的手段，而不是交换的目的，在货币不断转手的过程中，单有货币的象征存在就够了，这就产生了由价值符号或代用货币替代真实货币的可能性。

4. 信用货币

信用货币是以国家信用作为保证，通过信用程序发行和创造的货币。信用货币是货币进一步发展的产物，它不再代表任何贵金属，目前世界上几乎所有国家都采用这一货币形态。

二、货币的职能

货币大致有五种职能：交易媒介、记账单位、价值储藏、延期支付标准和国际货币。

（一）交易媒介

交易媒介是指在商品和服务交易过程中，货币充当购买手段，是一种交易的工具。货币充当交易媒介，发挥流通手段的职能，可以大大节约商品和服务的交易时间，从而提高经济效率，降低交易成本。

用于商品和服务交易的时间就是交易成本。通过大幅度降低交易过程中所耗费的时间，人们将会有更多时间从事自己擅长的工作，分工越来越细，效率越来越高，从而能够促进整个社会经济效率的提高。因此，货币在经济运行过程中起着至关重要的作用。

（二）记账单位

记账单位又称价值标准，是指能够使用货币来衡量经济运行过程中各种商品和服务的价值。货币充当这一职能表明货币作为一种计价货币在发挥作用。

随着货币的使用，整个社会交易的过程大为简化，交易成本大幅降低，货币对经济发挥越来越重要的作用。目前，随着全球一体化的普及和加快，国际贸易越来越普遍，在国际金融市场上也需要一些货币来充当国际货币。

（三）价值储藏

价值储藏是指用货币来实现购买力的长期储存。货币在执行价值储藏的职能时，作为社会财富一般代表的货币退出流通领域被贮藏起来。

货币作为价值储藏的手段主要取决于物价水平。如果整体物价水平上涨，那么作为价值储藏功能的货币币值就降低；如果整体物价水平下降，那么作为价值储藏功能的货币币值就提高。

（四）延期支付标准

延期支付标准是指货币在长期合同交易中作为计价支付的单位。该职能产生于商品的赊销、预付过程中。由于很多商品生产者互相欠债，货币作为延期支付手段，使有些债务可以互相抵消，不再需要以货币作为流通手段，这就可以减少流通中所需要的货币量。

（五）国际货币

国际货币是指在国际金融市场上执行货币职能的货币。目前世界上除了黄金，美元、欧元、英镑、日元等货币也在国际金融市场上执行着全部或部分国际货币的职能。一国货币成为国际货币有许多好处，其中之一就是铸币税收入。铸币税原指金属货币制度下铸币成本与其在流通中的币值之差。

人民币国际化是我国的一项长期战略。从货币的几个主要职能来分析，现阶段，人民币可以在国际金融市场上部分完成交易媒介、价值储藏、延期支付标准职能，但人民币要完成记账的职能还有一段很长的路要走，而这恰恰是作为国际货币所需具备的一个十分重要的条件。

三、货币制度

（一）货币制度的内容

货币制度，又称为币制，是指一个国家或地区以法律的形式确立的货币流通结构、体系及其组织形式。一般来说，货币制度的内容包括以下几个方面。

1. 货币材料的确定

货币材料的确定是整个货币制度的基础，也是一种货币制度区别于另一种货币制度的依据。货币材料的确定并不是由各国政府任意选择的，而是由客观经济发展的进程所决定的。

2. 货币单位和价格标准

货币材料确定之后，就要规定货币单位的名称及其所含货币金属的重量。在金属货币流通条件下，价格标准是铸造单位货币的法定含金量。世界各国的货币单位均有不同的名称。例如，我国的货币单位是人民币元，美国的货币单位是美元，英国的货币单位是英镑，欧盟的货币单位是欧元等。

3. 本位币、辅币及其偿付能力

1）本位币

本位币是一个国家的基本通货和法定的计价结算货币。本位币的铸造、发行与流通，有自由铸造和无限法偿的特点。

2）辅币

辅币是本位币以下的小额通货，供小额周转使用，它的特点是面额小、流通频繁、磨损快，有以下特征：

（1）辅币一般用贱金属铸造。

（2）辅币是不足值的铸币。

（3）辅币可以与本位币自由兑换。

(4) 辅币限制自由铸造。

(5) 辅币是有限法偿货币。

(二) 货币制度的演变过程

1. 银本位制

银本位制是指以白银为本位货币币材的一种货币制度。在货币本位制度的演变过程中,银本位制是最早的货币制度。它是与封建社会经济发展相适应的货币制度。银本位制的最大缺点是银价不稳定,易受产银国白银政策的影响而剧烈波动。银价猛升猛跌,都会严重影响经济的稳定。

2. 金银复本位制度

金银复本位制度是指金银两种金属同时被法律承认为货币金属,即金币和银币同时作为本位币,都可以自由铸造,都具有无限法偿能力。

3. 金本位制

金本位制是以黄金为本位币的相对稳定的一种货币制度,其内在特征保证了货币价值对内和对外的稳定,从而促进了商品生产的发展和商品流通的扩大。

4. 信用货币制度

信用货币制度,又称不兑现的纸币流通制或不兑现本位制,是指以不兑换黄金的信用货币——纸币为本位币的货币制度。金本位制崩溃后,流通中的银行券丧失了直接或间接地与黄金兑换的条件,被不兑现的纸币所代替。

四、货币的层次

(一) 货币层次划分的含义

货币层次划分,是指将流通中的货币量按照其流动性的强弱进行相关排列,分成若干层次并用符号代表的一种方法。实际上,货币的不同层次就是不同范围的货币概念。

(二) 货币层次划分的依据

长期以来,人们对货币层次的划分有很多不同的观点,但在把金融资产的"流动性"作为划分货币层次的主要依据这点上,看法却是一致的。因此,货币层次划分的主要依据就是"流动性"。

(三) 货币层次划分的意义

在实际工作中,各国中央银行依据流动性,并按照本国的具体情况和货币政策要求,规定了各自的货币层次划分,公布了不尽相同的"货币层次指标系列",同时根据理论发展状况和实际操作经验作适当的调整。划分货币层次,进而统计和公布各层次的货币供应量,对研究货币供应量的增减、促进社会总需求与总供给的平衡、加强和改善我国宏观调控均具有重要意义。

第二部分　练　习　题

一、名词解释

1. 货币
2. 实物货币
3. 金属货币
4. 代用货币
5. 信用货币
6. 交易媒介
7. 价值储藏
8. 国际货币
9. 价格标准
10. 本位币
11. 辅币
12. 金银复本位制度
13. 金本位制度
14. 信用货币制度
15. 货币层次划分

二、单项选择题

1. 国际上一般以货币的(　　)作为货币层次划分的主要依据。

A. 安全性　　B. 稳定性

C. 流动性　　D. 变现性

2. 人类历史上最古老的一种货币形态是(　　)。

A. 实物货币　　B. 金属货币

C. 代用货币　　D. 信用货币

3. 货币在商品和服务交易过程中充当购买手段是货币执行(　　)职能。

A. 记账单位　　B. 交易媒介

C. 价值储藏　　D. 延期支付标准

4. 下列各项中,被称为“不兑现本位制”的是(　　)。

A. 银本位制　　B. 金银复本位制度

C. 金本位制　　D. 信用货币制度

5. 不受国际贵金属价格影响的货币制度是(　　)。

A. 银本位制　　B. 金银复本位制度

C. 金本位制　　D. 信用货币制度

6. 在国际货币基金组织的货币层次划分里,M_1 是指(　　)。

A. 现钞　　B. M_0＋活期存款

C. M_0＋准货币　　D. M_0＋活期存款＋准货币

7. 在美国的货币层次划分里,银行承兑票据被划分在(　　)。

A. M_1　　B. M_2

C. M_3　　D. L

8. (　　)具有价值比较稳定、易于分割、易于保存、便于携带等优点。

A. 实物货币　　B. 金属货币

C. 代用货币　　D. 信用货币

9. “制作成本低,便于流通和携带”是(　　)的特点。

A. 银本位制　　B. 金银复本位制度

C. 金本位制　　D. 信用货币制度

10. 按中国的货币层次划分,流动性最强的是(　　)。

A. M_0　　B. M_1

C. M_2　　D. M_3

三、多项选择题

1. 货币的职能有(　　)。

A. 记账单位　　B. 交易媒介

C. 价值储藏　　D. 延期支付标准

2. 货币的形态有(　　)。

A. 实物货币　　B. 金属货币

C. 代用货币　　D. 信用货币

3. 不兑现本位制的优点有(　　)。

A. 不受金银数量的限制　　B. 与贵金属脱钩

C. 制作成本低　　D. 不具有储存价值

4. 不兑现本位制的缺点有(　　)。

A. 受金银数量的限制　　B. 大量发行导致通货膨胀

C. 对外汇率变化波动较大　　D. 过多的人为因素

5. 在美国的货币层次划分里,M_1 包含(　　)。

A. 活期存款　　B. 储蓄存款

C. 大额定期存款　　D. 旅行支票

6. 在日本的货币层次划分里，M_1 包含(　　)。

A. 可转让大额定期存单　　B. 定期存款

C. 现金　　D. 活期存款

7. 信用货币包括(　　)。

A. 银行券　　B. 支票

C. 活期存款　　D. 商业票据

8. 货币支付职能发挥作用的场所有(　　)。

A. 赋税　　B. 各种劳动报酬

C. 国家财政　　D. 银行信用

9. 下列各项中，对本位币的理解正确的有(　　)。

A. 本位币是一国的基本通货　　B. 本位币具有有限法偿能力

C. 本位币具有无限法偿能力　　D. 本位币具有排他性

10. 货币制度的基本类型有(　　)。

A. 银本位制度　　B. 金银复本位制度

C. 信用货币制度　　D. 银行券本位制度

四、判断题

1. 货币之所以能成为一般等价物，是因为货币首先是商品，但它又不是一般商品，而是特殊商品。(　　)
2. 信用货币的代表形式是银行券，即银行发行的一种不定期的债务凭证。(　　)
3. 信用货币是货币进一步发展的产物，它不再代表任何贵金属。(　　)
4. 货币在执行价值储藏的职能时，作为社会财富一般代表的货币退出流通领域被贮藏起来。(　　)
5. 交易媒介是指在国际金融市场上执行货币职能的货币。(　　)
6. 延期支付标准是指货币在长期合同交易中作为计价支付的单位。(　　)
7. 辅币是无限法偿货币。(　　)
8. 金银复本位制度是指金银两种金属同时被法律承认为货币金属。(　　)
9. 双本位制是指国家规定金币可以自由铸造而银币不允许自由铸造。(　　)
10. 流动性越强的金融资产，现实购买力越强。(　　)
11. 最早的货币形式是金属铸币。(　　)
12. 金铸币本位制在金属货币制度中是最稳定的货币制度。(　　)
13. 劣币驱逐良币产生于信用货币制度的不可兑换性。(　　)
14. 纸币之所以能成为流通手段是因为其本身具有价值。(　　)

15. 信用货币制度下金银储备成为货币发行的准备。 ( )
16. 货币的产生源于交换的产生与发展及商品内部矛盾的演变。 ( )
17. 金属货币自由铸造制度的意义在于使铸币价值与金融价值保持一致。 ( )
18. 人民币制度是不兑现的信用货币制度。 ( )
19. 金融货币制度发挥蓄水池功能的前提是要有足够多的币材金属储藏。 ( )
20. 银行券是随着资本主义银行的发展而首先在欧洲出现于流通中的纸质货币。 ( )

五、简答题

1. 简述货币的本质。
2. 简述货币的形态。
3. 简述货币的职能。
4. 简述不兑现本位制的优点。
5. 简述货币层次划分的含义和目的。

第三部分 参考答案

一、名词解释

1. 货币

货币是指一种普遍被接受的、可以用来购买商品并且可以用来清偿债务的物品。

2. 实物货币

实物货币是指人类历史上最古老的一种货币形态。这些物品既是普通商品,可随时直接用于消费,又是特殊货币商品,可用来进行间接交换。

3. 金属货币

金属货币是指以金属作为货币材料,充当一般等价物的货币。金属货币具有价值比较稳定、易于分割、易于保存、便于携带等优点,因此在交换中逐渐代替非金属实物货币成为主要交换手段,最终成为通行的货币。

4. 代用货币

代用货币是指代替金属货币在市场上流通的货币。它作为可流通的金属货币的凭据代替金属货币流通,其本身的价值就是所代替的货币的价值。

5. 信用货币

信用货币是指以国家信用作为保证,通过信用程序发行和创造的货币。

6. 交易媒介

交易媒介是指在商品和服务交易过程中,货币充当购买手段,作为一种交易的工具。

7. 价值储藏

价值储藏是指用货币来实现购买力的长期储存。货币在执行价值储藏的职能时，作为社会财富一般代表的货币退出流通领域被贮藏起来。

8. 国际货币

国际货币是指在国际金融市场上执行货币职能的货币。目前世界上除了黄金，美元、欧元、英镑、日元等货币也在国际金融市场上执行着全部或部分国际货币的职能。

9. 价格标准

价格标准是指货币材料确定之后，就要规定货币单位的名称及其所含货币金属的重量。

10. 本位币

本位币是指一个国家的基本通货和法定的计价结算货币。

11. 辅币

辅币是指本位币以下的小额通货，供小额周转使用，它的特点是面额小、流通频繁、磨损快。

12. 金银复本位制度

金银复本位制度是指金银两种金属同时被法律承认为货币金属，即金币和银币同时作为本位币，都可以自由铸造，都具有无限法偿能力。

13. 金本位制度

金本位制度是指以黄金为本位币的相对稳定的一种货币制度，其内在特征保证了货币价值对内和对外的稳定，从而促进了商品生产的发展和商品流通的扩大。

14. 信用货币制度

信用货币制度，又称不兑现的纸币流通制或不兑现本位制，是指以不兑换黄金的信用货币——纸币为本位币的货币制度。

15. 货币层次划分

货币层次划分是指将流通中的货币量按照其流动性的强弱进行相关排列，分成若干层次并用符号代表的一种方法。

二、单项选择题

1	2	3	4	5	6	7	8	9	10
C	A	B	D	D	B	D	B	D	A

【重难点讲解】

1. 国际上一般以货币的流动性作为货币层次的划分的主要依据。
2. 人类历史上最古老的一种货币形态是实物货币。
3. 交易媒介是指在商品和服务交易过程中，货币充当购买手段，作为一种交易的工具。

货币充当交易媒介，发挥流通手段的职能，可以大大节约商品和服务的交易时间，从而提高经济效率，降低交易成本。

4. 信用货币制度，也称为“不兑现本位制”。

5. 不兑现本位制的优点有不受金银数量的限制、与贵金属脱钩、制作成本低。

6. $M_1 = M_0$ + 商业银行活期存款(支票存款)。

7. $L = M_3$ + 短期财政部证券 + 商业票据 + 储蓄债券 + 银行承兑票据。

8. 金属货币具有价值比较稳定、易于分割、易于保存、便于携带等优点。

9. 信用货币制度具有“制作成本低，便于流通和携带”的特点。

10. 中国的货币层次划分中，流动性最强的是 M_0。

三、多项选择题

1	2	3	4	5	6	7	8	9	10
ABCD	ABCD	ABC	BCD	AD	CD	ABCD	ABCD	ACD	ABC

【重难点讲解】

1. 货币的职能有记账单位、交易媒介、价值储藏、延期支付标准。

2. 货币的形态有实物货币、金属货币、代用货币和信用货币。

3. 不兑现本位制的优点有不受金银数量的限制、与贵金属脱钩、制作成本低。

4. 不兑现本位制的缺点有大量发行导致通货膨胀、对外汇率变化波动较大、过多的人为因素。

5. 在美国，M_1 = 通货 + 旅行支票 + 活期存款 + 其他支票存款。

6. 在日本，M_1 = 现金(银行券发行额与辅币之和减去金融机构库存现金后的余额) + 活期存款(企业活期存款、活期储蓄存款、通知即付存款、特别存款和纳税准备金存款)。

7. 信用货币包括期票、银行券、支票、辅币、纸币、银行存款、电子货币。

8. 货币可以支持各种交易状况。

9. 本位币是一个国家的基本通货和法定的计价结算货币。本位币的铸造、发行与流通，具有自由铸造和无限法偿的特点。

10. 货币制度的基本类型有银本位制度、金银复本位制度、金本位制、信用货币制度。

四、判断题

1	2	3	4	5	6	7	8	9	10
√	×	√	√	×	√	×	√	×	√
11	12	13	14	15	16	17	18	19	20
×	√	×	×	×	√	√	√	√	√

【重难点讲解】

2. 信用货币存在的形式主要是现金和银行存款。

5. 国际货币是指在国际金融市场上执行货币职能的货币。

7. 信用货币是无限法偿货币。

9. 双本位制是指金银两种货币由政府规定固定的比价，按法定比价流通。

11. 实物货币是人类历史上最古老的一种货币形态。

13. “劣币驱逐良币”，就是在两种实际价值不同而名义价值相同的货币同时流通的情况下，实际价值较高的货币（良币）必然会被人们熔化、收藏而退出流通领域。

14. 纸币本身不具有价值。

15. 在现代信用货币制度下，铸币税指货币当局依靠货币垄断权，用纸制货币向居民换取实际经济资源。

五、简答题

1.【参考答案】

(1) 货币是固定地充当一般等价物的特殊商品。货币之所以能成为一般等价物，是因为货币首先是商品，但它又不是一般商品，而是特殊商品。

(2) 货币反映一定的社会生产关系。货币作为一般等价物，无论是表现在金银上，还是表现在某种价值符号上，都只是一种表面现象，其实质是反映商品生产者之间的关系。

2.【参考答案】

货币的形态主要包括：①实物货币。②金属货币。③代用货币。④信用货币。

3.【参考答案】

货币大致有五种职能，主要包括：①交易媒介。②记账单位。③价值储藏。④延期支付标准。⑤国际货币。

4.【参考答案】

(1) 货币供应不受金银数量的限制，具有较大的伸缩性，它可以根据经济发展需要做出调节，对于稳定经济发展具有重大意义。

(2) 纸币与贵金属脱钩，纸币对外汇率也不受国际贵金属价格的影响，通过调节本国货币供应量，可以对国内经济发展和国际收支进行调节。

(3) 纸币的制作成本低，便于流通和携带。

5.【参考答案】

货币层次划分，是指将流通中的货币量按照其流动性的强弱进行相关排列，分成若干层次并用符号代表的一种方法。实际上，货币的不同层次就是不同范围的货币概念。

划分货币层次，目的是掌握流通中各类货币的特定性质、运行规律以及它们在整个货币体系中的地位，进而探索货币流通和商品流通在结构上的依存关系和适应程度，以使中央银行制定正确的货币政策，实施及时、有效、有重点的金融宏观调控。

第二章　信用与利息

第一部分　内容概要

一、信用的产生与发展

剩余产品的产生使商品交换出现了，随着时间的推移，一部分人占有了较多的剩余商品，而另一部分人却因贫穷而进行借贷，于是产生了最早的信用。信用有两种具体形式：一是实物借贷；二是货币借贷。随着自然经济向商品经济的过渡，货币借贷逐渐取代了实物借贷而成为借贷关系的主要形式。

（一）信用的含义与特征

广义的信用是从道德和法律的范畴进行的定义，主要指各主体在各类社会活动中信守诺言，它是一种处理各类社会关系的行为准则，属于道德和法律的范畴。狭义的信用是从经济上进行的界定，即以偿还本金和支付利息为基本特征的借贷行为。具体来说就是商品和货币的所有者（贷者）把商品和货币让渡给使用者（借者）并约定一定时间由借者还本付息的行为。它体现了一种特殊的经济关系。狭义的信用有如下特征：

（1）信用反映借贷行为。

（2）信用关系体现债权债务关系。

（3）信用具有更长的运行周期。

（二）信用的构成要素

信用关系是由借者和贷者构成的债权债务关系，其构成要素包括债权与债务、借贷期限、信用工具以及利率与利息。

（三）信用的经济功能

信用存在于现代经济的方方面面，对经济的影响较大，因此维护良好的信用环境对一个经济体来说较为重要，信用的经济功能主要体现在以下三个方面：

（1）信用能够促进社会资源的有效配置。

（2）信用能够提高资金的使用效率，包括节约货币流通费用和节约商品流通费用。

（3）信用能够调节经济总量及其结构。

二、信用形式

（一）国家信用

国家信用是指国家、政府或其附属机构作为债务人，向社会筹集资金的一种信用方式。

国家信用分为国内信用和国际信用两种。国内信用是指债务人从国内筹集资金的行为，国际信用是指债务人从国外筹集资金的行为。国家信用的特点主要包含以下几点：

（1）国家信用的风险极低，国家信用水平是最高的，风险是最小的。

（2）国家信用的债务人是政府。国家信用的债权人是持有国家债券的单位和个人，债务人是国家或地方政府。

（3）国家信用和银行信用之间关系密切。

（4）国家信用主要用于财政开支。

国家信用的作用主要包含以下几点：

（1）国家信用是弥补财政赤字、解决财政困难的较好途径。

（2）国家信用是国家优化资源配置的方式。

（3）国家信用是政府实施宏观调控的手段。

（二）商业信用

商业信用是指企业之间相互提供的、与商品交易相联系的信用。其具体形式有赊销商品、分期付款、委托代销、预付定金、预付货款等，归纳起来主要有赊销和预付两大类，其中赊销是商业信用的典型形式。商业信用具有以下特点：

（1）商业信用的债权人和债务人都是企业。

（2）商业信用是在企业购销活动中自发产生的一种信用形式。

（3）商业信用风险较大。

商业信用的局限性包括授信规模小、授信方向单一、授信期限短、授信对象窄。

（三）银行信用

银行信用是银行及其他金融机构以货币形式向其他经济个体，如企业、单位、个人等提供的信用，它一般通过存款、贷款等业务活动提供信用。

银行信用具有以下特点：

（1）银行信用以货币作为信用对象。

（2）银行信用是间接的信用。

（3）银行信用具有扩张性。

（4）银行信用的风险较低。

银行信用与商业信用的关系：商业信用是银行信用的基础，银行信用为商业信用提供保障，银行信用是在商业信用基础上产生并发展起来的，并克服了商业信用的局限性。

（四）消费信用

消费信用是指企业、银行等机构向消费者个人提供的用于消费的信用。消费信用的特点是先消费、后付款，旨在解决居民个人支付能力不足的问题，实现提前消费的目的。消费信用的方式主要有商品赊销、分期付款、消费贷款、信用卡等。

消费信用的作用包括：提高社会福利水平、促进消费水平、调控经济增长等。

(五) 民间信用

民间信用一般指民间借贷,是指自然人、法人和非法人组织之间进行资金融通的行为。这种信用的特点是借贷期限相对较短、利率较高、风险较大、容易发生违约纠纷。民间信用具体有以下两种形式:

(1) 个人之间的直接借贷。个人之间的资金融通仍然是民间信用最广泛的形式,具体包括营利型和非营利型两种。

(2) 集资。传统的集资是指企业、单位向内部员工强制性或利诱性筹集资金。如今,集资的借款主体扩展到基层政府、其他社会组织,借款客体也突破了企业、单位内部而走向社会。

三、信用工具

信用工具也称为金融工具,是一种以书面形式发行和流通的载明资金交易金额、期限、价格等的合法凭证。

(一) 信用工具的特征

1. 期限性

信用工具的期限性表明其有一个确定的偿还期限。期限性是指信用工具规定了资金盈余者向资金短缺者转移资金的期限。债权人可按信用工具上记载的应偿还债务的时间,到期收回债权或投资。

2. 流动性

流动性是指信用工具具有变现能力,即在损失较小的前提下迅速变为货币。

3. 收益性

收益性是指信用工具能定期或不定期地给持有者带来收益的特性。

4. 风险性

风险性是指信用工具的本金和预期收益遭受损失的可能性,如市场风险、信用风险、流动性风险等。

(二) 信用工具的分类

信用工具的种类繁多,根据不同的特点又有不同的分类方法。

(1) 按发行者的融资方式划分,信用工具可分为直接信用工具和间接信用工具。

(2) 按是否与实际信用活动直接相关,信用工具可分为基础性信用工具和衍生信用工具。

(3) 按信用工具的期限划分,信用工具可分为短期信用工具和长期信用工具。

(三) 常见的信用工具

1. 票据

票据是指出票人约定自己或付款人在见票时或指定日期,向收款人或持票人无条件支付确定金额并转让的证券。

1）汇票

汇票是最常见的票据类型之一，汇票是国际结算中使用最广泛的一种信用工具，它随着国际贸易的发展而产生，解决了国际贸易的买卖双方相距远、所用货币各异、不能像国内贸易那样方便地进行结算的问题。

2）本票

本票是债务人向债权人签发的，或由出票人签发的，承诺自己在见票时无条件地支付一定金额给收款人或持票人的票据。根据出票人的不同，本票可以分为银行本票和商业本票。

3）支票

支票是由出票人（活期存款的存款人）签发的，委托办理支票存款业务的银行在见票后从其账户上支付一定金额给收款人或持票人的无条件支付命令书。支票经过背书可以流通转让。支票是以银行为付款人的即期票据。它一般由银行的活期存款客户签发，要求银行在其存款额度或约定的透支额度内无条件即期支付一定款项给收款人或持票人。

2. 债券

债券是一种债务融资工具，表明债券持有者有权向债券发行者定期取得固定的利息收入，并到期收回本金，在债券到期前也可以在流通市场上出售以获得现款。债券是有价证券的重要组成部分。债券的本质是债权债务关系的证明书，具有法律效力。政府、金融机构、工商企业等债券的发行人是债务人，债券购买者或投资者是债权人，他们与发行者之间形成一种债权债务关系。债券一般根据发行主体来分类。债券按发行主体的不同可分为政府债券、金融债券、公司债券。

3. 股票

股票是股份公司发行的所有权凭证，是股份公司为筹集资金而发行给各个股东作为持股凭证并借以取得股息和红利的一种有价证券，每股股票都代表股东对公司拥有一个基本单位的所有权。股票一般可以分为普通股和优先股两种类型。

4. 金融衍生工具

金融衍生工具是在货币、债券、股票等传统金融工具的基础上衍生而来的，以杠杆和信用交易为特征的金融工具。金融衍生信用工具是金融创新的产物，其种类繁多，主要有金融远期合约、金融期货合约、金融期权合约和金融互换合约。

四、利息与利率

利息是指在一定时期内，资金拥有人将使用资金的自由权转让给借款人所获得的报酬。马克思针对资本主义经济中的利息指出：贷出者（借贷资本家）和借入者（产业资本家）双方都是把同一货币额作为资本支出的，但同一货币额这项资本支出只有在后者手中才执行资本的职能。同一货币额作为资本对两个人来说取得了双重的存在，这并不会使利润增加。

它之所以能对双方都作为资本执行职能，只是由于利润的分割。其中归贷出者的部分叫作利息。

(一) 利率及其分类

利率是利息率的简称，是一定时期内利息同本金的比率。利率是表示利息水平的指标，体现着借贷资本的增值程度，是衡量利息数量的尺度，是一种重要的经济杠杆，真实反映借贷资本的价格水平。按不同标准对利率进行分类如下：

(1) 按照计算利息的期限，利率分为年利率、月利率和日利率。

(2) 按照利率决定方式，利率分为官方利率、公定利率和市场利率。

(3) 按照借贷期内利率是否浮动，利率可分为固定利率和浮动利率。

(4) 按照是否带有优惠性质，利率可分为一般利率和优惠利率。

(5) 按照真实水平，利率可分为名义利率和实际利率。

(6) 按照作用不同，利率可分为基准利率和普通利率。

(二) 利息的计算方法

1. 单利法

单利法是仅以本金为基数计算利息的一种利息计算方法，单利法对利息不再计息。其计算公式为：

$$I = P \times r \times n$$

$$S = P + I = P \times (1 + r \times n)$$

式中：I 为利息额；P 为本金；r 为利率；n 为时间；S 为本利和。

2. 复利法

复利法是将上期利息加入本金一并计息的利息计算方法，即“利滚利”“利打滚”的计算方法。其计算公式为：

$$S = P \times (1 + r)^n$$

$$I = S - P = P \times [(1 + r)^n - 1]$$

式中：I 为利息额；P 为本金；r 为利率；n 为时间；S 为本利和。

五、利率的影响因素及作用

(一) 利率的影响因素

在现实经济生活中，市场利率是频繁变动的，决定和影响利率变动的因素有很多，主要有社会平均利润率、经济周期与国家经济、资金供求状况、价格水平的变动、国际利率水平等。

(二) 利率的功能与作用

在市场经济条件下，利率及其变动直接关系到金融市场各个主体的经济利益，从而成为一个重要而有效的经济杠杆，在调节储蓄与投资、进行价格调控、督促企业提高经营管理水平、优化资源配置等方面具有强大的功能和作用。

第二部分　练　习　题

一、名词解释

1. 商业信用
2. 银行信用
3. 消费信用
4. 信用工具
5. 直接信用工具
6. 基础性信用工具
7. 票据
8. 汇票
9. 商业汇票
10. 本票
11. 支票
12. 利率

二、单项选择题

1. 信用有两种具体形式，一是实物借贷，一是(　　)。

A. 虚拟借贷　　B. 资本借贷
C. 政府借贷　　D. 货币借贷

2. 在借贷活动中当事人一方是债权人，其将商品或货币借出称为(　　)。

A. 授信　　B. 贷款
C. 被授信　　D. 借款

3. 在买卖双方交易达成后，债权债务关系延续下来，直到债务人还本付息这种借贷关系才算结束，这个时间间隔是指(　　)。

A. 借贷期限　　B. 借贷期间
C. 借贷周期　　D. 周转实践

4. 用来证明债权债务关系并具有法律效力的书面文件是(　　)。

A. 信用工具　　B. 证书
C. 借条　　D. 信用形式

5. (　　)是指商业银行或信用卡公司对信用合格的消费者发行的信用证明。

A. 借记卡　　B. 贷记卡

C. 信用卡　　D. 消费卡

6. (　　)是指企业、单位向内部员工强制性或利诱性筹集资金，如今，借款主体扩展到基层政府、其他社会组织，借款客体也突破了企业、单位内部而走向社会。

A. 借贷　　B. 集资

C. 信用　　D. 发行

7. (　　)是指信用工具具有变现能力，即在损失较小的前提下迅速变为货币。

A. 流动性　　B. 收益性

C. 变现性　　D. 不确定性

8. 票据的收款人或持票人为了将未到期的票据转让给第三者而在票据的背面签名、盖章的行为称为(　　)。

A. 开票　　B. 背书

C. 承兑　　D. 付款

9. (　　)是在商业贸易活动中由债权人(如销售方)向债务人(如购货方)或者债务人的委托银行签发的汇票，要求债务人在一定时间内无条件支付一定的金额给收款人。

A. 商业汇票　　B. 银行汇票

C. 承兑汇票　　D. 支票

10. (　　)是债务人向债权人签发的，或由出票人签发的，承诺自己在见票时无条件地支付一定金额给收款人或持票人的票据。

A. 汇票　　B. 支票

C. 债券　　D. 本票

11. 公司债券或企业债券是公司或企业为筹措资金而发行的债券，其管理机构是(　　)。

A. 银保监会　　B. 企业

C. 中央银行　　D. 证监会

12. 在我国上海证券交易所和深圳证券交易所进行交易的股票都是(　　)。

A. 普通股　　B. 蓝筹股

C. 优先股　　D. 股权

13. (　　)是由金融机构或行业公会、协会等民间权威金融组织用协商的办法所确定的利率。

A. 公定利率　　B. 官方利率

C. 市场利率　　D. 浮动利率

14. 按照是否带有优惠性质，利率可划分为(　　)。

A. 一般利率和优惠利率　　B. 固定利率和浮动利率

C. 官方利率和市场利率　　D. 固定利率和优惠利率

15. 我国目前定期储蓄存款利率是(　　),而贷款利率则是浮动利率。

A. 固定利率　　B. 浮动利率

C. 年利率　　D. 不固定利率

16. (　　)是指借贷合同和有价证券上标明的利率。

A. 名义利率　　B. 实际利率

C. 货币利率　　D. 浮动利率

17. 价格水平的变动直接关系到实际利率水平的高低,要保持实际利率不降低,在价格总水平上升的情况下,名义利率就应(　　)。

A. 提高　　B. 降低

C. 不变　　D. 不一定

18. 国际利率水平对一国利率水平的影响与一国的(　　)有关。

A. 利率　　B. 汇率

C. 开放程度　　D. 通货膨胀率

19. 利率提高,储蓄存款的增长速度就会(　　)。

A. 提高　　B. 降低

C. 不变　　D. 不一定

20. 国家可以自觉地运用利率杠杆来调节国民经济结构,主要是采用(　　)。

A. 差别利率　　B. 降低利率

C. 提高利率　　D. 利率督促

三、多项选择题

1. 信用关系是由借者和贷者构成的债权债务关系,其构成要素包括(　　)。

A. 债权与债务　　B. 借贷期限

C. 利率与利息　　D. 信用工具

2. 信用形式体现出多样化的特点,按借贷主体不同,信用可分为(　　)。

A. 国家信用　　B. 消费信用

C. 商业信用　　D. 银行信用

3. 商业信用的局限性包括(　　)。

A. 授信规模小　　B. 授信期限短

C. 授信方向单一　　D. 授信对象窄

4. 下列各项中,属于信用的经济功能的有(　　)。

A. 促进社会资源的有效配置　　B. 节约货币流通费用

C. 提高资金的使用效率　　D. 节约商品流通费用

5. 国家信用就其内债而言,形式主要有(　　)。
A. 公债　　B. 国债
C. 国际债券　　D. 政府借款
6. 下列各项中,属于银行信用的特点的有(　　)。
A. 以货币作为信用对象　　B. 银行信用是间接的信用
C. 银行信用具有扩张性　　D. 银行信用的风险较低
7. 下列各项中,属于消费信用的有(　　)。
A. 商品赊销　　B. 分期付款
C. 消费贷款　　D. 信用卡
8. 消费信用的作用有(　　)。
A. 提高社会福利水平　　B. 调控经济增长
C. 促进消费水平　　D. 增加国家债务
9. 短期信用工具主要指偿还期在1年及1年以下的信用工具,包括(　　)。
A. 国库券　　B. 各类票据
C. 政府债券　　D. 信用证
10. 普通股股东的权利有(　　)。
A. 公司决策参与权　　B. 优先认股权
C. 利润分配权　　D. 剩余资产分配权
11. 利率按决定方式划分为(　　)。
A. 官方利率　　B. 公定利率
C. 市场利率　　D. 计划利率
12. 按照计算利息的期限,利率分为(　　)。
A. 年利率　　B. 月利率
C. 日利率　　D. 周利率
13. 下列各项中,属于决定和影响利率变动的因素的有(　　)。
A. 社会平均利润率　　B. 经济周期与国家经济
C. 价格水平的变动　　D. 国际利率水平
14. 下列各项中,属于利率的功能与作用的有(　　)。
A. 调节储蓄与投资　　B. 优化资源配置
C. 进行价格调控　　D. 执行行政政策

四、判断题

1. 货币借贷是在生产力发展不够充分的自然经济时代较为常见的借贷方式。(　　)
2. 货币广泛存在于经济生活的各个领域,在借贷关系中,货币借贷逐渐取代了实物借贷而

成为借贷关系的主要形式。（　）

3. 狭义的信用是从道德和法律的范畴进行的定义，主要指各主体在各类社会活动中信守诺言，它是一种处理各类社会关系的行为准则，属于道德和法律的范畴。（　）

4. 狭义的信用是从经济上进行的界定，即以偿还本金和支付利息为基本特征的借贷行为。具体来说就是商品和货币的所有者（贷者）把商品和货币让渡给使用者（借者）并约定一定时间由借者还本付息的行为。（　）

5. 信用关系的确立至少有三个当事人，即债权人、债务人和中间人。（　）

6. 利率的变动会引起投资成本的变化进而影响企业的投资行为。只有当企业投资的预期收益率高于或至少等于利息率时，企业投资才有实际意义。（　）

7. 国家信用就其内债而言，形式主要有国际债券和政府借款；国家信用就其外债而言，形式主要有公债和国债。（　）

8. 国家信用分为国内信用和国际信用两种。国际信用是指债务人从国内筹集资金的行为，国内信用是指债务人从国外筹集资金的行为。（　）

9. 狭义的票据包括各种有价证券和凭证，如股票、债券、发票等。（　）

10. 由于商业信用是企业之间相互发生的信用，因此就受到企业资本与经营规模的限制，授信企业所授信用是与再生产无关的资本，数量有限，也决定了授信的额度。（　）

11. 建立个人信用信息基础数据库对个人最大的好处是为其积累信用财富。（　）

12. 个人之间的资金融通仍然是民间信用最广泛的形式，具体包括营利型和非营利型两种。（　）

13. 信用工具作为资金或资本的载体而成为金融市场上的重要交易对象。（　）

14. 按发行者的类别划分，信用工具可分为直接信用工具和间接信用工具。（　）

15. 按是否与实际信用活动直接相关，信用工具可分为基础性信用工具和衍生信用工具。（　）

16. 本票是由出票人签发的，委托付款人在见票时或在指定日期无条件支付确定的金额给收款人或持票人的票据。（　）

17. 可转换优先股是一种特殊的优先股。它是指在规定的时间内，优先股股东可以按照一定的比率把优先股换成普通股。（　）

18. 远期合约通常是在两个金融机构之间，或者金融机构与其客户之间签署的，一般在规范的交易所内进行。（　）

19. 金融期货合约是指两个或两个以上的交易当事人按照商定的条件，在约定的时间内交换一系列支付款项的金融交易合约。（　）

20. 月利率是以月为时间单位计算利息的利率，通常以百分之几表示；日利率是以天为时间单位计算利息的利率，通常以千分之几表示。（　）

五、简答题

1. 简述信用的定义。
2. 简述国家信用及其特点。
3. 简述银行信用及其特点。
4. 简述信用的经济功能。
5. 简述国家信用的作用。
6. 简述商业信用的定义与特点。
7. 简述信用工具的特征。
8. 简述利率的作用。

第三部分　参考答案

一、名词解释

1. 商业信用

商业信用是指企业之间相互提供的、与商品交易相联系的信用。其具体形式有赊销商品、分期付款、委托代销、预付定金、预付货款等，归纳起来主要有赊销和预付两大类，其中赊销是商业信用的典型形式。

2. 银行信用

银行信用是银行及其他金融机构以货币形式向其他经济个体，如企业、单位、个人等提供的信用。其一般通过存款、贷款等业务活动提供信用。

3. 消费信用

消费信用是指企业、银行等机构向消费者个人提供的用于消费的信用。消费信用的特点是先消费、后付款，旨在解决居民个人支付能力不足的问题，实现提前消费的目的。消费信用的方式主要有商品赊销、分期付款、消费贷款、信用卡等。

4. 信用工具

信用工具也称为金融工具，它是一种以书面形式发行和流通的载明资金交易金额、期限、价格等的合法凭证。

5. 直接信用工具

直接信用工具是指资金需求者和供给者在金融市场上开展直接融资活动所使用的工具，主要是非金融机构签发的商业票据、公司债券、股票、政府债券等。

6. 基础性信用工具

基础性信用工具是指在实际信用活动中出具的能证明信用关系的合法凭证，如商业票据、股票、债券等。

7. 票据

票据是指出票人约定自己或付款人在见票时或指定日期，向收款人或持票人无条件支付确定金额并转让的证券。

8. 汇票

汇票是由出票人签发的，委托付款人在见票时或在指定日期无条件支付确定的金额给收款人或持票人的票据。

9. 商业汇票

商业汇票是在商业贸易活动中由债权人(如销售方)向债务人(如购货方)或者债务人的委托银行签发的汇票，要求债务人在一定时间内无条件支付一定的金额给收款人。

10. 本票

本票是债务人向债权人签发的，或由出票人签发的，承诺自己在见票时无条件地支付一定金额给收款人或持票人的票据。

11. 支票

支票是由出票人(活期存款的存款人)签发的，委托办理支票存款业务的银行在见票后从其账户上支付一定金额给收款人或持票人的无条件支付命令书。

12. 利率

利率是利息率的简称，是一定时期内利息同本金的比率。利率是表示利息水平的指标，体现着借贷资本的增值程度，是衡量利息数量的尺度，是一种重要的经济杠杆，真实反映借贷资本的价格水平。

二、单项选择题

1	2	3	4	5	6	7	8	9	10
D	A	A	A	C	B	A	B	A	D
11	12	13	14	15	16	17	18	19	20
D	A	A	A	A	A	A	C	A	A

【重难点讲解】

1. 信用有两种具体形式，一是实物借贷，一是货币借贷。

2. 在借贷活动中当事人一方是债权人，他将商品或货币借出称为授信。

3. 在买卖双方交易达成后，债权债务关系延续下来，直到债务人还本付息这种借贷关系才算结束，这个时间间隔，即借贷期限。

4. 用来证明债权债务关系并具有法律效力的书面文件，就是信用工具。

5. 信用卡是指商业银行或信用卡公司对信用合格的消费者发行的信用证明。

6. 集资是指企业、单位向内部员工强制性或利诱性筹集资金。如今，集资的借款主体扩展到基层政府、其他社会组织，借款客体也突破了企业、单位内部而走向社会。

7. 流动性是指信用工具具有变现能力，即在损失较小的前提下迅速变为货币。

8. 票据的收款人或持票人为了将未到期的票据转让给第三者而在票据的背面签名、盖章的行为称为背书。

9. 商业汇票是在商业贸易活动中由债权人(如销售方)向债务人(如购货方)或者债务人的委托银行签发的汇票，要求债务人在一定时间内无条件支付一定的金额给收款人。

10. 本票是债务人向债权人签发的，或由出票人签发的，承诺自己在见票时无条件地支付一定金额给收款人或持票人的票据。

11. 公司债券或企业债券是公司或企业为筹措资金而发行的债券，其管理机构为证监会。

12. 在我国上海证券交易所和深圳证券交易所进行交易的股票都是普通股。

13. 公定利率是由金融机构或行业公会、协会等民间权威金融组织用协商的办法所确定的利率。

14. 利率按是否带有优惠性质可划分为一般利率和优惠利率。

15. 我国目前定期储蓄存款利率就是固定利率，而贷款利率则是浮动利率。

16. 名义利率是指借贷合同和有价证券上标明的利率。

17. 价格水平的变动直接关系到实际利率水平的高低，要保持实际利率不降低，在价格总水平上升的情况下，名义利率就应提高。

18. 国际利率水平对一国利率水平的影响与一国的开放程度有关。

19. 利率提高，储蓄存款的增长速度就会提高。

20. 国家可以自觉地运用利率杠杆来调节国民经济结构，主要是采用差别利率。

三、多项选择题

1	2	3	4	5	6	7	8	9	10
ABCD	ABCD	ABCD	ABCD	AB	ABCD	BCD	ABC	ABD	ABCD
11	12	13	14						
ABC	ABC	ABCD	ABC						

【重难点讲解】

1. 信用关系是由借者和贷者构成的债权债务关系，其构成要素包括债权与债务、借贷期限、利率与利息和信用工具。

2. 信用形式体现出多样化的特点，按借贷主体不同，信用可分为国家信用、消费信用、商业信用、银行信用等。

3. 商业信用的局限性包括授信规模小、授信期限短、授信方向单一、授信对象窄。

4. 选项 ABCD 都属于信用的经济功能。

5. 国家信用就其内债而言，形式主要有公债和国债。

6. 选项 ABCD 都属于银行信用的特点。

7. 选项 BCD 属于消费信用，选项 A 属于商业信用。

8. 消费信用并不能增加国家债务，故不选 D 项。

9. 国库券、各类票据和信用证属于短期信用工具，而选项 C 政府债券偿还期较长，不属于短期信用工具。

10. 选项 ABCD 都属于普通股股东的权利。

11. 利率按决定方式划分为官方利率、公定利率、市场利率。

12. 按照计算利息的期限，利率分为年利率、月利率、日利率。

13. 各选项都属于决定和影响利率变动的因素。

14. 利率的功能与作用包括调节储蓄与投资、进行价格调控、优化资源配置。而选项 D 执行行政政策不属于利率的功能与作用。

四、判断题

1	2	3	4	5	6	7	8	9	10
×	√	×	√	×	√	×	×	×	√
11	12	13	14	15	16	17	18	19	20
√	√	√	×	√	×	√	×	×	×

【重难点讲解】

1. 实物借贷是在生产力发展不够充分的自然经济时代较为常见的借贷方式。

2. 货币广泛存在于经济生活的各个领域，在借贷关系中，货币借贷逐渐取代了实物借贷而成为借贷关系的主要形式。

3. 广义的信用是从道德和法律的范畴进行的定义，主要指各主体在各类社会活动中信守诺言，它是一种处理各类社会关系的行为准则，属于道德和法律的范畴。

4. 狭义的信用是从经济上进行的界定，即以偿还本金和支付利息为基本特征的借贷行为。具体来说就是商品和货币的所有者（贷者）把商品和货币让渡给使用者（借者）并约定一定时间由借者还本付息的行为。

5. 信用关系的确立至少有两个当事人，即债权人和债务人。

6. 利率的变动会引起投资成本的变化进而影响企业的投资行为。只有当企业投资的预期收益率高于或至少等于利息率时，企业投资才有实际意义。

7. 国家信用就其内债而言，形式主要有公债和国债；国家信用就其外债而言，形式主要有国际债券和政府借款。

8. 国家信用分为国内信用和国际信用两种。国内信用是指债务人从国内筹集资金的行为，国际信用是指债务人从国外筹集资金的行为。

9. 广义的票据包括各种有价证券和凭证，如股票、债券、发票等；狭义的票据即《中华人民共和国票据法》中规定的“票据”，包括汇票、本票和支票。

10. 由于商业信用是企业之间相互发生的信用，因此就受到企业资本与经营规模的限制，授信企业所授信用是与再生产无关的资本，数量有限，也决定了授信的额度。

11. 建立个人信用信息基础数据库对个人最大的好处是为其积累信用财富。

12. 个人之间的资金融通仍然是民间信用最广泛的形式，具体包括营利型和非营利型两种。

13. 信用工具作为资金或资本的载体而成为金融市场上的重要交易对象。

14. 按发行者的融资方式划分，信用工具可分为直接信用工具和间接信用工具。

15. 按是否与实际信用活动直接相关，信用工具可分为基础性信用工具和衍生信用工具。

16. 汇票是由出票人签发的，委托付款人在见票时或在指定日期无条件支付确定的金额给收款人或持票人的票据。

17. 可转换优先股是一种特殊的优先股。它是指在规定的时间内，优先股股东可以按照一定的比率把优先股换成普通股。

18. 远期合约通常是在两个金融机构之间，或者金融机构与其客户之间签署的，一般不在规范的交易所内进行。

19. 金融互换合约是指两个或两个以上的交易当事人按照商定的条件，在约定的时间内交换一系列支付款项的金融交易合约。金融互换主要有货币互换和利率互换两种。

20. 月利率是以月为时间单位计算利息的利率，通常以千分之几表示；日利率是以天为时间单位计算利息的利率，通常以万分之几表示。

五、简答题

1. **【参考答案】**

信用有广义和狭义之分。广义的信用是从道德和法律的范畴进行的定义，主要指各主体在各类社会活动中信守诺言，是一种处理各类社会关系的行为准则，属于道德和法律的范畴。狭义的信用是从经济上进行的界定，即以偿还本金和支付利息为基本特征的借贷行为。具体来说就是商品和货币的所有者（贷者）把商品和货币让渡给使用者（借者）并约定一定时间由借者还本付息的行为。它体现了一种特殊的经济关系。

2. **【参考答案】**

国家信用是指国家、政府或其附属机构作为债务人，向社会筹集资金的一种信用方式。

国家信用分为国内信用和国际信用两种。国内信用是指债务人从国内筹集资金的行为，国际信用是指债务人从国外筹集资金的行为。其特点为：①国家信用的风险极低。②债务人是政府。③国家信用和银行信用之间关系密切。④用于财政开支。

3.【参考答案】

银行信用是银行及其他金融机构以货币形式向其他经济个体，如企业、单位、个人等提供的信用。其一般通过存款、贷款等业务活动提供信用。银行信用的特点有：①以货币作为信用对象。②银行信用是间接的信用。③银行信用具有扩张性。④银行信用的风险较低。

4.【参考答案】

信用的经济功能主要包括：①信用能够促进社会资源的有效配置。②信用能够提高资金的使用效率。③信用能够调节经济总量及其结构。

5.【参考答案】

国家信用的主要作用包括：①国家信用是弥补财政赤字、解决财政困难的较好途径。②国家信用是国家优化资源配置的方式。③国家信用是政府实施宏观调控的重要手段。

6.【参考答案】

商业信用是指企业之间相互提供的、与商品交易相联系的信用。其具体形式有赊销商品、分期付款、委托代销、预付定金、预付货款等，归纳起来主要有赊销和预付两大类，其中赊销是商业信用的典型形式。

商业信用具有以下特点：①商业信用的债权人和债务人都是企业。②商业信用是在企业购销活动中自发产生的一种信用形式。③商业信用风险较大。

7.【参考答案】

信用工具的特征包括以下四点：①期限性。信用工具的期限性表明其有一个确定的偿还期限。期限性是指信用工具规定了资金盈余者向资金短缺者转移资金的期限。②流动性。流动性是指信用工具具有变现能力，即在损失较小的前提下迅速变为货币。③收益性。收益性是指信用工具能定期或不定期地给持有者带来收益的特性。④风险性。风险性是指信用工具的本金和预期收益遭受损失的可能性。

8.【参考答案】

利率的作用主要包括以下四点：①利率能够调节储蓄与投资。②利率能够进行价格调控。③利率督促企业提高经营管理水平。④利率能够优化资源配置。

第三章　金融市场

第一部分　内容概要

一、金融市场概述

(一) 金融市场的概念

金融市场,是指通过金融工具进行资金融通的场所与行为的总和。金融市场是市场体系中的一个重要组成部分。

(二) 金融市场的分类

按照不同的标准,金融市场可以有不同的分类。

(1) 金融市场按照融资期限,可以分为货币市场和资本市场。

(2) 金融市场按照融资方式,可以分为直接融资市场和间接融资市场。

(3) 金融市场按照金融商品的流通状态,可以分为一级市场和二级市场。

(4) 金融市场按照金融交易的场地和空间,可以分为有形市场和无形市场。

(5) 金融市场按照金融交易合约的性质,可分为现货市场、远期市场、期货市场和期权市场。

(6) 金融市场按照金融交易发生的区域,可分为国内金融市场和国际金融市场。

(三) 金融市场的参与者

金融市场的参与者是指金融市场的参与主体,金融市场的参与主体一般分为金融市场交易主体和金融市场媒体两类。

1. 金融市场交易主体

金融市场交易主体是指参与金融市场交易的个人和机构。金融市场交易主体是决定金融市场运行是否高效的关键因素。金融市场的交易主体主要有居民、企业、政府部门、金融机构和中央银行五类。

1) 居民

居民一般是金融市场的资金供给者。居民的货币收入大于支出的部分可以在金融市场上用于各种投资。

2) 企业

企业在一般情况下是金融市场的资金需求者。

3) 政府部门

不足以弥补财政预算时,政府为了弥补财政赤字或刺激经济增长,就会利用国家信用工具来筹措资金。政府部门有时也是资金的供给者。

4) 金融机构

在金融市场上,金融机构向资金需求方提供资金,同时又广泛吸收存款,并发行有价证券进行筹资。

5) 中央银行

中央银行则是商业银行的最后贷款人,它通过再贷款与再贴现的方式解决商业银行放款来源不足的问题。同时,它还通过公开市场操作在金融市场上购入和出售有价证券,扮演资金供应者与需求者的双重角色。

2. 金融市场媒体

金融市场媒体是指在金融市场上充当交易媒介,从事交易或促使交易完成的组织、机构或个人,即通常所说的金融媒介。金融市场媒体的作用与一般的交易主体有本质的区别:

(1) 金融市场媒体参与金融市场活动,是作为中介促进金融市场中主体交易的完成,并从中收取佣金。

(2) 金融市场媒体在市场上是以投机者而非投资者的身份进行金融交易,此类交易活动对活跃金融市场具有重大作用。

二、货币市场

货币市场,又称短期金融市场,是指融资期限在 1 年以内的短期资金交易市场,是最早和最基本的金融市场的组成部分。货币市场具有以下几点明显的特征:①交易期限短。②流动性强。③安全性高。④交易主体机构化。⑤多采用贴现方式交易。⑥资金交易高效性。

货币市场根据交易对象的不同,可以分为同业拆借市场、商业票据市场、短期政府债券市场、大额可转让定期存单市场、回购协议市场等。

(一) 同业拆借市场

1. 同业拆借市场的概念

同业拆借市场又称同业拆放市场,是指银行与银行之间、银行与其他金融机构之间进行短期(1 年以内)、临时性资金拆出拆入的市场。其目的主要是调剂头寸和解决临时性资金余缺问题。

2. 同业拆借市场的特点

1) 严格的市场准入限制

同业拆借市场有着很严格的市场准入条件,一般只在金融机构或某类金融机构之间进行,非金融机构或非经国家相关部门批准的金融机构是不能进入同业拆借市场的。

2）资金借贷的期限很短

同业拆借市场的资金借贷期限一般比较短，最短为几个小时或隔夜，经常性的为 1 天、2 天或 1 周，通常不超过 1 个月。

3）交易手段比较先进，交易手续简便，成交时间较短

同业拆借市场的参与者主要通过电话进行联系，以协商方式达成交易，通过各自的中央银行自动划账清算，也可以直接向资金交易中心提出供求和报价，由资金中心进行撮合成交，并进行资金交割划账。

4）交易金额大，且基本以信用交易为主

参加同业拆借市场交易的参与者基本是金融机构，并且市场中没有交易数额的限制，通常交易的金额巨大。

5）利率由供求双方议定

同业拆借利率由交易双方协商议定，能充分反映资金供求关系，是一种高度市场化的利率。

3. 同业拆借市场的类型

1）银行同业拆借市场

银行同业拆借市场主要是银行同业之间短期资金的拆借市场。银行在日常的经营活动中会经常发生头寸不足或盈余，这时双方就通过同业拆借来解决资金的问题。

2）短期拆借市场

短期拆借市场又称为通知放款市场，主要是商业银行和非银行金融机构之间短期资金的拆借市场。

（二）商业票据市场

商业票据市场是指票据发行、流通及转让的市场，主要有商业票据承兑市场、商业票据贴现市场和其他票据市场。

1. 商业票据承兑市场

商业汇票一经银行承兑后，承兑行就成为到期付款的第一责任人，而出票人只负第二责任，其信用就由商业信用转变为银行信用。

2. 商业票据贴现市场

商业票据贴现市场是指商业票据的转让市场，由商业票据的贴现、转贴现、再贴现组成。在商业票据市场上进行转让的票据主要是银行承兑汇票。

1）贴现

贴现是指远期承兑汇票持有人在汇票尚未到期前在贴现市场上转让，受让人扣除贴现息后将票款付给出让人的行为。从贴现银行的角度讲，贴现实际上是以现款购买未到期汇票上的债权，等汇票到期时收回本金的行为。贴现金额及贴现利息的计算公式为：

$$贴现金额 = 银行承兑汇票面额 - 贴现利息$$

$$贴现利息 = 银行承兑汇票面额 \times 贴现日距到期日的天数 \times 贴现率 \div 360$$

2）转贴现

转贴现是指商业银行在资金临时不足时，将已经贴现但仍未到期的票据，交给其他商业银行或贴现机构给予贴现，以取得资金融通。

3）再贴现

再贴现是中央银行通过买进商业银行持有的已贴现但尚未到期的商业汇票，向商业银行提供融资支持的行为。再贴现是中央银行的一项主要的货币政策工具。

3. 其他票据市场

其他票据市场主要有融资性票据市场和中央银行票据市场。

1）融资性票据市场

融资性票据市场是指无真实交易背景、单纯以融资为目的而发行的票据市场。

2）中央银行票据市场

中央银行票据是中央银行为调节商业银行超额准备金而向商业银行发行的短期债务凭证。中央银行票据是货币政策管理手段，国债是政府筹资的工具。

（三）短期政府债券市场

短期政府债券市场主要是指短期国债的发行与交易市场，这里主要介绍短期国债市场。在货币市场，政府是一个重要的资金需求者。

政府发行短期政府债券一般有两个目的：第一，满足政府部门短期资金周转的需要。第二，为央行在公开市场上提供可操作的工具。短期政府债券是央行进行公开市场操作的债券，是连接财政政策与货币政策的契合点。短期政府债券发行价格的计算公式如下：

$$发行价格 = 面值 \times \left(1 - 折现率 \times \frac{期限}{360}\right)$$

（四）大额可转让定期存单市场

大额可转让定期存单是由商业银行发行的、可以在市场上转让的存款凭证，目的是稳定存款、扩大资金来源。

（五）回购协议市场

回购协议市场是指通过证券回购协议进行短期货币资金借贷所形成的市场。证券回购协议是指证券资产的卖方在卖出一定数量的证券资产的同时，与买方签订在未来某一特定日期，按照约定的价格购回所卖证券资产的协议。

三、资本市场

资本市场是交易期限在1年以上的长期金融交易市场。资本市场的交易对象主要是政府中长期公债、公司债券和股票等有价证券，其功能在于满足工商企业的中长期投资要求和政府弥补财政赤字的资金需要。

资本市场的主要特点包括：①融资期限长，至少在1年以上。②流动性相对较差。在资本市场上筹集到的资金多用于解决中长期融资需求，故流动性和变现性相对较弱。③风险大而收益较高。由于融资期限较长，发生重大变故的可能性也大，市场价格容易波动，投资者需承受较大风险。同时，作为对风险的报酬，其收益也较高。

（一）股票市场

1. 股票市场的分类

1）股票的发行市场

股票的发行市场，又称一级市场，是指股份有限公司通过发行股票向投资者筹集股本金的市场。股票发行市场的参与者主要包括发行股票的股份公司、购买股票的投资者（股东）、为发行股票提供服务的金融中介机构（主要是证券公司）。

2）股票的流通市场

股票的流通市场又称二级市场，是指由股票持有人买卖或转让已发行的股票所形成的市场。按照是否在股票交易所内进行挂牌交易，股票流通市场的基本组织形式可以分为两大类。一类是场内交易，另一类是场外交易。

3）第三市场

第三市场是指已在证券交易所挂牌上市的证券不在交易所集中交易，而在场外交易形成的市场。

4）第四市场

第四市场是指投资者不通过证券经纪人和自营商等中介机构，利用计算机网络直接进行大宗证券交易形成的市场。

2. 股票的发行方式及价格

1）股票的发行方式

根据募集对象的不同，可将股票发行方式分为私募发行和公募发行。

根据发行者推销出售股票的方式不同，可将股票的发行方式分为直接发行与间接发行。

2）股票的发行价格

当股票发行公司计划发行股票时，就需要根据不同情况，确定发行价格以销售股票。一般而言，股票的发行价格有以下几种：等价发行、溢价发行、中间价发行和折价发行。

3）股票的交易价格

股票的交易价格是指股票在二级市场上进行转让时的实际成交价格。影响股票价格变动的因素主要有：①经济因素。②政治因素。③市场因素。

4）股票价格指数

股票价格指数是以计算期样本股市价总值除以基期市价总值再乘以基期指数而得到的。目前，各国通行的做法是由专门的指数编制公司负责编制和发布股票价格指数，在证券交易所、证券经营机构的各种金融类媒体上公开发布。股票价格指数是反映股票市场中股票价格变动总体水平的重要尺度，更是分析、预测发展趋势进而决定投资行为的主要依据。

3. 股票的交易程序

股票的交易程序主要包括以下五个方面：

(1) 选择证券经纪商并开户。

(2) 委托并通知受托经纪商办理股票买卖。

(3) 竞价与成交。

(4) 清算与交割。

(5) 过户。

(二) 债券市场

1. 债券发行市场

债券发行市场由债券发行市场主体、债券市场工具、债券发行市场的组织形式和债券发行条件构成，这四者称为债券发行市场的四大要素。

1) 债券发行市场主体

按照债券发行市场主体在债券发行市场扮演的角色不同，可以把它划分为发行者、投资者、中介机构和管理者四类。

2) 债券市场工具

债券市场工具也就是债券本身，随着债券市场的不断扩大、筹集手段与技术水平的不断发展，债券市场工具也日趋多样化。按照不同的划分方式，可把债券市场工具划分为不同的种类。

3) 债券发行市场的组织形式

债券发行市场的组织形式是指把债券销售出去，从而把市场参与者联系起来的一种市场组织方式。债券发行市场包括有形市场方式和无形市场方式两种。

4) 债券发行条件

债券发行条件是指债券发行者在以债券形式筹集资金时所必须考虑的有关因素，包括发行金额、票面金额、期限、偿还方式、票面利率、付息方式等内容。债券的发行一般也采取私募发行和公募发行两种方式。

2. 债券的价格

债券的价格分为发行价格和市场交易价格。债券的发行价格通常有三种不同情况：一是按面值发行、按面值收回，其间按期支付利息；二是按面值发行、按本息相加额到期一次偿还，我国目前发行的债券大多数是这种形式；三是以低于面值的价格发行、到期按面值偿还，面值与发行价之间的差额即为债券利息。

(三) 证券投资基金市场

证券投资基金是一种利益共享、风险共担的集合证券投资方式，即通过基金发行单位，集中投资者的资金，由基金托管人托管，由基金管理人管理和运用资金，从事股票、债券等金融工具投资。

1. 证券投资基金的发行和募集

证券投资基金的设立在获得主管部门批准后，便进入募集发行阶段，即向特定投资者或社会公众宣传介绍基金的情况，通过基金承销机构或基金自身向投资者销售收益凭证或向基金公司募集资金。

2. 证券投资基金市场的基本运作方式

证券投资基金按不同的方式可以划分为不同的种类，主要包括开放式基金和封闭式基金两种。

3. 证券投资基金的作用

证券投资基金由基金公司进行投资管理和运作，基金公司拥有大量的专业投资分析人员和强大的信息网络，能够更好地对证券市场进行全方位的跟踪和分析，把握证券投资的准确率和成功率。

证券投资基金具有稳定市场的功能。机构投资者正确的投资理念、市场行为能对其他投资者形成良好的示范作用，有助于市场的稳定。

四、黄金市场

黄金市场是专门进行黄金买卖的交易场所。各国对黄金的需求主要有三个方面：①官方储备资产。②工业原料。③价值储藏。

黄金市场上买卖的黄金形式多种多样，主要有各种成色和重量的金条、金币、金丝和金叶等，其中最重要的是金条。

（一）黄金市场的参与者

黄金市场的参与者主要有国际金商、银行、基金、机构和个人投资者以及中介等。

（二）黄金的交易方式

1. 黄金现货交易

黄金现货交易是指交易双方成交后在两个营业日内进行交割的一种交易方式。

2. 黄金期货交易

黄金期货交易是指买卖双方按签订的合约在未来某一时间交割黄金的一种交易方式。黄金期货交易又可分为套期保值交易和投机交易两种类型。

3. 黄金期权交易

黄金期权交易是指规定按事先商定的价格、期限买卖数量标准化的黄金。如果黄金价格走势对期权买者有利，则会行使其权利而获利；如果黄金价格走势对其不利，则放弃购买的权利，损失的只有当时购买期权时的费用。

（三）世界六大黄金市场

世界六大黄金市场分别为伦敦黄金交易市场、苏黎世黄金交易市场、纽约和芝加哥黄金交易市场、中国香港黄金交易市场、东京黄金交易市场、新加坡黄金交易市场。

五、金融市场的功能

金融市场的功能是指金融市场在经济生活中所发挥的重要作用。一般来说，金融市场有六大功能：筹集资金功能、资源配置功能、价格发现功能、风险管理功能、公司治理功能及经济调节功能。

（一）筹集资金功能

金融市场的筹集资金功能是指其通过向个人和家庭、工商企业和政府提供资金融通服务，资金从资金盈余者手中过渡到资金需求者手中。

（二）资源配置功能

金融市场的资源配置功能是指其促进资金合理流动，实现资源优化配置和有效利用的功能。

（三）价格发现功能

金融市场的价格发现功能主要是指其通过公开、公正、高效、竞争的期货交易运行机制，形成具有真实性、预期性、连续性和权威性价格的过程。

（四）风险管理功能

金融市场的风险管理功能是指金融市场为工商企业、居民和家庭以及政府提供了防范人身风险、财产风险和经营风险的手段。

（五）公司治理功能

金融市场的公司治理功能是指公司的出资者通过金融市场对经营者进行控制，以确保出资者的收益。

（六）经济调节功能

金融市场的经济调节功能是指其通过调节货币供应量从而达到调节社会总需求和总供给的功能。金融市场为政府实现其充分就业、低通胀和经济持续增长的目标提供了环境和渠道。

第二部分　练　习　题

一、名词解释

1. 金融市场
2. 金融工具
3. 金融市场媒体
4. 货币市场
5. 商业票据市场

6. 贴现
7. 转贴现
8. 再贴现
9. 大额可转让定期存单
10. 资本市场
11. 股票发行市场
12. 股票价格指数
13. 证券投资基金
14. 黄金期货交易
15. 黄金期权交易

二、单项选择题

1. 下列各项中,属于间接融资工具的是(　　)。
   A. 可转让大额定期存单　　B. 公司债券
   C. 股票　　D. 政府债券
2. 短期金融市场又称为(　　)。
   A. 初级市场　　B. 货币市场
   C. 资本市场　　D. 次级市场
3. 长期金融市场又称为(　　)。
   A. 初级市场　　B. 货币市场
   C. 资本市场　　D. 次级市场
4. 一张差半年到期的面额为 2 000 元的票据,到银行得到 1 900 元的贴现金额,则年贴现率为(　　)。
   A. 5%　　B. 10%
   C. 2.56%　　D. 5.12%
5. 下列各项中,属于所有权凭证的金融工具的是(　　)。
   A. 商业票据　　B. 股票
   C. 政府债券　　D. 可转让大额定期存单
6. 下列各项中,属于优先股股东权利范围的是(　　)。
   A. 选举权　　B. 被选举权
   C. 收益权　　D. 投票权
7. 金融工具的价格与其盈利率和市场利率分别是(　　)变动关系。
   A. 反方向,反方向　　B. 同方向,同方向
   C. 反方向,同方向　　D. 同方向,反方向

8. “证券市场是经济晴雨表”是因为(　　)。

A. 证券市场走势滞后于经济周期

B. 证券市场走势比经济周期提前

C. 证券市场走势经济周期时间完全吻合

D. 证券价格指数能事后反映

9. 从本质上说,回购协议是一种(　　)协议。

A. 担保贷款　　B. 信用贷款

C. 抵押贷款　　D. 质押贷款

10. 根据一定的信托契约原理组建的代理投资制度是(　　)。

A. 契约型基金　　B. 公司型基金

C. 封闭型基金　　D. 平衡型基金

11. 银行之间的短期资金借贷市场是(　　)。

A. 商业票据市场　　B. 同业拆借市场

C. 回购市场　　D. 衍生金融市场

12. 在证券交易所充当交易中介而收取佣金的商人是指(　　)。

A. 证券经纪人　　B. 证券商

C. 证券发行人　　D. 掮客

13. 中央银行在金融市场上大量购进有价证券,意味着货币政策的(　　)。

A. 扩张　　B. 紧缩

C. 不变　　D. 不确定

14. 金融机构之间融通资金以解决临时资金不足的市场是(　　)。

A. 货币市场　　B. 资本市场

C. 同业拆借市场　　D. 股票市场

15. 某银行出售某证券的同时,与买方约定 31 天后按照双方事先商定的价格将等量的该证券再买回来。这种融资方式是(　　)。

A. 贴现　　B. 承兑

C. 回购　　D. 拆借

16. 公开向社会非特定的投资者发行证券的方式被称为(　　)。

A. 公募发行　　B. 私募发行

C. 直接发行　　D. 间接发行

17. 货币市场有许多子市场,下列各项中,不属于货币市场的是(　　)。

A. 票据与贴现市场　　B. 银行同业拆借市场

C. 长期债券市场　　D. 回购市场

18. 下列各项中，不属于直接金融工具的是(　　)。

A. 可转让大额定期存单　　B. 公司债券

C. 股票　　D. 政府债券

19. 下列各项中，不属于货币市场的是(　　)。

A. 银行同业拆借市场　　B. 贴现市场

C. 短期债券市场　　D. 证券市场

20. 下列各项中，属于回购市场的特点的是(　　)。

A. 参与者以金融机构为主　　B. 回购期限长

C. 回购流动性低　　D. 回购安全性差

三、多项选择题

1. 金融工具应具备的条件有(　　)。

A. 偿还性　　B. 可转让性　　C. 盈利性　　D. 流动性

2. 能够直接为筹资人筹集资金的市场有(　　)。

A. 发行市场　　B. 一级市场

C. 次级市场　　D. 二级市场

3. 按金融交易的交割期限，金融市场可以划分为(　　)。

A. 现货市场　　B. 期货市场

C. 长期存贷市场　　D. 证券市场

4. 股票及其衍生工具交易的种类主要有(　　)。

A. 现货交易　　B. 期货交易

C. 期权交易　　D. 贴现交易

5. 金融市场必须具备的要素有(　　)。

A. 交易价格　　B. 交易对象

C. 交易主体　　D. 交易工具

6. 下列各项中，属于货币市场金融工具的有(　　)。

A. 商业票据　　B. 股票

C. 短期公债　　D. 公司债券

7. 金融市场参与者中的资金需求者包括(　　)。

A. 企业　　B. 政府及公共团体

C. 家庭或个人　　D. 金融机构

8. 下列金融工具中，没有偿还期的有(　　)。

A. 永久性债券　　B. 银行定期存款

C. 股票　　D. 大额可转让定期存单

9. 根据股东权利范围不同，股票可以分为(　　)。
A. 普通股　　B. 优先股
C. 不记名股　　D. 新股

10. 按金融交易对象，金融市场可以划分为(　　)。
A. 外汇市场　　B. 票据市场
C. 证券市场　　D. 黄金市场

11. 下列各项中，属于短期资金市场的有(　　)。
A. 同业拆借市场　　B. 回购协议市场
C. 短期债券市场　　D. 商业票据市场

12. 日前西方较为流行的金融衍生工具有(　　)。
A. 远期合约　　B. 期货
C. 期权　　D. 互换

13. 货币市场的功能包括(　　)。
A. 短期资金融通功能
B. 管理功能
C. 政策传导功能
D. 促进资本市场尤其是证券市场发展的功能

14. 下列各项中，属于利率衍生工具的有(　　)。
A. 利率期货　　B. 利率期权
C. 外汇期货　　D. 外汇期权

15. 场内交易和场外交易的最大区别在于(　　)。
A. 公开性　　B. 流动性
C. 组织性　　D. 集中性

16. 从交易对象的角度看，货币市场主要由(　　)等子市场组成。
A. 回购协议　　B. 同业拆借
C. 商业票据　　D. 国债

四、判断题

1. 金融市场发达与否是一国金融发达程度及制度选择取向的重要标志。　(　　)
2. 金融市场以货币和资本为交易对象。　(　　)
3. 偿还期限是指债务人必须全部归还利息之前所经历的时间。　(　　)
4. 传统的商业票据有本票和支票两种。　(　　)
5. 国家债券是由政府发行的，主要用于政府贷款。　(　　)
6. 二级市场的主要场所是证券交易所，但也涉及交易所之外。　(　　)

7. 新证券的发行,有公募与私募两种形式。 (　　)
8. 期权合约的买卖双方可能形成的收益或损失都是有限的。 (　　)
9. 可转换债券是利率衍生工具的一种。 (　　)
10. 期权合约买方收益无限,损失有限。 (　　)
11. 期权买方的损失可能无限大。 (　　)
12. 债券回购交易实质是一种以有价证券作为抵押品拆借资金的信用行为。 (　　)
13. 金融市场是进行资金融通,实现资源配置的市场。 (　　)
14. 货币市场的利率一般低于资本市场利率,是一国利率体系中的最低水平。 (　　)
15. 有价证券从发行者手中转移到投资者手中,这类交易属于二级市场交易。 (　　)
16. 相对于私募发行而言,公募发行要向社会公布内部信息,发行费用较高。 (　　)
17. 场外交易市场通过议价方式进行证券交易。 (　　)
18. 金融市场交易的实质是资金所有权与使用权的暂时分离或有偿让渡。 (　　)
19. 金融市场媒体(不管是中介机构还是经纪人)参与金融市场活动时,并非真正意义上的货币资金供给者或需求者。 (　　)
20. 政府部门是一国金融市场上主要的资金需求者,为了弥补财政赤字,一般是在初级市场上活动。 (　　)

五、简答题

1. 什么是场外交易市场?其特点是什么?
2. 简述金融市场的基本功能。
3. 简述金融工具的基本特征。
4. 优先股与普通股的主要区别是什么?
5. 简述远期合约、期权合约、互换合约。

第三部分　参考答案

一、名词解释

1. 金融市场

金融市场是进行资金融通,实现金融资源配置的市场。

2. 金融工具

金融工具又称交易工具,是证明债权债务关系并据以进行货币资金交易的合法凭证,是货币资金或金融资产借以转让的工具。

3. 金融市场媒体

金融市场媒体，是指在金融市场上充当交易媒介，从事交易或促使交易完成的组织、机构或个人，即通常所说的金融媒介。

4. 货币市场

货币市场又称短期金融市场，是指融资期限在1年以内的短期资金交易市场，是最早和最基本的金融市场的组成部分。

5. 商业票据市场

商业票据市场，是指票据发行、流通及转让的市场，主要有商业票据承兑市场、商业票据贴现市场和其他票据市场。

6. 贴现

贴现，是指远期承兑汇票持有人在汇票尚未到期前在贴现市场上转让，受让人扣除贴现息后将票款付给出让人的行为。

7. 转贴现

转贴现，是指商业银行在资金临时不足时，将已经贴现但仍未到期的票据，交给其他商业银行或贴现机构给予贴现，以取得资金融通。

8. 再贴现

再贴现是指中央银行通过买进商业银行持有的已贴现但尚未到期的商业汇票，向商业银行提供融资支持的行为。再贴现是中央银行的一项主要的货币政策工具。

9. 大额可转让定期存单

大额可转让定期存单，是由商业银行发行的、可以在市场上转让的存款凭证。

10. 资本市场

资本市场，是交易期限在1年以上的长期金融交易市场。

11. 股票发行市场

股票发行市场，是指股份有限公司通过发行股票向投资者筹集股本金的市场，又称为一级市场。

12. 股票价格指数

股票价格指数，是以计算期样本股市价总值除以基期市价总值再乘以基期指数而得到的数值。

13. 证券投资基金

证券投资基金是一种利益共享、风险共担的集合证券投资方式。

14. 黄金期货交易

黄金期货交易，是指买卖双方按签订的合约在未来某一时间交割黄金的一种交易方式。

15. 黄金期权交易

黄金期权交易，是指规定按事先商定的价格、期限买卖数量标准化的黄金的一种交易方式。

二、单项选择题

1	2	3	4	5	6	7	8	9	10
A	B	C	B	B	C	D	B	D	A
11	12	13	14	15	16	17	18	19	20
B	A	A	C	C	A	C	A	D	A

【重难点讲解】

1. 按融资方式划分，金融工具可分为直接融资工具和间接融资工具。间接融资工具包括银行债券、银行贷款、银行承兑汇票、可转让大额存单等。

2. 金融市场按时间长短分为货币市场和资本市场。1 年以内的短期资金市场又称为货币市场。

3. 金融市场按时间长短分为货币市场和资本市场。期限在 1 年以上的金融市场又称为资本市场。

4. 面额 2 000 元，贴现金额 1 900 元，说明贴现利息为 100 元，则年贴现率＝贴现利息÷(票据金额×到期年数)＝100÷(2 000×0.5)×100%＝10%。

5. 股票是一种所有权凭证，其他金融工具属于债权凭证。

6. 优先股股东具有优先求偿权，因此应选收益权。

7. 金融工具的盈利性越高，其价格就越高。因此，金融工具的价格和盈利率呈同向变动；市场利率作为投资金融工具的资金的机会成本，市场利率越高，金融工具的价格就越低，因此金融工具的价格与市场利率呈反向变动。

8. 证券市场有经济晴雨表之称，它一方面表明证券市场是宏观经济的先行指标，另一方面也表明宏观经济的走向决定了证券市场的长期趋势。可以说，宏观经济因素是影响证券市场长期走势的唯一因素。

9. 回购协议是指在出售证券时，与证券的购买商签订协议，约定在一定期限后按原价或约定价格购回所卖证券，从而获得即时可用资金的一种交易行为。所以，从本质上说，回购协议是一种以证券为质押品的质押贷款。

10. 契约型投资基金是根据一定的信托契约原理，由基金发起人和基金管理人、基金托管人订立基金契约而组建的投资基金。

11. 同业拆借市场是银行与银行之间、银行与其他金融机构之间进行的短期、临时性资金拆出拆入的市场。

12. 证券经纪人是在证券交易所充当买卖双方的中介而收取佣金的商人。

13. 中央银行在金融市场上大量购进有价证券，意味着货币政策的扩张。

14. 同业拆借市场是银行与银行之间、银行与其他金融机构之间进行的短期、临时性资金拆出拆入的市场。

15. 证券回购协议是指证券资产的卖方在卖出一定数量的证券资产的同时与买方签订在未来某一特定日期按照约定的价格购回所卖证券资产的协议。

16. 根据证券发行对象的不同,发行方式可分为公募发行和私募发行两种。前者又称公开发行,指证券发行者没有特定的发行对象,向社会大众公开推销证券的集资方式。后者亦称私下发行,指证券发行者只对特定的投资者推销证券的集资方式。

17. 长期债券市场属于资本市场。

18. 按融资方式划分,金融工具可分为直接融资工具和间接融资工具。直接融资工具包括政府、企业发行的国债、企业债券、公司股票等。

19. 1年以内的短期资金市场又称为货币市场,而证券市场属于长期资本市场。

20. 回购市场的特点包括以金融机构为主、回购期限短、流动性强和安全性高等。其中,流动性强和安全性高都是因为回购期限短。

三、多项选择题

1	2	3	4	5	6	7	8	9	10
ABCD	AB	AB	ABC	ABCD	AC	ABCD	AC	AB	ABCD
11	12	13	14	15	16				
ABCD	ABCD	ABCD	AB	ACD	ABC				

【重难点讲解】

1. 金融工具应具备的条件有偿还性、可转让性、盈利性、流动性以及风险性。

2. 发行市场又称一级市场,流通市场又称二级市场。

3. 金融市场按照不同的标准,可以划分为不同的类型。其中,按金融交易的交割期限,金融市场可以划分为现货市场和期货市场。

4. 贴现是指银行承兑汇票的持票人在汇票到期日前,为了取得资金,贴付一定利息将票据权利转让给银行的票据行为,是银行向持票人融通资金的一种方式。股票及其衍生工具不能在金融市场上进行贴现,因此不存在贴现交易。

5. 金融市场由四个基本要素组成,即交易主体、交易对象、交易工具和交易价格。

6. 商业票据和短期公债期限较短,属于货币市场金融工具;股票和公司债券一般期限长,属于资本市场金融工具。

7. 金融市场参与者包括资金供给者和资金需求者。其中,资金需求者包括企业、政府及公共团体、家庭或个人、金融机构。

8. 永久性债券和股票都没有偿还期。

9. 股票根据不同的标准,可进行不同的分类。根据股东权利范围不同,可以把股票分为普通股和优先股。

10. 按金融交易对象，金融市场可以划分为外汇市场、票据市场、证券市场、黄金市场。

11. 金融市场按时间长短分为货币市场和资本市场。1年以内的短期资金市场又称为货币市场。

12. 远期合约、期货、期权、互换等均属于金融衍生工具。

13. 货币市场功能包括短期资金融通功能、管理功能、政策传导功能、促进资本市场尤其是证券市场发展的功能。

14. 利率衍生工具是指以利率或利率的载体为基础工具的金融衍生工具，主要包括远期利率协议、利率期货、利率期权、利率互换以及上述合约的混合交易等。债券相关的衍生产品也属于利率衍生工具，外汇期权和外汇期货属于汇率衍生工具。

15. 场内交易和场外交易的区别主要有：①集中性不同，场外交易市场是一个分散的无形市场，没有固定的、集中的交易场所。②组织性不同，场外交易市场的组织方式采取做市商制，而场内交易市场采取经济制。③公开性不同，场外交易市场是一个以议价方式进行证券交易的市场，其管理比证券交易所宽松，公开性要求不高。

16. 货币市场的期限较短，一般是指1年以下的短期资金市场。

四、判断题

1	2	3	4	5	6	7	8	9	10
√	√	×	×	×	√	√	×	×	√
11	12	13	14	15	16	17	18	19	20
×	√	√	√	×	√	√	√	√	√

【重难点讲解】

1. 金融市场是金融体系的核心，因此金融市场发达与否是一国金融发达程度及制度选择取向的重要标志。

2. 货币和资本是构成金融市场的基础。

3. 金融工具的发行者或债务人按期归还全部本金和利息。金融工具一般都注明期限，债务人到期必须偿还信用凭证上所记载的应偿付的债务。

4. 商业票据主要有汇票、本票和支票。

5. 国债是由国家发行的债券，是中央政府为筹集财政资金而发行的一种政府债券，是中央政府向投资者出具的、承诺在一定时期支付利息和到期偿还本金的债权债务凭证。

8. 期权合约买方收益无限，损失有限；期权合约卖方收益有限，损失无限。

9. 可转换公司债券属于非衍生金融工具。衍生金融资产又称金融衍生工具、金融衍生产品。它是与基础金融产品相对应的一个概念，即建立在基础产品或基础变量之上，价格随基础金融产品的价格（或数值）变动的派生金融产品。金融衍生工具是在货币、债券、股票等传统金融工具的基础上衍化和派生的，以杠杆和信用交易为特征的金融工具。

11. 期权合约买方收益无限，损失有限。

15. 有价证券从发行者手中转移到投资者手中，是在发行市场中进行的，这类交易属于一级市场交易。

20. 政府部门是一国金融市场上主要的资金需求者，为了弥补财政赤字，一般是在二级市场上活动。

五、简答题

1. **【参考答案】**

场外交易市场是指在证券交易所以外进行证券交易的市场。

场外交易市场的特点主要包括：①集中交易场所。②以买卖未在交易所登记上市的证券为主。③交易可以通过交易商或经纪人，也可以由客户直接进行。④交易由双方协商议定价格。

2. **【参考答案】**

金融市场的基本功能主要包括：①聚敛功能。金融市场引导众多分散的小额资金汇聚成为可以投入社会再生产的资金集合。②配置功能。配置功能表现为资源的配置、财富再分配和风险的再分配。③调节功能。金融市场对宏观经济的调节作用。④反映功能。金融市场反映国民经济情况的变化。

3. **【参考答案】**

金融工具的基本特征主要包括：①偿还期限。债务人必须全部偿还本金之前所经历的时间。②流动性。金融工具迅速变现的能力。③风险性。购买金融工具的本金遭受损失的风险。④收益率。持有金融工具收益和本金的比例。

4. **【参考答案】**

优先股与普通股的主要区别为：①优先股风险低，收入稳定。②优先股权利范围小，无选举权和被选举权。③公司利润急增时，优先股不能分享这部分收益。

5. **【参考答案】**

远期合约是指交易双方约定在未来某一日期按约定的价格买卖约定数量的相关资产的合约。

期权合约是指期权的买方有权在约定的时间或时期内，按照约定的价格买进或卖出一定数量的相关资产，也可以根据需要放弃行使这一权利。

互换合约是指交易双方约定在合约有效期内，以事先确定的名义本金额为依据，按约定的支付率相互交换支付的合约。

第四章　金 融 机 构

第一部分　内 容 概 要

一、金融机构概述

（一）金融机构的概念

金融机构，又称金融中介或金融中介机构，是指专门从事货币信用等一系列金融活动的中介组织。金融机构经营的业务产品是货币资金。金融机构为社会经济发展和再生产的顺利进行提供了金融服务，是国民经济体系的重要组成部分。

（二）金融机构的分类

金融机构按照不同的标准可进行不同的分类。

1. 按经济活动类型分类

金融机构按经济活动类型可分为以下三类：

(1) 金融中介活动。

(2) 保险和养老基金活动。

(3) 辅助金融中介活动。

2. 按中心产品类型分类

金融机构按中心产品类型可分为以下六类：

(1) 金融中介服务。

(2) 投资银行业务服务。

(3) 保险和养恤金服务。

(4) 再保险服务。

(5) 金融中介辅助服务。

(6) 保险和养恤金辅助服务。

3. 按机构类别分类

金融机构按机构类别可分为以下五类：

(1) 中央银行。

(2) 其他存款公司。

(3) 其他金融中介机构。

(4) 金融辅助机构。

(5) 保险公司和养老基金。

(三) 金融机构存在的必要性

1. 降低交易成本

交易成本是指在交易中所花费的一切成本。交易成本的存在阻碍了许多小额储蓄者和借款者之间的直接融资,阻碍了金融市场正常作用的发挥。银行类金融机构能够有效地降低交易成本。

2. 缓解信息不对称

信息不对称是指交易一方对交易另一方的了解不充分,双方处于不平等地位。在金融市场上,信息不对称可能发生在当事人的交易达成之前,也可能发生在交易达成之后,由此可能产生代理人问题、逆向选择问题和道德风险问题。金融机构能够有效地缓解信息不对称。

3. 分散和转移风险

银行可以帮助投资者抵御风险,更好地保证资金运用的安全性。

(四) 金融机构的功能

1. 存贷款功能

存贷款功能表现为存款类金融机构通过存款业务,在市场上筹集货币资金,并将这些货币资金贷放给资金的需求者,完成资金从投资者向筹资者的转移。

2. 经纪和交易功能

经纪和交易功能表现为金融机构代表客户交易金融资产,提供金融交易的结算服务;金融机构在自营业务中通过交易金融资产,满足客户对不同金融资产的需求。

3. 承销功能

承销功能表现为证券的发行人委托证券经营机构向社会公开销售证券。

4. 咨询和信托功能

咨询和信托功能表现为金融机构为客户提供投资建议、保管金融资产、管理投资组合。

二、我国金融机构

(一) 我国金融机构体系

我国的金融机构体系形成了以中国人民银行为核心、各类商业银行和政策性银行为主体,银行类金融机构以及非银行类金融机构并存的基本格局,如图 4-1 所示。

(二) 中国人民银行

中国人民银行是我国的中央银行,是国务院组成部门,在国务院领导下制定和执行货币政策,防范和化解金融风险,维护金融稳定。

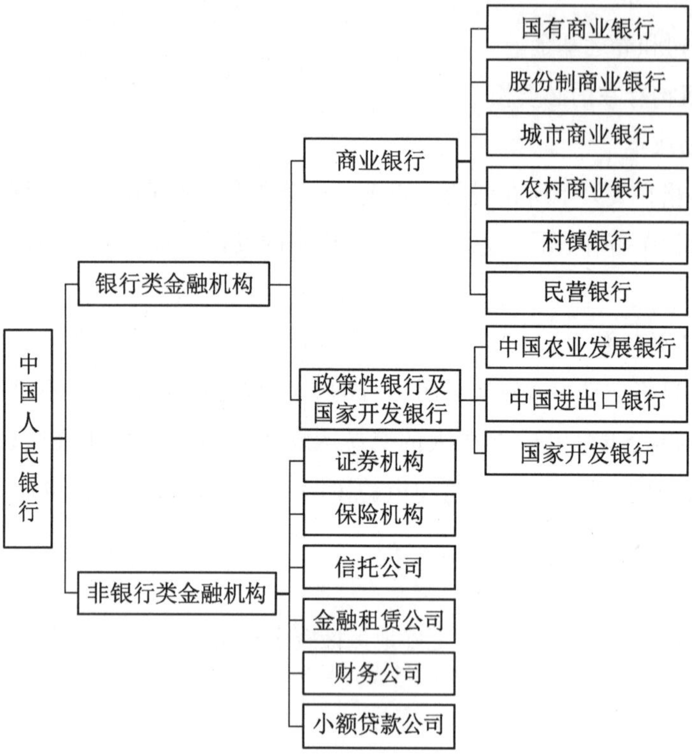

图 4-1　我国金融机构结构图

（三）商业银行

商业银行是银行的一种类型，是通过存款、贷款、汇兑、储蓄等业务，充当信用中介的金融机构。在我国，商业银行可分为国有商业银行、股份制商业银行、城市商业银行、农村商业银行、村镇银行、民营银行六大类。

1. 国有商业银行

国有商业银行是指由我国财政部或中央汇金公司直接管控的大型商业银行，具体包括中国工商银行、中国农业银行、中国银行、中国建设银行、中国邮政储蓄银行和交通银行。

2. 股份制商业银行

股份制商业银行是以股份公司的组织形式所组建的商业银行。目前，我国股份制商业银行包括招商银行、浦发银行、中信银行、中国光大银行、华夏银行、中国民生银行、广发银行、兴业银行、平安银行、浙商银行、恒丰银行、渤海银行。

3. 城市商业银行

城市商业银行是中国银行业的重要组成部分和特殊群体，其前身是 20 世纪 80 年代设立的城市信用社。

4. 农村商业银行

目前，我国的农村银行机构主要包括农村商业银行及农村合作银行，是在农村信用社产权制度及经营机制改革基础上成立的农村银行机构。

5. 村镇银行

村镇银行是指依据有关法律规定，由境内外金融机构、境内非金融机构企业法人、境内自然人出资，在农村地区设立的主要为当地农民、农业和农村经济发展提供金融服务的银行业金融机构。

6. 民营银行

民营银行是由民营资本控股的采用市场化运作的现代金融企业。2014 年起，国家试点建设一批民营银行，商业银行不再是国有专利。

(四) 政策性银行及国家开发银行

政策性银行是指由政府创立，以贯彻政府的经济政策为目标，在特定领域开展金融业务、不以营利为目的的专业性金融机构。目前，我国的政策性银行包括中国进出口银行和中国农业发展银行。国家开发银行也曾是我国的政策性银行。

1. 中国农业发展银行

中国农业发展银行是专门向农业提供中长期低息信贷，以贯彻并配合国家农业扶持和保护政策为目标的政策性银行。

2. 中国进出口银行

中国进出口银行是我国为促进本国商品的出口，贯彻国家的对外贸易政策而由政府设立的专门金融机构。

3. 国家开发银行

国家开发银行是我国为促进经济持续增长与国力增强，由政府出资设立的专门为经济发展提供长期投资或贷款的政策性金融机构。2015 年，国务院将国家开发银行定位为开发性金融机构，国家开发银行从政策性银行序列中剥离。

(五) 非银行类金融机构

1. 证券机构

证券机构是指依法设立的，从事证券服务业务的法人机构。我国证券机构主要包括证券公司、证券交易所、基金管理公司、证券登记结算公司、期货公司、投资咨询公司等。

1) 证券公司

证券公司是依照《中华人民共和国证券法》的规定，经由证券主管部门批准设立的，在证券市场上专门从事证券经营业务的非银行类金融机构。

2) 证券交易所

证券交易所是由证券管理部门批准的，为股票的集中交易提供固定场所和有关设施，并制定各项规则以形成公正合理价格的有秩序的正式组织。

3) 基金管理公司

基金管理公司，也称基金公司，是指依据有关法律法规设立的对基金的募集，基金份额的申购和赎回，基金财产的投资、收益分配等基金运作活动进行管理的公司。

2. 保险机构

保险机构包括经营保险业务的保险公司和保险中介机构。

1）保险公司

保险公司是指依照《中华人民共和国保险法》和《中华人民共和国公司法》设立的、采用公司组织形式、经营保险业务的公司法人。

2）保险中介机构

保险中介机构是指介于保险经营机构之间或保险经营机构与投保人之间，专门从事保险业务咨询与招揽、风险管理与安排、价值衡量与评估、损失鉴定与理算等中介服务活动，并从中依法获取佣金或手续费的单位。

3. 信托公司

信托公司是一种以受托人的身份代人理财的非银行类金融机构。

4. 金融租赁公司

金融租赁公司是指经银保监会批准，以经营融资租赁业务为主的非银行类金融机构。

5. 财务公司

我国的财务公司也称为企业集团财务公司，是以加强企业集团资金集中管理和提高企业集团资金使用效率为目的，为企业集团成员单位提供财务管理服务的非银行类金融机构。

6. 小额贷款公司

小额贷款公司是由自然人、企业法人与其他社会组织投资设立，不吸收公众存款，经营小额贷款业务，以有限责任公司或股份有限公司形式开展经营活动的非银行类金融机构。

三、国际金融机构

（一）国际金融机构概述

1. 国际金融机构的定义

国际金融机构是指从事国际金融管理以及国际融资业务的超国家性质的组织机构，通常由成员国政府或政府机构组成，是一种政府间的金融合作组织。

2. 国际金融机构的发展历程

国际金融机构的发展历程主要包括以下四个阶段：

（1）1930年5月，国际清算银行在瑞士巴塞尔成立。

（2）1944年召开的联合国货币金融会议形成的“布雷顿森林协议”，创立了国际货币基金组织和世界银行。

（3）20世纪50年代至70年代，欧洲、亚洲、非洲、拉丁美洲和中东地区的国家先后建立区域性的金融机构，如亚洲开发银行、非洲开发银行、泛美开发银行等。

（4）进入21世纪，一些新兴工业化国家开始发起建立区域性或跨区域国际金融机构。

（二）国际金融机构的构成

1. 国际清算银行

国际清算银行是由英国、法国、德国、意大利、比利时、日本等国的中央银行，与代表美国银行界利益的摩根银行、纽约花旗银行和芝加哥花旗银行组成的银团，根据《海牙国际协定》共同组建。

国际清算银行的主要业务包括：办理国际结算业务、办理各种银行业务、定期举办中央银行行长会议。

2. 国际货币基金组织

国际货币基金组织是根据《国际货币基金组织协定》，于 1945 年 12 月 27 日成立的，总部设在美国华盛顿，它是联合国的一个专门机构。

国际货币基金组织的主要目标包括：促进国际货币合作、促进国际贸易的扩大和平衡增长、促进交易所稳定、协助建立多边支付体系、为遇到国际收支困难的成员提供资源。

3. 世界银行

世界银行是世界银行集团的简称，它是与国际货币基金组织同时成立的另一个国际金融机构，也是联合国的一个专门机构。

世界银行的主要职责是向成员提供长期的优惠贷款，它由国际复兴开发银行、国际开发协会、国际金融公司、多边投资担保机构和国际投资争端解决中心五个成员机构组成。

4. 亚洲开发银行

亚洲开发银行是一个致力于促进亚洲及太平洋地区发展中成员经济和社会发展的区域性政府间金融开发机构。

亚洲开发银行的主要业务是向亚太地区加盟银行的成员国或地区的政府及其所属机构、境内公私企业以及与发展本地区有关的国际性或地区性组织提供贷款。

5. 亚洲基础设施投资银行

亚洲基础设施投资银行，是全球首个由中国倡议设立的多边金融机构。亚洲基础设施投资银行是一个政府性质的亚洲区域多边开发机构，重点支持基础设施建设。

亚洲基础设施投资银行的主要职能包括：①推动区域内发展领域的公共和私营资本投资。②利用其可支配资金为本区域发展事业提供融资支持。③鼓励私营资本参与投资有利于区域经济发展的项目、企业和活动。④为强化这些职能开展的其他活动和提供的其他服务。

第二部分　练　习　题

一、名词解释

1. 金融机构

2. 银行类金融机构
3. 政策性银行
4. 中国农业发展银行
5. 中国进出口银行
6. 非银行类金融机构
7. 证券机构
8. 保险公司
9. 信托公司
10. 财务公司
11. 国际清算银行
12. 国际货币基金组织
13. 亚洲基础设施投资银行

二、单项选择题

1. 金融机构主要分为(　　)两大类。
   A. 银行类金融机构与非银行类金融机构
   B. 银行与证券机构
   C. 银行与保险机构
   D. 中央银行与商业银行
2. 下列各项中,不属于银行类金融机构的是(　　)。
   A. 国有商业银行　　B. 股份制商业银行
   C. 证券公司　　D. 政策性银行
3. 下列各项中,不属于非银行类金融机构的是(　　)。
   A. 保险公司　　B. 财务公司
   C. 信托公司　　D. 农村商业银行
4. 中央银行是一国金融机构体系的(　　)。
   A. 主体　　B. 基础
   C. 核心　　D. 附属
5. 商业银行是一国金融机构体系的(　　)。
   A. 主体　　B. 基础
   C. 核心　　D. 附属
6. 与其他金融机构相比,商业银行最明显的特征是(　　)。
   A. 以盈利为目的　　B. 提供金融服务
   C. 吸收活期存款,创造信用货币　　D. 执行国家金融政策

7. 中国银行的性质是( )。

A. 中央银行
B. 国有商业银行
C. 股份制商业银行
D. 政策性银行

8. ( )促使中国人民银行从日常监管事务中分离出来,升格为中央银行。

A.《中国人民银行法》的颁布
B. 央行分支机构设置的改革
C. 中国工商银行的创设
D. 银监会的设立

9. 政策性金融机构与商业性金融机构之间最根本的区别在于是否( )。

A. 由政府出资
B. 以政府的政策旨意发放贷款
C. 以盈利为目的
D. 自主选择贷款对象

10. 下列各项中,属于政策性银行的是( )。

A. 中国进出口银行
B. 中国建设银行
C. 中国农业银行
D. 华夏银行

11. 下列各银行中,( )与其他几家银行的性质不同。

A. 中国工商银行
B. 交通银行
C. 中国农业银行
D. 中国进出口银行

12. 在我国,以国家基础设施建设等相关投资开发为主的银行是( )。

A. 中国进出口银行
B. 中国农业发展银行
C. 国家开发银行
D. 中国建设银行

13. 在我国,执行国家进出口贸易政策的政策性银行是( )。

A. 中国进出口银行
B. 中国农业发展银行
C. 国家开发银行
D. 中国建设银行

14. 在我国,执行国家农业政策的政策性银行是( )。

A. 中国进出口银行
B. 中国农业发展银行
C. 国家开发银行
D. 中国建设银行

15. 在农村信用社基础上改制组建( ),是中国农村金融体系改革的一大突破。

A. 农村合作银行
B. 农村商业银行
C. 农村互助基金会
D. 农村担保机构

16. 在我国为地方经济发展服务,为中小企业发展服务的商业银行是( )。

A. 农村商业银行
B. 股份制商业银行
C. 国有控股商业银行
D. 城市商业银行

17. 腾讯的微众银行、阿里巴巴的网上银行,二者的性质均属于( )。

A. 民营银行
B. 网络银行
C. 电子银行
D. 非银行类金融机构

18. 深圳证券交易所成立于(　　)年。

A. 1990　　B. 1991

C. 1992　　D. 1989

19. 北京证券交易所成立于(　　)年。

A. 2019　　B. 2020

C. 2021　　D. 2022

20. (　　)是我国最早创办的保险公司。

A. 中国人寿保险公司　　B. 中国人民保险公司

C. 中国人民财产保险公司　　D. 中国太平洋保险公司

21. 中国人民保险公司始建于(　　)。

A. 1948 年 1 月　　B. 1948 年 10 月

C. 1949 年 10 月　　D. 1948 年 12 月

22. 我国第一家信托投资公司是(　　)。

A. 中国中投证券公司　　B. 中国国际信托投资公司

C. 国家投资公司　　D. 中国农村信托投资公司

23. 金融租赁公司属于(　　)。

A. 非金融机构　　B. 非银行类金融机构

C. 政策性金融机构　　D. 投资性金融机构

24. 国际金融机构中历史最悠久,现在还在运营的国际金融机构是(　　)。

A. 亚洲基础设施投资银行　　B. 国际清算银行

C. 非洲开发银行　　D. 泛美开发银行

25. 下列各国际金融机构中,首个由中国主导建立的多边国际金融机构是(　　)。

A. 国际货币基金组织　　B. 世界银行集团

C. 国际清算银行　　D. 亚洲基础设施投资银行

三、多项选择题

1. 金融机构存在的必要性包括(　　)。

A. 降低交易成本　　B. 缓解信息不对称

C. 分散和转移风险　　D. 实现盈利性

2. 下列各项中,属于金融机构的功能的有(　　)。

A. 存贷款功能　　B. 经纪和交易功能

C. 承销功能　　D. 咨询和信托功能

3. 中央银行是一个国家的货币金融管理机构,其特点可概括为(　　)。

A. 发行的银行　　B. 政府的银行　　C. 存款货币银行　　D. 银行的银行

4. 1948 年 12 月 1 日，中国人民银行由（　　）合并组成。

A. 华北银行　　B. 北海银行

C. 西北农民银行　　D. 东北银行

5. 下列各项中，属于银行类金融机构的有（　　）。

A. 证券机构　　B. 商业银行

C. 保险机构　　D. 政策性银行

6. "四大国有银行"包括（　　）。

A. 中国建设银行　　B. 中国银行

C. 中国工商银行　　D. 中国农业银行

7. 下列各项中，属于我国国有商业银行的有（　　）。

A. 中国银行　　B. 华夏银行

C. 浦发银行　　D. 中国建设银行

8. 下列各项中，属于我国股份制商业银行的有（　　）。

A. 兴业银行　　B. 恒丰银行

C. 平安银行　　D. 浦发银行

9. 1994 年，我国成立的政策性银行有（　　），它们均直属国务院领导。

A. 中国农业发展银行　　B. 国家开发银行

C. 中国民生银行　　D. 中国进出口银行

10. 下列关于政策性银行特征的描述中，正确的有（　　）。

A. 由政府创立　　B. 以贯彻政府的经济政策为目标

C. 以营利为目的　　D. 在特定领域开展金融业务

11. 下列有关中国农业发展银行的描述中，正确的有（　　）。

A. 专门向农业提供中长期低息信贷

B. 为促进我国商品的出口而设立的专门金融机构

C. 专门为经济发展提供长期投资或贷款的政策性金融机构

D. 以贯彻和配合国家农业扶持和保护政策为目标

12. 下列有关国家开发银行的描述中，正确的有（　　）。

A. 成立于 1994 年

B. 直属国务院领导

C. 2015 年国务院将国家开发银行定位为开发性金融机构

D. 最大股东是中华人民共和国财政部

13. 下列各项中，属于非银行类金融机构的有（　　）。

A. 证券公司　　B. 保险公司

C. 信托投资公司　　D. 小额贷款公司

14. 下列各项中，属于非银行类金融机构的有（　　）。
A. 村镇银行　　B. 信托公司
C. 财务公司　　D. 金融租赁公司

15. 我国的证券公司可以经营的业务包括（　　）。
A. 推销政府债券、企业债券和股票
B. 自营买卖和代理买卖有价证券
C. 参与企业收购、兼并
D. 充当企业财务顾问

16. 下列各项中，属于 1998 年我国首批成立的基金管理公司的有（　　）。
A. 国泰基金管理有限公司　　B. 南方基金管理有限公司
C. 华夏基金管理有限公司　　D. 华安基金管理有限公司

17. 下列关于投资基金的描述中，正确的有（　　）。
A. 利益共享　　B. 风险共担
C. 专家管理投资　　D. 是一种集合投资制度

18. 下列各项中，属于人身保险业务的有（　　）。
A. 人寿保险　　B. 健康保险
C. 意外伤害保险　　D. 信用保险

19. 我国的保险中介机构主要有（　　）。
A. 保险代理机构　　B. 保险经纪公司
C. 保险公估机构　　D. 保险公司

20. 下列各项中，服务"三农"的金融机构有（　　）。
A. 中国农业银行　　B. 中国农业发展银行
C. 农村商业银行　　D. 小额贷款公司

21. 下列国际金融机构中，属于全球性国际金融机构的有（　　）。
A. 欧洲中央银行　　B. 亚洲基础设施投资银行
C. 世界银行　　D. 国际货币基金组织

22. 下列国际金融机构中，属于区域性金融机构的有（　　）。
A. 欧洲中央银行　　B. 亚洲基础设施投资银行
C. 世界银行　　D. 国际货币基金组织

23. 国际货币基金组织的主要目标有（　　）。
A. 促进国际货币合作　　B. 促进国际贸易的扩大和平衡增长
C. 协助建立多边支付体系　　D. 为遇到国际收支困难的成员提供资源

24. 1944 年"布雷顿森林协议"明确提出要创立（　　）。
A. 国际货币基金组织　　B. 世界银行

C. 国际清算银行　　D. 亚洲开发银行

25. 下列国际金融机构中，中国参与的有（　　）。

A. 国际清算银行　　B. 世界银行

C. 亚洲开发银行　　D. 亚洲基础设施投资银行

四、判断题

1. 银行类金融机构能够有效地降低交易成本。（　　）
2. 银行凭借贷款的非公开性这一特点，能够分散和转移风险。（　　）
3. 金融机构最基本的功能是经纪和交易功能。（　　）
4. 金融机构体系一般可分为中央银行和商业银行两大类。（　　）
5. 商业银行是银行的一种类型，是通过存款、贷款、汇兑、储蓄等业务，充当信用中介的金融机构。（　　）
6. 中国工商银行始建于 1908 年，是中国近代以来延续历史最悠久的银行之一，也是近代中国的发钞行之一。（　　）
7. 我国第一家完全由企业法人持股的股份制商业银行是成立于 1987 年 4 月 8 日的浦发银行。（　　）
8. 我国第一家城市商业银行是 1995 年成立的上海城市合作银行。（　　）
9. 农村商业银行是由辖内农民、农村工商户、企业法人和其他经济组织入股组成的股份合作制社区性地方金融机构。（　　）
10. 我国的政策性银行与中央银行一样，它们不以营利为目的，共同制定和实施货币政策。（　　）
11. 不追求盈利是政策性银行最重要的经营特点之一。（　　）
12. 中国进出口银行是直属国务院领导的政策性金融机构。（　　）
13. 经纪类证券公司可以从事证券的承销和自营买卖业务。（　　）
14. 上海证券交易所是一家不以营利为目的，为证券的集中和有组织的交易提供场所、设施的会员制事业法人。（　　）
15. 中国人寿保险股份公司是中华人民共和国设立的第一家保险公司。（　　）
16. 我国同一保险公司不得同时兼营财产保险和人身保险业务。（　　）
17. 保险公司收取保费，并将保费所得资本用于实业投资。（　　）
18. 当保险事故发生时，保险人有义务赔偿被保险人的经济损失。（　　）
19. 我国的保险公司主要有保险代理机构、保险经纪公司、保险公估机构。（　　）
20. 金融租赁公司是经国务院批准，主要经营融资租赁业务的非银行类金融机构。（　　）
21. 小额贷款公司是只能在所服务的行政区域内，吸收公众存款，经营小额贷款业务的非银行类金融机构。（　　）

22. 小额贷款公司的特点是“只贷不存”。 ( )
23. 特别提款权，是国际清算银行于 1969 年创造的记账单位。 ( )
24. 中国于 1945 年加入世界银行，是该组织的创始国之一。 ( )
25. 亚洲开发银行是一个政府间性质的亚洲区域多边开发机构，它重点支持基础设施建设。 ( )

五、简答题

1. 简述金融机构的功能。
2. 简述我国金融机构体系。
3. 简述我国非银行类金融机构的组成结构。
4. 简述国际金融机构的构成。

第三部分 参考答案

一、名词解释

1. 金融机构

金融机构，又称金融中介或金融中介机构，是指专门从事货币信用等一系列金融活动的中介组织。金融机构不同于经济生活中其他中介组织之处在于它所经营的业务产品是货币资金。金融机构为社会经济发展和再生产的顺利进行提供了金融服务，是国民经济体系的重要组成部分。

2. 银行类金融机构

银行类金融机构包括商业银行和政策性银行两大类。在我国，银行类金融机构包括国有商业银行、股份制商业银行、城市商业银行、农村商业银行、村镇银行、民营银行等吸收公众存款的商业银行以及中国农业发展银行、中国进出口银行两大政策性银行。

3. 政策性银行

政策性银行是指由政府创立，以贯彻政府的经济政策为目标，在特定领域开展金融业务的、不以营利为目的的专业性金融机构。目前，我国的政策性银行包括中国进出口银行和中国农业发展银行，它们均直属国务院领导。

4. 中国农业发展银行

中国农业发展银行是专门向农业提供中长期低息信贷，以贯彻和配合国家农业扶持和保护政策为目标的专门金融机构。中国农业发展银行是直属国务院领导的中国唯一的农业政策性银行。

5. 中国进出口银行

中国进出口银行是我国的进出口政策性银行。进出口政策性银行是一国为促进本国商品的出口,贯彻国家的对外贸易政策而由政府设立的专门金融机构。中国进出口银行是由国家出资设立、直属国务院领导、支持中国对外经济贸易投资发展与国际经济合作、具有独立法人地位的国有政策性银行。

6. 非银行类金融机构

非银行类金融机构是以发行股票和债券、接受信用委托、提供保险等形式筹集资金,并将所筹资金运用于长期性投资的金融机构。我国的非银行类金融机构主要有证券机构、保险机构、信托公司、金融租赁公司、财务公司、小额贷款公司等。

7. 证券机构

证券机构是指依法设立的,从事证券服务业务的法人机构。我国证券机构主要包括证券公司、证券交易所、基金管理公司、证券登记结算公司、期货公司、投资咨询公司等。

8. 保险公司

保险公司是指依照《中华人民共和国保险法》和《中华人民共和国公司法》设立的、采用公司组织形式、经营保险业务的公司法人。保险公司的业务包括人身保险业务和财产保险业务。我国的保险公司一般不得兼营人身保险业务和财产保险业务。

9. 信托公司

信托公司此前被称为信托投资公司,是一种以受托人的身份代人理财的非银行类金融机构。信托公司的主要业务包括:经营资金和财产委托、代理资产保管、金融租赁、经济咨询、证券发行以及投资等。

10. 财务公司

我国的财务公司也称为企业集团财务公司,是以加强企业集团资金集中管理和提高企业集团资金使用效率为目的,为企业集团成员单位提供财务管理服务的非银行类金融机构。财务公司是我国金融机构体系的重要组成部分。

11. 国际清算银行

国际清算银行是由英国、法国、德国、意大利、比利时、日本等国的中央银行,与代表美国银行界利益的摩根银行、纽约花旗银行和芝加哥花旗银行组成的银团,根据《海牙国际协定》共同组建的,其宗旨是促进各国中央银行合作。

12. 国际货币基金组织

国际货币基金组织是根据《国际货币基金组织协定》,于 1945 年 12 月 27 日成立的联合国的一个专门机构,总部设在美国华盛顿。国际货币基金组织的宗旨是确保国际货币体系,即各国(及其公民)相互交易所依赖的汇率体系及国际支付体系的稳定。

13. 亚洲基础设施投资银行

亚洲基础设施投资银行是一个政府间性质的亚洲区域多边开发机构,重点支持基础设施建设，是全球首个由中国倡议设立的多边金融机构。亚洲基础设施投资银行的宗旨是促进亚洲区域的建设互联互通化和经济一体化的进程、加强中国及其他亚洲国家和地区的合作。

二、单项选择题

1	2	3	4	5	6	7	8	9	10
A	C	D	C	A	C	B	A	C	A
11	12	13	14	15	16	17	18	19	20
D	C	A	B	B	D	A	A	C	B
21	22	23	24	25					
C	B	B	B	D					

【重难点讲解】

1. 按照世界各国对金融机构最常用的划分标准，金融机构可分为银行类金融机构和非银行类金融机构。

2. 银行类金融机构包括商业银行和政策性银行两大类。证券公司属于非银行类金融机构。

3. 我国的非银行类金融机构主要有证券机构、保险机构、信托公司、金融租赁公司、财务公司、小额贷款公司等。农村商业银行属于银行类金融机构。

4. 在市场经济条件下，各国金融机构体系大多数是以中央银行为核心来进行组织管理的，形成了以中央银行为核心、商业银行为主体、各类银行类和非银行类金融机构并存的金融机构体系。因此，中央银行是一国金融机构体系的核心。

5. 在市场经济条件下，各国金融机构体系大多数是以中央银行为核心来进行组织管理的，形成了以中央银行为核心、商业银行为主体、各类银行类和非银行类金融机构并存的金融机构体系。因此，商业银行是一国金融机构体系的主体。

6. 商业银行可以吸收活期存款，创造信用货币，而其他金融机构则不具有该特征。

7. 中国银行是我国的国有商业银行之一。

8. 1995 年 3 月 18 日，第八届全国人民代表大会第三次会议通过了《中国人民银行法》，中国人民银行作为中央银行的地位以法律形式被确定下来。

9. 政策性银行是指由政府创立，以贯彻政府的经济政策为目标，在特定领域开展金融业务的、不以营利为目的的专业性金融机构。而商业银行则是以营利性为目的的银行类金融机构，这是二者的根本性区别。

10. 目前，我国的政策性银行包括中国进出口银行和中国农业发展银行。中国进出口银行属于政策性银行，其他三个选项属于商业银行。

11. 中国进出口银行属于政策性银行,其他三个选项均属于国有商业银行。

12. 国家开发银行是以国家基础设施建设等相关投资开发为主的银行。

13. 进出口政策性银行是一国为促进本国商品的出口,贯彻国家的对外贸易政策而由政府设立的专门金融机构。我国的进出口政策性银行是中国进出口银行。

14. 农业政策性银行是专门向农业提供中长期低息信贷,以贯彻和配合国家农业扶持和保护政策为目标的政策性银行。我国的农业政策性银行是中国农业发展银行。

15. 2001年,我国首批三家股份制农村商业银行在江苏省的张家港、常熟、江阴组建成立,在农村信用社基础上改制组建农村商业银行,是我国农村金融体系改革的一大突破。

16. 城市商业银行是中国银行业的重要组成部分和特殊群体,其前身是20世纪80年代设立的城市信用社,其业务定位是为中小企业提供金融支持,为地方经济搭桥铺路。

17. 腾讯的微众银行、阿里巴巴的网商银行,二者的性质均属于民营银行。

18. 深圳证券交易所成立于1990年12月1日。

19. 北京证券交易所成立于2021年9月30日。

20. 中国人民保险公司于1949年10月20日在北京西交民巷108号挂牌成立,被誉为"新中国保险业的长子",是新中国保险事业的开拓者和奠基人。

21. 中国人民保险公司于1949年10月20日成立。

22. 1979年10月成立的中国国际信托投资公司(简称中信公司)是我国第一家信托投资公司。

23. 金融租赁公司是指经银保监会批准,以经营融资租赁业务为主的非银行类金融机构。

24. 国际清算银行成立于1930年5月;非洲开发银行、泛美开发银行成立于20世纪50—70年代;亚洲基础设施投资银行成立于21世纪。

25. 亚洲基础设施投资银行,是全球首个由中国倡议设立的多边金融机构。

三、多项选择题

1	2	3	4	5	6	7	8	9	10
ABC	ABCD	ABD	ABC	BD	ABCD	AD	ABCD	ABD	ABD
11	12	13	14	15	16	17	18	19	20
AD	ABCD	ABCD	BCD	ABCD	ABCD	ABCD	ABC	ABC	ABCD
21	22	23	24	25					
CD	AB	ABCD	AB	ABCD					

【重难点讲解】

1. 金融机构存在的必要性包括降低交易成本、缓解信息不对称、分散和转移风险。

2. 金融机构的功能包括存贷款功能、经纪和交易功能、承销功能、咨询和信托功能。

3. 中央银行居于一国金融机构体系的最上层，是银行的银行、政府的银行、发行的银行。

4. 1948年12月1日，中国人民银行在华北银行、北海银行、西北农民银行的基础上合并成立。

5. 银行类金融机构包括商业银行和政策性银行两大类。

6. "四大国有银行"包括中国工商银行、中国农业银行、中国银行、中国建设银行。

7. 我国国有商业银行包括中国工商银行、中国农业银行、中国银行、中国建设银行、交通银行、中国邮政储蓄银行。选项B和选项C属于股份制商业银行。

8. 我国全国性股份制商业银行包括：招商银行、浦发银行、中信银行、中国光大银行、华夏银行、中国民生银行，广发银行，兴业银行、平安银行、浙商银行、恒丰银行、渤海银行。

9. 1994年，我国设立了国家开发银行、中国进出口银行、中国农业发展银行三大政策性银行，它们均直属国务院领导。

10. 政策性银行是指由政府创立，以贯彻政府的经济政策为目标，在特定领域开展金融业务的、不以营利为目的的专业性金融机构。选项C，以盈利为目的不是政策性银行的特征。

11. 中国农业发展银行是专门向农业提供中长期低息信贷，以贯彻和配合国家农业扶持和保护政策为目标的政策性银行。选项B是中国进出口银行的特征；选项C是国家开发银行的特征。

12. 选项ABCD均为国家开发银行的正确描述。

13. 我国的非银行类金融机构主要有证券机构、保险机构、信托公司、金融租赁公司、财务公司、小额贷款公司等。

14. 我国的非银行类金融机构主要有证券机构、保险机构、信托公司、金融租赁公司、财务公司、小额贷款公司等。村镇银行属于银行类金融机构。

15. 我国证券公司的主要职能包括推销政府债券、企业债券和股票，代理买卖和自营买卖已上市流通的各类有价证券，参与企业收购、兼并，充当企业财务顾问等。

16. 1998年，我国首批成立了6家基金管理公司，它们分别是：国泰基金管理有限公司、南方基金管理有限公司、华夏基金管理有限公司、华安基金管理有限公司、博时基金管理有限公司、鹏华基金管理有限公司。

17. 投资基金是一种由众多不确定的投资者自愿将不同的出资份额汇集起来，交由专家管理投资，所得收益由投资者按出资比例分享的金融投资产品。投资基金实行利益共享、风险共担的集合投资制度。

18. 人身保险业务包括人寿保险、健康保险、意外伤害保险等保险业务；财产保险业务包括财产损失保险、责任保险、信用保险、保证保险等保险业务。选项D属于信用保险业务，其他选项属于人身保险业务。

19. 保险机构包括经营保险业务的保险公司和保险中介机构。我国的保险中介机构主要有保险代理机构、保险经纪公司、保险公估机构三类。

20. 选项ABCD均属于服务于“三农”的金融机构。

21. 国际金融机构可分为全球性国际金融机构、区域性的国际金融机构和半区域性的国际金融机构三类。选项A欧洲中央银行和选项B亚洲基础设施投资银行属于区域性的国际金融机构；选项C世界银行和选项D国际货币基金组织属于全球性国际金融机构。

22. 国际金融机构可分为全球性国际金融机构、区域性的国际金融机构和半区域性的国际金融机构三类。选项A欧洲中央银行和选项B亚洲基础设施投资银行属于区域性的国际金融机构；选项C世界银行和选项D国际货币基金组织属于全球性国际金融机构。

23. 国际货币基金组织的主要目标包括：促进国际货币合作；促进国际贸易的扩大和平衡增长；促进交易所稳定；协助建立多边支付体系；为遇到国际收支困难的成员提供资源。

24. 1944年，在二战胜利局面基本已确定的情况下，44个国家的代表在美国新罕布什尔州布雷顿森林镇召开了联合国家货币金融会议，旨在建立一个新的国际货币体系。在这次会议上，参与国签订了“布雷顿森林协议”，明确提出要创立国际货币基金组织和世界银行这两家机构。

25. 中国人民银行于1996年成为国际清算银行股东并积极参与该行的各项活动；中国于1945年加入世界银行，是世界银行的创始国之一；中国于1986年3月10日正式成为亚洲开发银行的成员；亚洲基础设施投资银行，是全球首个由中国倡议设立的多边金融机构。

四、判断题

1	2	3	4	5	6	7	8	9	10
√	×	×	×	√	×	×	×	×	×
11	12	13	14	15	16	17	18	19	20
√	√	×	√	×	√	×	√	×	×
21	22	23	24	25					
×	√	×	√	×					

【重难点讲解】

2. 银行凭借贷款的非公开性这一特点，在一定程度上克服了信息不对称问题。

3. 金融机构最基本的功能是存贷款功能。

4. 金融机构体系一般可分为银行类金融机构和非银行类金融机构两大类。

6. 中国工商银行成立于1984年1月1日。交通银行始建于1908年,是中国近代以来延续历史最悠久的银行之一,也是近代中国的发钞行之一。

7. 招商银行成立于1987年4月8日,是中国第一家完全由企业法人持股的股份制商业银行。

8. 我国第一家城市商业银行是于1995年成立的深圳城市合作商业银行。

9. 农村商业银行是由辖内农民、农村工商户、企业法人和其他经济组织共同发起成立的股份制地方性金融机构;农村合作银行是由辖内农民、农村工商户、企业法人和其他经济组织入股组成的股份合作制社区性地方金融机构。

10. 我国的政策性银行不以营利为目的,但不负责制定和实施货币政策。制定和实施货币政策的机构是中央银行。

13. 经纪类证券公司只能从事证券经纪类业务,即它只能充当证券交易的中介,不得从事证券的承销和自营买卖业务。

15. 中华人民共和国设立的第一家保险公司是中国人民保险公司。

17. 保险公司收取保费,将保费所得资本投资于债券、股票、基金等金融资产。

19. 我国的保险中介机构主要有三类:保险代理机构、保险经纪公司、保险公估机构。

20. 金融租赁公司是指经银保监会批准,以经营融资租赁业务为主的非银行类金融机构,而非经国务院批准。

21. 小额贷款公司不吸收公众存款。

23. 特别提款权,是国际货币基金组织于1969年创造的记账单位。

25. 亚洲基础设施投资银行是一个政府间性质的亚洲区域多边开发机构,重点支持基础设施建设,而非亚洲开发银行。

五、简答题

1.【**参考答案**】

金融机构的功能主要包括:①存贷款功能。存贷款功能表现为存款类金融机构通过它的存款业务,在市场上筹集货币资金,并将这些货币资金贷放给资金的需求者,完成资金从投资者向筹资者的转移。②经纪和交易功能。经纪和交易功能表现为金融机构代表客户交易金融资产,提供金融交易的结算服务;金融机构在自营业务中通过交易金融资产,满足客户对不同金融资产的需求。③承销功能。承销功能表现为证券的发行人委托证券经营机构向社会公开销售证券。④咨询和信托功能。咨询和信托功能表现为金融机构为客户提供投资建议、保管金融资产、管理投资组合。提供这种金融服务的主要有信托公司、商业银行和证券公司等机构。

2.【参考答案】

我国的金融机构体系形成了以中国人民银行为核心、各类商业银行和政策性银行为主体,银行类金融机构以及非银行类金融机构并存的基本格局。

(1) 中国人民银行居于我国金融机构体系的最上层,是我国的中央银行。

(2) 我国的银行类金融机构包括商业银行和政策性银行两大类。商业银行包括国有大型商业银行、股份制银行、城市商业银行、农村商业银行、村镇银行、民营银行六大类;政策性银行包括中国进出口银行、中国农业发展银行。

(3) 我国的非银行类金融机构主要有证券机构、保险机构、信托公司、金融租赁公司、财务公司、小额贷款公司等。

3.【参考答案】

我国非银行类金融机构的组成结构主要包括证券机构、保险机构、信托公司、金融租赁公司、财务公司以及小额贷款公司。

(1) 证券机构是指依法设立的,从事证券服务业务的法人机构。我国证券机构主要包括证券公司、证券交易所、基金管理公司、证券登记结算公司、期货公司、投资咨询公司等。

(2) 保险机构包括经营保险业务的保险公司和保险中介机构。

(3) 信托公司是一种以受托人的身份代人理财的非银行类金融机构。

(4) 金融租赁公司是指经银保监会批准,以经营融资租赁业务为主的非银行类金融机构。

(5) 我国的财务公司也称为企业集团财务公司,是以加强企业集团资金集中管理和提高企业集团资金使用效率为目的,为企业集团成员单位提供财务管理服务的非银行类金融机构。

(6) 小额贷款公司是由自然人、企业法人与其他社会组织投资设立,不吸收公众存款,经营小额贷款业务,以有限责任公司或股份有限公司形式开展经营活动的非银行类金融机构。

4.【参考答案】

国际金融机构主要包括国际清算银行、国际货币基金组织、世界银行、亚洲开发银行、亚洲基础设施投资银行。

(1) 国际清算银行是由英国、法国、德国、意大利、比利时、日本等国的中央银行,与代表美国银行界利益的摩根银行、纽约花旗银行和芝加哥花旗银行组成的银团,根据《海牙国际协定》共同组建的。

(2) 国际货币基金组织是根据《国际货币基金组织协定》,于1945年12月27日成立的,总部设在美国华盛顿,它是联合国的一个专门机构。

(3) 世界银行是世界银行集团的简称,它是与国际货币基金组织同时成立的另一个国际金融机构,也是联合国的一个专门机构。

(4) 亚洲开发银行是一个致力于促进亚洲及太平洋地区发展中成员经济和社会发展的区域性政府间金融开发机构。

(5) 亚洲基础设施投资银行,简称亚投行,是全球首个由中国倡议设立的多边金融机构。亚投行是一个政府间性质的亚洲区域多边开发机构,重点支持基础设施建设。

第五章 商 业 银 行

第一部分 内 容 概 要

一、商业银行概述

(一) 商业银行的产生与发展

商业银行是历史悠久的金融机构，是商品经济发展到一定阶段的必然产物，是一种提供综合性服务的特殊金融企业，并且随着商品经济的发展不断完善。

1. 商业银行的萌芽

早期银行业的产生与国际贸易的发展有着密切的联系。

2. 现代商业银行的发展

现代商业银行的建立有两条途径：一条是高利贷性质的银行逐渐转变为资本主义商业银行，另一条则是按照资本主义经济的要求组织股份制商业银行。

3. 我国现有商业银行体系

我国商业银行体系是一个多层次、多主体的金融系统。我国的商业银行体系分为 6 个层次，依次是国有大型商业银行、股份制银行、城市商业银行、农村商业银行、村镇银行、民营银行。

(二) 商业银行的概念与基本特征

1. 商业银行的概念

商业银行，是银行的一种类型，主要通过存款、贷款、汇兑、储蓄等业务，承担信用中介的金融机构，其主要业务范围包括吸收公众存款、发放贷款以及办理票据贴现等。

2. 商业银行的基本特征

商业银行是以追求利润最大化为目标，以多种金融负债筹集资金，以多种金融资产为经营对象，能利用负债进行信用创造，并向客户提供多功能、综合性服务的金融企业。商业银行的特点决定了它具有三点特征：①商业银行是企业。②商业银行是特许经营的企业。③商业银行是特许经营的金融企业。

(三) 商业银行的职能与作用

1. 商业银行的职能

商业银行的职能主要包括信用中介、支付中介、信用创造及金融服务等。

1）信用中介

商业银行的这一职能是通过负债业务把社会上经济主体的闲置资金集中到银行，再通过资产业务将集中的资金投向各经济部门而体现出来的。商业银行的信用中介职能改变的只是货币资金的使用权，并没有改变货币资金的所有权。

2）支付中介

支付中介是指商业银行利用活期存款账户，为客户办理各种货币结算、货币收付、货币兑换和转移存款等业务活动。在现代经济中，商业银行已成为支付体系的中心。

3）信用创造

商业银行的信用创造包括两层意思：一是信用工具的创造，二是信用量的创造。

4）金融服务

社会经济主体对金融服务提出越来越高的要求，一些原本由工商企业自身完成的业务现在都转交给商业银行办理，如代发工资、代理支付、信息咨询等。

2. 商业银行在国民经济中的作用

商业银行的作用主要包括以下四点：

(1) 传递中央银行货币政策。

(2) 优化社会经济结构。

(3) 调节和引导消费。

(4) 平衡国际收支。

二、商业银行的业务

商业银行的业务分为负债业务、资产业务、中间业务和表外业务四大类，如表 5-1 所示。

表 5-1　商业银行的业务

商业银行的业务	具体内容
负债业务	自有资本、存款业务、借款业务
资产业务	现金资产、企业贷款、投资业务
中间业务	结算业务、代理业务、信托业务、租赁业务、咨询业务
表外业务	信用证业务、贷款承诺、贷款出售

(一) 负债业务

负债业务是指商业银行筹集资金、借以形成资金来源的业务。商业银行的资本按来源分为自有资本和外来资本两部分，其中外来资本又分为存款和借款等。负债业务是资产业务、中间业务及表外业务的基础。

(二) 资产业务

资产业务是指商业银行对通过负债业务所积聚起来的货币资金加以应用的业务，主要包括现金资产、企业贷款、投资业务。

（三）中间业务

中间业务是指不需要动用自己的资金，而是以中介身份，利用银行的人才、技术、设备等优势，代客户办理各种委托事项，提供各种金融服务，并从中收取手续费的业务。中间业务是商业银行存、贷款业务的延伸，是从其中衍生出来的，但有独特的市场空间，越来越成为银行具有竞争力的业务。

（四）表外业务

表外业务是指商业银行所从事的业务发生时不影响商业银行资产负债总额和结构，但在一定条件下可能转化为商业银行的资产或负债，能够为商业银行带来可观的业务收入或减少风险的业务。表外业务主要包括信用证业务、贷款承诺和贷款出售。

三、商业银行的管理

（一）经营管理

银行业是一个高风险的行业，商业银行作为一种特殊的金融企业，它具有一般企业的基本特征，以追求利润最大化为主要目标。《中华人民共和国商业银行法》第四条规定，“商业银行以安全性、流动性、效益性为经营原则，实行自主经营，自担风险，自我约束。商业银行依法开展业务，不受任何单位和个人的干涉。商业银行以其全部法人财产独立承担民事责任”。

1. 安全性原则

安全性是指商业银行的资产、效益、信誉以及所有经营生存发展的条件免遭损失的可靠程度。

2. 流动性原则

流动性是指商业银行能够随时应付客户提现和满足客户借贷的能力。在这里，流动性有两层意思，即资产的流动性和负债的流动性。适度的流动性有利于商业银行实现安全性和效益性的平衡。

3. 效益性原则

效益性是指商业银行获得利润的能力。效益性原则是指商业银行作为一个经营企业，追求最大限度的盈利。效益性既是评价商业银行经营水平的最核心指标，也是商业银行最终效益的体现。商业银行的收益是指业务收入减去业务支出的净额。

4. 安全性、流动性、效益性原则的相互关系

商业银行的安全性、流动性和效益性原则三者之间的相互关系如下：

（1）效益性与流动性、安全性存在此消彼长的对立关系。

（2）在一定条件下，效益性与流动性、安全性是一致的。

（3）三性原则的矛盾性增加银行经营管理的难度，一致性又为银行协调矛盾创造条件。

(二) 资产负债管理

1. 资产管理理论

在商业银行的发展历程中,资产管理理论相继经历了商业性贷款理论、资产转换理论和预期收入理论3个阶段。

2. 负债管理理论

负债管理理论是以负债为经营重点来保证流动性和盈利性的经营管理理论,其理论的核心是主张以借入资金的办法来保持银行资产流动性,从而增强资产业务,增加银行收益。负债管理理论主要包括银行券理论、存款理论和购买理论。

3. 资产负债综合管理理论

资产负债综合管理理论的基本思想是在资金的配置、运用以及在资产负债管理的整个过程中,根据金融市场的利率、汇率、银根松紧等变动情况,对资产和负债两个方面进行协调和配置,通过调整资产和负债双方在某种特征上的差异,达到合理搭配的目的。该理论是以资产负债表的各科目之间的"对称原则"为基础,以缓和流动性、效益性和安全性之间的矛盾的。

(三) 风险管理

风险管理是商业银行的生命线。风险管理是商业银行管理的另一项重要工作。

1. 商业银行风险的概念

商业银行风险是指银行在经营过程中,由于各种不确定因素的影响,而使资产和预期收益蒙受损失的可能性。商业银行风险是决定商业银行生存与发展的根本因素,也是衡量商业银行核心竞争力和市场价值的最重要因素。

2. 商业银行风险的特征

商业银行与一般企业相比,其风险特征主要表现在以下三个方面:

(1) 商业银行的风险所造成的损失大、涉及面广。

(2) 商业银行是社会各经济主体风险的集散地。

(3) 商业银行的信用中介和信用创造职能使银行的流动性风险加大。

3. 商业银行风险的分类

商业银行风险包括信用风险、市场风险、操作风险、流动性风险、国家风险、法律风险、声誉风险以及战略风险。

1) 信用风险

信用风险又称违约风险,是指借款人不能或不愿偿还到期债务而给银行带来损失的可能性。

2) 市场风险

市场风险是金融体系中最常见的风险之一,通常是由金融资产的价格变化而产生的,市场风险一般又可分为利率风险、汇率风险等。

3）操作风险

操作风险是指由于商业银行内部程序、人员、系统不完善或者运行失当，以及外部事件的冲击等导致的直接或间接损失可能性的风险。

4）流动性风险

流动性风险是指商业银行掌握的可用于即时支付的流动性资产不足以满足存款提现的要求，从而使商业银行丧失清偿能力的可能性。

5）国家风险

国家风险是指与借款人所在国家的社会、经济和政治方面有关的风险。

6）法律风险

法律风险是指现有法律可能无法解决某些与银行有关的法律问题，同时，不完善的法律意见和规范可能造成与预计情况相比资产价值下降或负债加大的后果。

7）声誉风险

声誉风险对银行损失极大，因为银行的业务性质要求其能够维持存款人、贷款人和整个市场的信心。

8）战略风险

战略风险可理解为企业整体损失的不确定性。

4. 商业银行风险管理体系

商业银行风险管理体系是以资产管理为基础，由银行风险测评系统、银行风险控制系统和银行风险监管系统三个子系统构成的，如图 5-1 所示。

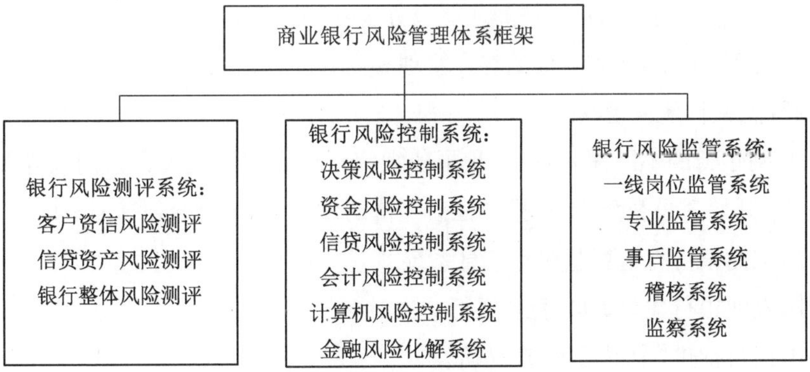

图 5-1　商业银行风险管理体系框架图

银行风险测评系统是基础，银行风险控制系统是主干，银行风险监管系统是必要的约束。三者既独立运作，又相互渗透、相互联系，共同组成商业银行风险管理体系的有机整体。

四、商业银行的发展趋势

商业银行以客户为中心，以市场为导向，不断提高自主创新能力和风险管理能力，有效提升核心竞争力，更好地满足社会公众和投资者日益增长的需求，实现可持续发展战略。

(一) 互联网银行

1. 互联网银行的概念

互联网银行，又称网络银行或在线银行，是指一种以信息技术和互联网技术为依托，通过互联网平台向用户开展和提供开户、销户、查询、对账、行内转账、跨行转账、信贷、网上证券、投资理财等各种金融服务的新型银行机构与服务形式，为用户提供全方位、全天候、便捷、实时的便捷金融服务系统。

2. 互联网银行的功能

互联网银行是信息时代的产物。它的诞生，使原来必须到银行柜台办理业务的客户，通过互联网便可进行账务查询、转账、外汇买卖、银行转账、网上购物、账户挂失等业务，客户足不出户便可以办理银行业务。

3. 互联网银行的法律规范

2021 年 1 月 13 日，为了规范商业银行通过互联网开展个人业务，维护市场秩序，防范金融风险，保护金融消费者合法权益，中国银行保险监督委员会办公厅、中国人民银行办公厅联合发布了《关于规范商业银行通过互联网开展个人存款业务有关事项的通知》(银保监办发〔2021〕9 号)。

(二) 智慧银行

1. 智慧银行的概念

智慧银行是传统银行、互联网银行的高级阶段，是银行企业以智慧化手段和新的思维模式来审视自身需求，并利用创新科技塑造新服务、新产品、新的运营和业务模式，实现规模经济，提升效率和降低成本，达到有效的客户管理和高效的营销绩效的目的。

2. 我国智慧银行建设现状

随着互联网银行的不断深入发展，我国各大银行也在中国人民银行的领导和中国银保监会的监管下，开始建设智慧银行，推动社会经济的发展，满足公众便捷服务的需求。

(1) 中国工商银行打造智慧银行信息系统。

(2) 中国农业银行建设 DIY 智慧银行。

(3) 中国银行推进“中银慧投”产品研发。

(4) 中国建设银行建设交互性智能银行。

第二部分　练　习　题

一、名词解释

1. 商业银行

2. 负债业务
3. 资产业务
4. 中间业务
5. 表外业务
6. 安全性
7. 流动性
8. 效益性
9. 信用风险
10. 市场风险
11. 操作风险
12. 流动性风险
13. 战略风险
14. 互联网银行
15. 智慧银行

二、单项选择题

1. 1694 年,英国商人建立了(　　),标志着现代银行业兴起,高利贷的垄断地位被打破。

A. 英格兰银行　　B. 丽如银行

C. 汇丰银行　　D. 渣打银行

2. 商业银行从事的不列入资产负债表内,但能影响银行当期损益的经营活动,是商业银行的(　　),且其可以有狭义和广义之分。

A. 资产业务　　B. 负债业务

C. 表外业务　　D. 中间业务

3. 现代各国商业经营性金融结构,尤其是银行业,主要是按照(　　)形式建立的。

A. 合作制　　B. 国有制

C. 私人所有制　　D. 股份制

4. 在职能分工型的经营模式下,与其他金融机构相比,只有(　　)能够吸收使用支票的活期存款。

A. 储蓄银行　　B. 商人银行

C. 商业银行　　D. 信用合作社

5. 银行在对借款客户信用状况的评价基础上与客户达成的一种具有法律约束力的契约,约定按照双方商定的金额、利率,银行将在承诺期内随时准备应客户需要提供信贷便利的业务被称作(　　)。

A. 回购协议　　B. 信贷承诺

C. 票据发行便利　　D. 单一银行贷款

6. 银行持股公司制在(　　)最为流行。

A. 美国　　B. 英国

C. 德国　　D. 日本

7. 商业银行的投资业务是指银行从事(　　)的经营活动。

A. 代理买卖　　B. 购买有价证券

C. 租赁　　D. 现金管理

8. 商业银行按一定的利率购进未到期票据的行为是商业银行的(　　)。

A. 中间业务　　B. 贷款业务

C. 证券投资业务　　D. 贴现业务

9. 在货币供应过程中有派生存款功能的是(　　)。

A. 商业银行　　B. 财政部

C. 中央银行　　D. 非银行金融机构

10. 目前世界上大多数国家采用的商业银行的组织形式是(　　)。

A. 单一银行制　　B. 分支行制

C. 银行持股公司　　D. 跨国联合制

11. 下列各项中,不属于我国商业银行业务范围的是(　　)。

A. 发行金融债券　　B. 监管其他金融机构

C. 买卖政府债券　　D. 买卖外汇

12. 商业银行的资产业务指(　　),负债业务指(　　)。

A. 资金来源业务;资金运用业务

B. 存款业务;贷款业务

C. 资金运用业务(存款);资金来源业务(贷款)

D. 资金运用业务(贷款);资金来源业务(存款)

13. 下列各项中,不属于商业银行的基本职能的是(　　)。

A. 调节经济　　B. 信用中介

C. 支付中介　　D. 信用创造

14. 下列各项中,属于商业银行资金来源的是(　　)。

A. 自有资本和库存现金　　B. 自有资本和贷款

C. 自有资本和贴现　　D. 贷款和同业拆借

15. (　　)是金融机构体系中,处于主体地位的金融机构。

A. 中央银行　　B. 商业银行

C. 投资银行　　D. 专业银行

16. 商业银行向中央银行借款通常有(　　)两种方式。

A. 再贷款和转贴现
B. 转贴现和政府作担保
C. 再贴现和信贷配给
D. 再贴现和再贷款

17. 目前我国商业银行资金的主要来源是(　　),利润的主要来源是(　　)。
A. 存款;贷款
B. 存款;中间业务
C. 贷款;存款
D. 贷款;中间业务

18. 商业银行贷款应实行(　　)的贷款管理制度。
A. 审贷一体、集中审批
B. 审贷分离、集中审批
C. 审贷分离、分级审批
D. 审贷一体、分级审批

19. 国内商业银行通常以(　　)为基础确定外汇贷款利率。
A. 央行确定基准利率
B. 国内市场利率
C. 国际金融市场利率
D. 法定利率

20. (　　)是我国商业银行特有的监督部门,对股东大会负责。
A. 董事会
B. 监事会
C. 审计部
D. 专门委员会

三、多项选择题

1. 英格兰银行的建立标志着现代银行业兴起,高利贷的垄断地位被打破。现代商业银行的形成途径主要包括(　　)。
A. 由原有的高利贷银行转变形成
B. 政府出资设立
C. 按股份制形式设立
D. 政府与私人部门合办

2. 商业银行的外部组织形式因各国政治经济制度不同而有所不同,目前主要有(　　)等类型。
A. 总分行制
B. 代理行制
C. 单一银行制
D. 持股公司制

3. 下列各项中,属于商业银行中间业务的有(　　)。
A. 银行卡业务
B. 抵押贷款
C. 基金托管
D. 代发工资

4. 商业银行的资产业务是指其运用资金的业务。对商业银行来说,其资产一般包括现金、信贷和投资。商业银行的现金资产主要包括(　　)。
A. 库存现金
B. 存放在中央银行的超额准备金
C. 同业存放的款项
D. 贴现

5. 商业银行向中央银行借款通常有(　　)等形式。
A. 直接申请
B. 直接借款
C. 贴现票据
D. 以资产为抵押

6. 下列各项中，可以归入商业银行中间业务的有（　　）。

A. 信贷业务　　B. 汇兑业务

C. 信用证业务　　D. 代收、代客买卖业务

7. 下列有关商业银行经营的效益性、安全性和流动性的说法中，正确的有（　　）。

A. 安全性与流动性成正比

B. 效益性与安全性、流动性相矛盾

C. 贷款期限越短，安全性和流动性越好，效益性越差

D. 经营中三者要综合衡量

8. 下列有关商业银行的做法中，能够起到降低流动性风险作用的有（　　）。

A. 适度分散客户种类和资金到期日

B. 制定风险集中限额

C. 以零售资金作为银行负债的主要来源

D. 将贷款集中于房地产企业

9. 商业银行流动性风险预警信号有（　　）。

A. 商业银行所发行的股票价格下跌

B. 商业银行所发行的可流通债券（包括次级债）的交易量上升且债券的买卖价差扩大

C. 商业银行的外部评级上升

D. 快速增长的资产的主要资金来源为市场大宗融资

10. 商业银行附属资本包括（　　）。

A. 实收资本　　B. 一般准备

C. 盈余公积　　D. 长期次级债务

11. 商业银行在流动性管理的过程中，所需要处理的一对矛盾主要包括（　　）。

A. 商业银行为了追求利润最大化，倾向于持有期限长、利润大的资产

B. 国家对于商业银行流动性管理的强制规定

C. 商业银行负债的不稳定和不确定性要求商业银行必须持有足够的流动资金来应付经营过程中的流动性需要

D. 社会公众对商业银行流动性状况的评价

12. 下列关于商业银行战略风险管理的描述中，正确的有（　　）。

A. 战略风险管理是一种长期性管理

B. 战略风险管理是一种短期性管理

C. 良好的战略风险管理最终会使商业银行获益

D. 战略风险管理强化了商业银行对手潜在威胁的洞察力

13. 在实际操作中商业银行在真正需要资金时通常选择（　　）方式来解决。

A. 长期在总资产中保存相当规模的流动性资产

B. 同业拆入

C. 出售流动资产

D. 外部融资

14. 下列各项中,能够说明商业银行流动性风险高的有(　　)。

A. 现金头寸指标低

B. 大型商业银行的大额负债依赖度为50%

C. 贷款总额与核心存款的比率小

D. 贷款总额与总资产的比率高

15. 下列各项中,属于影响商业银行流动性风险预警的外部指标信号的有(　　)。

A. 市场上出现关于该商业银行的负面消息

B. 外部评级下降

C. 资产过于集中

D. 资产质量下降

四、判断题

1. 转贴现是指商业银行向其他银行、贴现公司等融通资金的一种方式,是中央银行的一种货币政策工具。(　　)
2. 商业银行与其他金融机构的基本区别在于商业银行是唯一吸收活期存款、开设支票存款账户的金融中介机构。(　　)
3. 永久性的股东权益和债务资本都属于商业银行的一级资本或核心资本。(　　)
4. 商业银行的信用中介职能并不改变货币资金的所有权,而只是把货币资金的使用权从资金盈余单位注入资金短缺单位。(　　)
5. 商业银行每条产品线拥有的产品项目越多,其产品组合的宽度越大。(　　)
6. 对于有条件的授信,商业银行授信工作人员应根据条件与将来落实的可能性,审慎地决定是否可以先行放款。(　　)
7. 商业银行是以盈利为目的的企业。(　　)
8. 商业银行创造信用的能力不受任何条件限制。(　　)
9. 我国商业银行可以从事信托投资和证券经营业务。(　　)
10. 商业银行的战略风险管理流程应当定期通过外部审计部门的审核。(　　)
11. 商业银行的流动性需求是由一定水平的核心存款和贷款及一定数量的流动性资产和负债来决定的。(　　)
12. 商业银行正常范围内的"借短贷长"的资产负债特点所引致的持有期缺口,是一种正常的、可控性较强的流动性风险。(　　)

13. 商业银行是一种以追求最大利润为目标，以经营金融资产和负债为对象的特殊的企业。（ ）
14. 商业银行是一种企业，因此商业银行在经营目标和手段上与一般企业相同。（ ）
15. 商业银行与一般的工商企业没有不同。（ ）
16. 商业银行作为一国经济中最重要的金融中介机构，具有不可替代的作用。（ ）
17. 信用中介职能是商业银行最基本也最能反映其经营活动特征的职能。（ ）
18. 支付中介职能是商业银行最基本也最能反映其经营活动特征的职能。（ ）
19. 商业银行的信用创造职能是在信用中介与支付中介职能的基础上产生的，它是商业银行的特殊职能。（ ）
20. 信用风险指商业银行掌握的可用于即时支付的流动性资产不足以满足支付需要，从而使其丧失清偿能力的可能性。（ ）

五、简答题

1. 我国现行金融机构体系的构成是怎样的？
2. 商业银行的基本特征有哪些？
3. 国家金融机构体系一般由哪些金融机构构成？
4. 简述商业银行的结算业务。
5. 简述商业银行在经营过程中要遵循的三个基本原则。

第三部分　参考答案

一、名词解释

1. 商业银行

商业银行，是银行的一种类型，主要通过存款、贷款、汇兑、储蓄等业务，承担信用中介的金融机构，其主要业务范围包括吸收公众存款、发放贷款以及办理票据贴现等。

2. 负债业务

负债业务是指商业银行筹集资金、借以形成资金来源的业务。

3. 资产业务

资产业务是指商业银行通过负债业务所积聚起来的货币资金加以应用的业务，主要包括现金资产、企业贷款、投资业务。

4. 中间业务

中间业务是指商业银行不需要动用自己的资金，而是以中介身份，代客户办理各种委托事项，并从中收取手续费的业务。

5. 表外业务

表外业务是指商业银行所从事的业务发生时不影响商业银行资产负债总额和结构，但在一定条件下可能转化为商业银行的资产或负债，能够为商业银行带来可观的业务收入或减少风险的业务。

6. 安全性

安全性是指商业银行的资产、收益、信誉以及所有经营生存发展的条件免遭损失的可靠程度。

7. 流动性

流动性是指商业银行能够随时应付客户提现和满足客户借贷的能力。

8. 效益性

效益性是指商业银行获得利润的能力。

9. 信用风险

信用风险又称违约风险，是指借款人不能或不愿偿还到期债务而给银行带来损失的可能性。

10. 市场风险

市场风险是金融体系中最常见的风险之一，通常是由金融资产的价格变化而产生的，市场风险一般又可分为利率风险、汇率风险等。

11. 操作风险

操作风险是指由于商业银行内部程序、人员、系统不完善或者运行失当，以及外部事件的冲击等导致直接或间接损失的可能性的风险。

12. 流动性风险

流动性风险，是指商业银行掌握的可用于即时支付的流动性资产不足以满足存款提现的要求，从而使商业银行丧失清偿能力的可能性。

13. 战略风险

战略风险可理解为企业整体损失的不确定性。

14. 互联网银行

互联网银行又称网络银行或在线银行，是指一种以信息技术和互联网技术为依托，通过互联网平台向用户开展和提供开户、销户、查询、对账、行内转账、跨行转账、信贷、网上证券、投资理财等各种金融服务的新型银行机构与服务形式，为用户提供全方位、全天候、便捷、实时的便捷金融服务系统。

15. 智慧银行

智慧银行是传统银行、互联网银行的高级阶段，是银行企业以智慧化手段和新的思维模式来审视自身需求，并利用创新科技塑造新服务、新产品、新的运营和业务模式，实现规模经济，提升效率和降低成本，达到有效的客户管理和高效的营销绩效的目的。

二、单项选择题

1	2	3	4	5	6	7	8	9	10
A	C	D	C	B	A	B	D	A	C
11	12	13	14	15	16	17	18	19	20
B	D	A	D	B	D	A	C	C	B

【重难点讲解】

1. 1694年,英国商人建立英格兰银行,标志着现代银行业兴起,高利贷的垄断地位被打破。

2. 表外业务是指商业银行从事的不列入资产负债表,但能影响银行当期损益的经营活动,它有狭义和广义之分。狭义的表外业务是指那些虽未列入资产负债表,但同表内的资产业务或负债业务关系密切的业务。

3. 商业银行股份制改革是建立现代企业制度的客观要求,对于完善市场金融体制,增强国有资本的控制力和克服自身弊端等均具有十分重要的意义。

5. 回购协议是指交易一方向另一方出售某种资产,并承诺在未来特定日期、按约定价格从另一方购回同种资产的交易形式。信贷承诺是指银行在对借款客户信用状况评价的基础与客户达成的一种具有法律约束力的契约,约定按照双方商定的金额、利率,银行将在承诺期内随时准备应客户需要提供贷款便利。票据发行便利是指银行同票据发行人在一定期限内发行某种票据,并承担包销义务,在这种方式下,借款人以发行票据方式筹措资金而无须直接向银行借款。

6. 银行持股公司制已成为美国商业银行最基本的组织形式。银行持股公司制的优点是能够有效地扩大资本总量,增强银行实力,提高银行抵御风险的能力,弥补单一银行制的不足。银行持股公司制的缺点是容易引起金融权利过度集中,并在一定程度上影响银行的经营活力。

7. 投资业务属于商业银行的资产业务。在我国,商业银行投资业务主要包括企业短期融资券承销、公司理财、兼并收购、项目融资、资产及基金管理等。

8. 贴现是商业银行应客户要求,按一定的利率购进未到期票据的行为,从而为客户提供资金。贴现是银行的一项资产业务,汇票的支付人对银行负债,银行实际上是与付款人有一种间接贷款关系。

9. 派生存款是指由商业银行发放贷款、办理贴现或投资等业务活动引申而来的存款。派生存款产生的过程,就是商业银行吸收存款、发放贷款,形成新的存款额,最终使得银行体系存款总量增加的过程,所以只有商业银行才具备派生存款功能。

10. 银行持股公司的优点是能够有效地扩大资本总量,增强银行实力,提高银行抵御风险的能力,弥补单一银行制的不足,因此大多数国家的商业银行都采用银行持股公司制的组织形式。

11. 我国商业银行的业务包括发行金融债券、买卖政府债券、买卖外汇等，监管其他金融机构不属于商业银行的业务，而是金融监管机构的职责。

12. 商业银行的负债业务是指商业银行筹集资金、借以形成资金来源的业务。商业银行的资产业务是指商业银行通过负债业务所积聚起来的货币资金加以应用的业务，主要包括现金资产、企业贷款、投资业务。

13. 商业银行的职能包括：①充当信用中介。②充当支付中介。③信用创造功能。④金融服务。其中，充当信用中介是商业银行最基本的职能。

14. 商业银行资金来源主要是贷款和同业拆借。自由资本是指股东出资形成的资本金、资本盈余以及其运行累积的留存收益等。库存现金是指存放于企业财会部门、由出纳人员经管的货币。贴现是指付款人开具并经承兑人承兑的未到期的商业承兑汇票或银行承兑汇票背书后转让给受让人，受让人向银行等金融机构提出申请将票据变现，银行等金融机构按票面金额扣去自贴现日至汇票到期日的利息，将剩余金额支付给持票人。

15. 我国的金融机构基本分为中央银行、政策性银行、商业银行、信用社、财务公司、信托公司、保险公司、证券机构等。一般而言，除中央银行外的其他的金融机构都是建立在商业银行平台的基础上发展起来的，其业务范围涵盖了经济领域的大部分范围，是一个国家金融体系的基础。因此，商业银行是金融机构体系中处于主体地位的金融机构。

16. 商业银行向中央银行借款有再贴现和再贷款两种途径。

17. 商业银行的资金主要来源于广大存款者的存款，利润主要来源于向资金紧缺者贷款赚取的利息。

18.《商业银行法》第三十五条规定：商业银行贷款，应当对借款人的借款用途、偿还能力、还款方式等情况进行严格审查。商业银行贷款，应当实行审贷分离、分级审批的制度。

19. 我国中央银行目前已不再公布外汇贷款利率，外汇贷款利率在我国已经实现市场化。国内商业银行通常以国际主要金融市场的利率(如伦敦同业拆借利率)为基础确定外汇贷款利率。

20. 监事会是我国商业银行所特有的监督部门，对股东大会负责，从事商业银行内部尽职监督、财务监督、内部控制监督等工作。

三、多项选择题

1	2	3	4	5	6	7	8	9	10
AC	ABCD	ACD	ABC	BC	BD	ABCD	ABC	ABD	BD
11	12	13	14	15					
AC	ACD	BD	AD	AB					

【重难点讲解】

1. 现代商业银行的建立有两条途径：一条是高利贷性质的银行逐渐转变为资本主义商业银行；另一条是按照资本主义经济的要求组织股份制商业银行。

2. 商业银行的外部组织形式因各国政治经济制度不同而有所不同，目前主要有总分行制、代理行制、单一银行制、持股公司制等类型。

3. 中间业务是指商业银行不需要动用自己的资金，而是以中介身份代客户承办相关事项，并从中收取手续费的业务。本题中银行卡业务、基金托管和代发工资都属于中间业务，而抵押贷款属于资产业务。

4. 商业银行的现金资产主要包括库存现金、存放在中央银行的超额准备金、同业存放的款项等。

5. 商业银行向中央银行借款的形式有两种，一种是直接借款，也称再贷款；另一种是间接借款，即再贴现。

6. 中间业务是指商业银行不需要动用自己的资金，而是以中介身份代客户承办相关事项，并从中收取手续费的业务。

7. 商业银行的三性原则之间相互联系，不可或缺，要三者结合，综合考虑。

8. 房地产属于中长期投资，会加大流动性风险。

9. 商业银行流动性风险预警信号包括：商业银行所发行的股票价格下跌；商业银行所发行的可流通债券的交易量上升且债券买卖价差扩大；快速增长的资产的主要资金来源为市场大宗融资。

10. 商业银行附属资本包括重估储备、一般准备、优先股、可转换债券、混合资本债券和长期次级债务。实收资本和盈余公积属于核心资本。

11. 商业银行在流动性管理的过程中，所需要处理的一对矛盾：商业银行为了追求利润最大化，倾向于持有期限长、利润大的资产；商业银行负债的不稳定和不确定性要求商业银行必须持有足够的流动资金来应付经营过程中的流动性需要。

12. 战略风险管理是一种长期性管理，良好的战略风险管理能够给商业银行带来较大的收益。

13. 在实践操作中，商业银行通常选择在真正需要资金的时候借入资金，而不是长期在总资产中保存相当规模的流动性资产。如果通过出售流动资产换取流动性，则将导致总资产存量下降，收回贷款将严重损害商业银行的声誉。

14. 现金头寸指标低意味着商业银行满足即时现金需要的能力越弱，商业银行的流动性风险就越高；贷款总额与总资产的比率高意味着商业银行的流动性能力较差，商业银行的流动性风险就越高。

15. 市场上出现关于该商业银行的负面消息以及外部评级下降等信号出现时，预示着商业银行将出现流动性风险。

四、判断题

1	2	3	4	5	6	7	8	9	10
×	√	×	√	×	×	√	×	×	×
11	12	13	14	15	16	17	18	19	20
×	√	√	×	×	√	√	×	√	×

【重难点讲解】

1. 转贴现是指商业银行向其他银行、贴现公司等融通资金的一种方式，是中央银行的一种货币政策工具。

3. 永久性的股东权益属于商业银行的一级资本或核心资本，债务资本属于商业银行的二级资本或从属资本。

5. 商业银行产品组合宽度以其拥有产品线的多少反映，所以应当是商业银行拥有的产品线越多，其产品组合宽度越大。每条产品线包含产品项目的多少反映了商业银行产品组合的深度，每条产品线包含产品项越多，商业银行产品组合的深度越大。

6. 商业银行对有条件的授信实行“先落实条件，后实施授信”的原则。

7. 商业银行是以盈利为目的，以金融资产和负债为主要经营对象，业务广泛、综合性多功能的金融企业。

8. 商业银行创造信用的能力受到原始存款、法定存款准备金率、超额准备金率、提现率及足够的贷款需求等条件的限制。

9. 依据我国相关法律的规定，商业银行在中华人民共和国境内不得从事信托投资和证券经营业务，不得向非自用不动产投资或者向非银行金融机构和企业投资。

10. 内部审计部门应当定期审核商业银行的战略风险管理流程。

11. 流动性需求(借入资金)＝融资缺口＋流动性资产，融资缺口＝贷款平均额－核心存款平均额，该公式意味着商业银行的流动性需求是由一定水平的核心存款和贷款以及一定数量的流动性资产来决定的。

14. 商业银行是以盈利为目的，以金融资产和负债为主要经营对象，业务广泛、综合性多功能的金融企业。

15. 商业银行经营的是货币资金，不是普通的商品；商业银行的活动领域不是商品生产和商品流通领域，而是货币信用领域；一般企业创造的是使用价值，而商业银行创造的是一般等价物——存款货币。

18. 信用中介是商业银行最基本、最能反映其经营活动特征的职能。

20. 流动性风险是指商业银行无力为负债的减少或资产的增加提供融资而造成损失或破产的风险。当商业银行流动性不足时，它无法以合理的成本迅速增加负债或变现资产获取足够的资金，从而影响其盈利水平，极端情况下会导致商业银行资不抵债。

五、简答题

1.【参考答案】

我国现行金融机构体系是以中央银行为核心，政策性金融与商业性金融分离，以国有商业银行为主体，多种金融机构并存的金融机构体系。

2.【参考答案】

商业银行的基本特征包括以下三点：

(1) 商业银行是企业。商业银行本质上是以营利为目的的企业，因此它具备一般企业的基本特征：必须具备业务经营所需的自有资本，并达到管理部门所规定的最低资本要求；必须照章纳税；实行自主经营、自担风险、自负盈亏、自我约束；以获取利润为经营目的和发展动力等。

(2) 商业银行是特许经营的企业。我国的商业银行由国家特许成立，由银保监会发放银行经营许可证。特许审批过程先由申请人提出申请，然后由银保监会予以审查。审查通过后，由申请人将填写的正式申请表和法律要求的其他文件、资料上报银保监会特许批准并颁发经营许可证。商业银行的法律性质是特许成立的企业法人。

(3) 商业银行是特许经营的金融企业。商业银行的经营对象不是普通商品，而是货币资金。商业银行业务活动的范围是货币信用领域。商业银行不是直接从事生产和流通的企业，而是为从事商品生产和流通的企业提供金融服务的企业。

3.【参考答案】

国家金融机构体系是指在一个主权国家里存在的各种金融机构及其彼此间形成的关系。国家金融机构主要由管理性金融机构、商业经营性金融机构和政策性金融机构三大类构成：

(1) 管理性金融机构是一个国家或地区具有金融管理、监督职能的机构。

(2) 商业经营性金融机构是指以经营工商业存放款、证券交易与发行、资金管理等业务，以利润为其主要经营目标的金融企业，如各种商业银行或存款机构、商业性保险公司、投资银行、信托公司、投资基金、租赁公司等。

(3) 政策性金融机构是指那些专门配合宏观经济调控，根据政策要求从事各种政策性金融活动的金融机构。

4.【参考答案】

结算业务是指商业银行应客户请求，为其在经济活动中产生的债权债务提供清偿服务的业务。就国内结算业务而言，银行的清偿服务既可以在某一地区范围内进行，也可以在不同地区范围内进行。前者称为同城结算，后者称为异地结算。同城结算主要采取支票结算方式、账单支票与划拨制度、直接贷记转账和直接借记转账以及票据交换所自动转账系统等结算方式。商业银行在异地结算中采取的结算方式主要有汇款、托收、信用证和电子资金划拨系统。

5.【参考答案】

商业银行经营管理遵循的基本原则为效益性、流动性和安全性,简称“三性”原则。其主要内容为:

(1) 效益性。效益性是指商业银行获得利润的能力。效益性原则要求商业银行追求最大限度的利润。

(2) 流动性。遵循流动性原则是由银行这种特殊金融企业的性质所决定的。流动性是指商业银行能够随时满足客户提取存款等要求的能力。

(3) 安全性。安全性是指商业银行在经营中要避免经营风险,保证资金的安全。安全性是银行资产正常运营的必要保障。

商业银行经营的三个原则既相互统一,又有一定的矛盾。一般应在保持安全性、流动性的前提下,实现利润的最大化。

第六章　中 央 银 行

第一部分　内 容 概 要

一、中央银行概述

(一) 中央银行的产生与发展

中央银行是一国金融机构体系的核心，负责制定和执行国家的金融政策，实行金融管理和监督，控制货币流通与信用活动，在一国金融机构体系中处于主导地位。中央银行是从现代商业银行中分离出来的，并由此演变出一种新的银行制度。

1. 中央银行产生的客观要求

中央银行产生的客观要求主要包括以下五点：

(1) 政府对货币财富和银行的控制的要求。

(2) 银行券统一发行的要求。

(3) 建立统一清算中心的要求。

(4) 建立银行最后贷款人的要求。

(5) 金融管理、监督的要求。

2. 中央银行的发展

中央银行的发展是一个渐进的过程，其发展历史大体可分为三个阶段：①从 17 世纪中叶至 1843 年，这是中央银行的初创时期。②从 1844 年至 20 世纪 30 年代，这是中央银行逐步发展完善的时期。③第二次世界大战以后，中央银行进入了一个新的发展阶段。

(二) 中央银行制度的类型

中央银行制度主要可分为单一中央银行制度、复合中央银行制度、准中央银行制度以及跨国中央银行制度。

1. 单一中央银行制度

单一中央银行制度包括一元式中央银行制度和二元式中央银行制度两种。

1) 一元式中央银行制度

一元式中央银行制度又称总分行制，我国的中国人民银行就采取这种结构。

2) 二元式中央银行制度

二元式中央银行制度是在一国内建立中央和地方两级中央银行机构。

2. 复合中央银行制度

复合中央银行制度是指在一国之内不设立专门的中央银行，而是由一家大的国家银行来同时扮演商业银行和中央银行两种角色，即“一身二任”，在履行中央银行职能的同时，开展一般商业银行业务。

3. 准中央银行制度

准中央银行制度是指在一个国家或地区没有建立通常意义上的中央银行，而只设有类似中央银行的机构，或由政府授权某个或某几个商业银行行使部分中央银行职能的制度形式。

4. 跨国中央银行制度

跨国中央银行制度是指两个以上的主权国家设立共同的中央银行，它一般适用于组建了货币联盟的国家之间，执行共同的金融政策。

(三) 中央银行的相对独立性

中央银行的相对独立性主要是中央银行履行自身职责时法律赋予或实际拥有的权利、决策和行动的自由程度，其实质是中央银行与政府之间的法律关系。中央银行的相对独立性主要表现在以下五个方面：

(1) 从法律赋予中央银行的职责看，多数国家从法律角度赋予中央银行以法定职责，明确规定其在制定和执行货币政策上享有相对独立性。

(2) 从中央银行主要负责人的任命和任期看，政府作为中央银行唯一的或主要的股东，或者在私人全部持有中央银行股票的情况下，政府一般拥有任命央行的理事和总裁的权力。

(3) 从中央银行与财政部门的关系来看，很多国家严格限制中央银行直接向政府提供长期贷款，以防止央行用货币发行来弥补财政赤字，但又要通过某些方法在一定限度内对政府融资予以支持。

(4) 从中央银行的利润分配和资金来源来看，中央银行不是企业，不以营利为目的，但它有盈利，且盈利很高。

(5) 从中央银行的资本所有权看，它的发展趋势是归政府所有。

二、中央银行的职能

中央银行的职能是中央银行的性质的具体体现，中央银行具有发行的银行、银行的银行、政府的银行以及监管调控的银行等四大职能。

(一) 中央银行是发行的银行

中央银行是发行的银行，是指中央银行垄断货币发行权，是一国或某一货币联盟唯一授权的货币发行机构。

1. 中央银行集中与垄断货币发行权的必要性

中央银行集中与垄断货币发行权的必要性主要体现在以下三个方面：

(1) 统一货币发行与流通是货币正常有序流通和币值稳定的保证。

(2) 统一货币发行是中央银行根据一定时期的经济发展情况调节货币供应量,保持币值稳定的需要。

(3) 统一货币发行是中央银行实施货币政策的基础。

2. 统一货币的必要条件

中央银行统一货币的必要条件主要包括以下三点:

(1) 中央银行应根据国民经济发展的客观需求,适时发行货币,保持货币供给与货币需求的基本一致,为国民经济稳定发展创造良好的金融环境。

(2) 中央银行从宏观经济角度控制信用规模,调节货币供给量。中央银行应适当掌握货币供给量,处理币值稳定与经济增长的关系。

(3) 中央银行根据货币流通需要,适时印刷、销毁货币,调拨库款,调剂地区间货币分布、货币面额比例等。

(二) 中央银行是银行的银行

中央银行是银行的银行,主要是指中央银行充当商业银行和其他金融机构的最后贷款人。

1. 集中商业银行的存款准备金

中央银行作为银行的银行,集中商业银行的存款准备金。

2. 充当银行业的最后贷款人

中央银行主要通过票据再贴现和票据再抵押这两种途径为商业银行充当最后贷款人。

1) 票据再贴现

票据再贴现,即商业银行将持有的票据转贴现给中央银行以获取资金。

2) 票据再抵押

票据再抵押,即商业银行将持有的票据抵押给中央银行以获取贷款。

3. 建立全国性的清算中心

中央银行为各商业银行及其他金融机构相互之间应收应付的票据进行清算,履行了"最后清算人"的职能。

(三) 中央银行是政府的银行

中央银行是政府的银行,也称为"国家的银行",这是指中央银行代表国家从事金融活动,为政府提供金融服务,作为政府管理国家金融的专门机构,贯彻执行国家的货币政策,实施金融监管。

1. 经理国库

国家财政收支一般不另设机构,而是通过财政部在中央银行系统内开立的各种账户进行。其工作内容具体包括:①代财政税收部门收缴库款。②按财政支付命令划拨资金。③随时向财政部门反映预算收支执行情况。④经办其他有关国库事务。

2. 对政府提供信贷

中央银行作为政府的银行,负有对政府融通资金、解决政府临时资金需要的义务。许多国家为了稳定货币流通，对中央银行向财政贷款的数量及期限都有法令加以规定，限制财政向中央银行的无限制借款。

3. 代理政府债券的发行

一国政府通常发行债券筹集资金，以调剂政府收支或弥补政府收入，扩大公共支出，刺激经济增长。中央银行代理政府债券发行的内容具体包括：①发行规模的预测。②规定价格的幅度。③制定竞投标的规则。④办理债券到期时的还本付息。

4. 持有和经营管理国际储备

世界各国的国际储备都由中央银行持有并进行经营管理。中央银行的主要职责包括：①通过增加或减少其储备资产，实现货币发行与国际收支相适应、国际收支平衡、物价和汇率稳定的目的。②通过管理储备资产的结构，实现保值增值的目的。③合理地运用储备资产，促进内外均衡。

5. 管理金融活动和调节国民经济

中央银行不以营利为目的，不受某个经济利益集团的控制，处于一个比较超脱的地位，可以较好地保证一国的各种金融货币政策的制定与实施，符合国家的最高利益。

6. 代表政府参加国际金融活动

中央银行作为政府的金融代理人，除了代理政府保存和管理国家黄金、外汇储备或办理买卖黄金、外汇业务，还代表政府参加国际金融组织和活动，与其他国家的中央银行就金融与贸易进行谈判和协商，并管理政府之间金融往来的债权债务。

（四）中央银行是监管调控的银行

中央银行对商业银行和其他金融机构进行监管，并对金融市场的设置、业务活动和运行机制进行监督管理，主要包括监管职能和调控职能。

三、中央银行的业务

中央银行是以国家宏观金融管理机关的身份存在的特殊金融机构，其业务是由其职能决定的。中央银行的业务主要包括负债业务、资产业务以及清算业务，如图 6-1 所示。

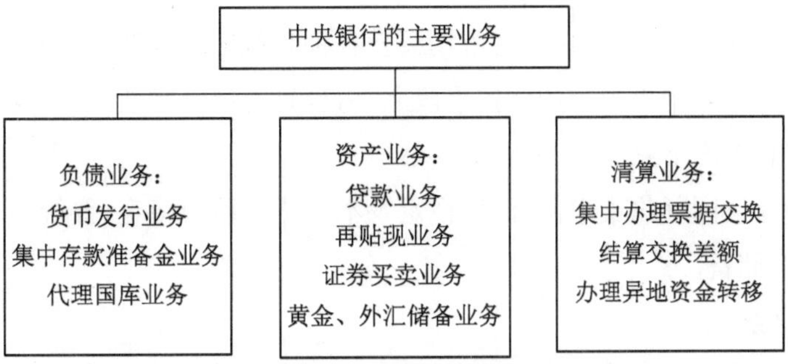

图 6-1　中央银行的主要业务

(一) 负债业务

中央银行的负债是指社会集团和个人持有的对中央银行的债权,负债业务主要包括货币发行业务、集中存款准备金业务和代理国库业务。

1. 货币发行业务

货币发行是中央银行主要的负债业务,是中央银行与一般商业银行不同的重要标志。

2. 集中存款准备金业务

中央银行集中商业银行与其他金融机构的存款准备金,旨在满足流动性与清偿能力要求,调控信贷规模和货币供给量、便于资金清算以维护金融体系的安全与稳定,而这一最大的存款资金也是中央银行充当最后贷款人、实施货币政策的基础。

3. 代理国库业务

中央银行凭借财政部开设于中央银行的专门账户代理财政收入支出,履行代理国库职责,财政金库存款即成为中央银行的重要资金来源之一。

(二) 资产业务

中央银行的资产是指中央银行在一定时点上所拥有的各种债权,主要包括贷款;再贴现;证券买卖;黄金、外汇储备。中央银行的资产业务对其制定、实施货币政策,调控金融运行具有重要作用。

1. 贷款业务

贷款业务是中央银行的主要资产业务之一,它充分体现了中央银行"最后贷款人"的职能作用。贷款业务是指中央银行对商业银行和其他金融机构发放贷款,主要解决其临时性资金不足的问题,弥补头寸的临时性短缺和紧急情况下保证商业银行的最后清偿能力,防止出现金融恐慌,维护金融体系的安全。

2. 再贴现业务

再贴现是商业银行和其他金融机构持有已贴现的商业汇票,向中央银行进行票据再转让的一种行为。再贴现的实付金额等于再贴现承兑汇票面额扣除再贴现利息。再贴现的期限,从再贴现之日起至票据到期日止,一般为 3 个月,最长不超过 6 个月。

3. 证券买卖业务

中央银行经营证券业务,即在金融市场买卖各种有价证券和政府债券的活动,其目的不在于营利。证券买卖是中央银行的调控手段之一,也是一项经常性的资产业务。

4. 黄金、外汇储备业务

中央银行为保证国际收支平衡、汇率稳定及本国货币币值稳定,要统一掌握和负责管理国家的黄金、外汇储备。

(三) 清算业务

资产清算是中央银行主要的中间业务,也是一项传统业务。这类业务可以划分为集中办理票据交换、结算交换差额、办理异地资金转移。

1. 集中办理票据交换

票据交换工作一般在票据交换所进行,参与票据交换所交换票据的银行均是“清算银行”或“交换银行”。

2. 结算交换差额

在中央银行开立有往来存款账户的清算银行,其票据交换所得最后差额即由该账户上资金的增减来结清。

3. 办理异地资金转移

中央银行的资金清算工作既可以通过其分支机构组织同城票据交换与资金清算,也可以办理全国范围内的异地资金转移业务。目前,中央银行清算的手段有自动化清算系统和手工操作的计算机处理等。

四、中国人民银行

我国的中央银行是中国人民银行。1948 年 12 月 1 日,以华北银行为基础,合并北海银行、西北农民银行,在河北省石家庄市组建了中国人民银行,并发行人民币。中国人民银行和人民币成为中华人民共和国成立后的中央银行和法定本位币。

(一) 中国人民银行的历史进程

中国人民银行的历史进程主要分为以下四个阶段:

(1) 中国人民银行的创建与国家银行体系的建立(1948 年至 1952 年)。

(2) 计划经济体制时期的国家银行(1953 年至 1978 年)。

(3) 从国家银行过渡到中央银行体制(1979 年至 1992 年)。

(4) 逐步强化和完善现代中央银行制度(1993 年至今)。

(二) 中国人民银行的职能及机构设置

1. 中国人民银行的主要职能

中国人民银行的主要职能可以归结为四大类:发行人民币、制定和执行我国的货币政策、组织支付清算、履行金融监管职责。

2. 中国人民银行的机构设置

中国人民银行在组织机构设置上设有办公厅(党委办公室)、条法司、货币政策司、宏观审慎管理局、金融市场司、金融稳定局、调查统计司、会计财务司、支付结算司、科技司、货币金银局(保卫局)、国库局、国际司(港澳台办公室)、内审司、人事司(党委组织部)、研究局、征信管理局、反洗钱局、金融消费权益保护局、党委宣传部(党委群工部)、机关党委、离退休干部局、参事室、工会、团委等职能司(局)。

(三) 中国人民银行的法律地位

1995 年 3 月 18 日,第八届全国人民代表大会第三次会议通过了《中国人民银行法》,并于 2003 年进行了修正。《中国人民银行法》总则中的第一条明确写道:“为了确立中国人民银行的地位，明确其职责，保证国家货币政策的正确制定和执行，建立和完善中央银行宏观调控体系，维护金融稳定，制定本法。”

从性质上来说，中国人民银行是我国的中央银行，它是特殊的国家机关，受国务院领导；在法律上，它既和国务院有行政隶属关系，又在国务院领导下依法独立执行货币政策，履行职责，开展业务，不受地方政府、各级政府部门、社会团体和个人的干涉，因此它依法享有相对独立性。

第二部分 练 习 题

一、名词解释

1. 中央银行
2. 二元式中央银行制度
3. 复合中央银行制度
4. 准中央银行制度
5. 跨国中央银行制度
6. 票据再贴现
7. 票据再抵押
8. 贷款业务
9. 再贴现业务
10. 证券买卖业务
11. 清算业务

二、单项选择题

1. 我国目前实行的中央银行体制属于(　　)。

A. 单一中央银行制　　B. 复合中央银行制

C. 跨国中央银行制　　D. 准中央银行制

2. 下列各项中，属于中央银行资产项目的是(　　)。

A. 流通中的货币　　B. 政府和公共机构存款

C. 政府债券　　D. 商业银行等金融机构存款

3. 在中国人民银行的资产负债表中，最主要的资产项目是(　　)。

A. 政府存款　　B. 国外资产

C. 对存款货币银行债权　　D. 对政府债权

4. 下列各项中，不属于中央银行握有证券并进行买卖的目的的是(　　)。

A. 盈利　　B. 投放基础货币
C. 回笼基础货币　　D. 对货币供求进行调节

5. 中央银行若提高再贴现率，将(　　)。
A. 迫使商业银行降低贷款利率　　B. 迫使商业银行提高贷款利率
C. 使企业得到成本更低的贷款　　D. 增加贷款发放

6. 垄断货币发行权，是中央银行作为(　　)的职能的体现。
A. 银行的银行　　B. 国家的银行
C. 监管的银行　　D. 发行的银行

7. 中央银行提高存款准备金率，将导致商业银行信用创造能力的(　　)。
A. 上升　　B. 下降
C. 不变　　D. 不确定

8. 在资产构成中，如股票发行溢价、未分配利润和公积金等属于(　　)。
A. 公开储备　　B. 未公开储备
C. 重估储备　　D. 普通准备金

9. 增加货币供应的唯一闸口是(　　)。
A. 财政部门　　B. 企业
C. 居民　　D. 银行

10. 中央银行作为国家银行，它代理国库，集中(　　)。
A. 银行存款　　B. 企业存款
C. 个人存款　　D. 国库存款

11. 真正最早全面发挥中央银行职能的是(　　)。
A. 英格兰银行　　B. 德意志银行
C. 法兰西银行　　D. 瑞典银行

12. 下列各项中，属于中央银行的资产业务的是(　　)。
A. 贴现业务　　B. 贷款业务
C. 存款业务　　D. 货币发行业务

13. (　　)是金融机构体系中处于主体地位的金融机构。
A. 中央银行　　B. 商业银行
C. 投资银行　　D. 专业银行

三、多项选择题

1. 中央银行是(　　)。
A. 发行的银行　　B. 国家的银行
C. 银行的银行　　D. 监管的银行

2. 中央银行的作用有(　　)。

A. 稳定货币与经济　　B. 调节信用与经济

C. 集中清算,加速资金周转　　D. 开展国际金融的合作与交流

3. 中央银行的“银行的银行”的职能体现在(　　)。

A. 集中存款准备　　B. 金融监管

C. 最终的贷款人　　D. 组织全国的清算

4. 中央银行是在解决(　　)等问题的过程中逐步发展起来的。

A. 银行券的发行　　B. 票据交换和清算

C. 最后贷款人　　D. 政府筹资

5. 中央银行的三大政策工具主要包括(　　)。

A. 法定准备金率　　B. 再贴现

C. 公开市场业务　　D. 信用配额

6. 中央银行要实现“松”的货币政策可采取的措施有(　　)。

A. 提高法定存款准备金率　　B. 降低再贴现率

C. 提高证券保证金比率　　D. 在公开市场上购买有价证券

7. 下列各项中,属于人民币发行保证的有(　　)。

A. 掌握在国家手中的生产资料和生活资料

B. 商业票据

C. 黄金储备

D. 外汇储备

8. 中央银行公开市场业务较其他货币政策工具的优越性明显体现在(　　)。

A. 直接性强　　B. 主动性好

C. 作用力大　　D. 灵活性好

9. 中央银行直接信用控制工具包括(　　)。

A. 利率最高限　　B. 信用配额

C. 规定商业银行的流动比率　　D. 直接干预

10. 中央银行金融监管的目标包括(　　)。

A. 金融业经营安全性　　B. 公平竞争目标

C. 政策的协调一致目标　　D. 一元化监管

11. 实行一元式中央银行体制的国家有(　　)。

A. 中国　　B. 美国

C. 日本　　D. 英国

12. 下列各项中,属于中央银行的活动特点的有(　　)。

A. 不以营利为目的　　B. 不经营普通银行业务

C. 制定货币政策　　D. 享有国家赋予的种种特权

13. 中央银行作为“国家的银行”体现在(　　)。

A. 代表政府参加国际金融组织和各种国际金融活动

B. 代理发行政府债券

C. 代理国库

D. 制定和执行货币政策

四、判断题

1. 中央银行国有化已成为一种发展趋势,西方主要国家中央银行国有的有美、英、法、德等国。(　　)
2. 中央银行的公开市场业务都是在二级市场而非一级市场上进行的。(　　)
3. 美国的联邦储备体系就是典型的单一中央银行制度。(　　)
4. 美国联邦储备银行的资本由各会员银行认购。(　　)
5. 中央银行的货币发行在资产负债表中列在资产一方。(　　)
6. 基础货币等于流通中现金与商业银行的存款准备金之和。(　　)
7. 金融机构中,处于核心地位的是商业银行。(　　)
8. 当商业银行基层行处现金不足以支付时,可到上级行账户余额内提取现金。(　　)
9. 中央银行充当最后的贷款人是其国家的银行职能的表现。(　　)
10. 巴塞尔协议规定,银行的资本对风险加权化资产的标准比率为4%。(　　)
11. 对于发达国家的中央银行来说,其最大的负债业务是流通中的现金,最大的资产业务是各种债券。(　　)
12. 中央银行作为特殊的金融机构,一般不经营商业银行和其他金融机构的普通金融业务。(　　)
13. 各国中央银行的独立程度虽然存在较大差异,但没有一家中央银行能够完全独立于政府之外。(　　)
14. 中央银行是发行的银行,所以,除中央银行外,任何其他金融机构的行为都不会影响货币供给。(　　)
15. 通过变更再贴现率,中央银行可以对整个社会的资金供求状况和利率产生影响。(　　)
16. 一般地说,中央银行只能在公开市场上买卖市场属性好、流动性强的证券,来进行公开市场操作。(　　)
17. 中央银行具有与政府机构相同的性质。(　　)

五、简答题

1. 简述中央银行产生的客观要求。

2. 简述中央银行的负债业务的具体内容。
3. 简述中央银行的资产业务的具体内容。
4. 简述中央银行作为政府的银行的主要职能。
5. 简述中国人民银行的法律地位。

第三部分　参考答案

一、名词解释

1. 中央银行

中央银行是指一国金融机构体系的核心，负责制定和执行国家的金融政策，实行金融管理和监督，控制货币流通与信用活动，在一国金融机构体系中处于主导地位。

2. 二元式中央银行制度

二元式中央银行制度是指在一国内建立中央和地方两级中央银行机构。

3. 复合中央银行制度

复合中央银行制度是指在一国之内不设立专门的中央银行，而是由一家大的国家银行来同时扮演商业银行和中央银行两种角色，即"一身二任"，在履行中央银行职能的同时，开展一般商业银行业务。

4. 准中央银行制度

准中央银行制度是指在一个国家或地区没有建立通常意义上的中央银行，而只设有类似中央银行的机构，或由政府授权某个或某几个商业银行行使部分中央银行职能的制度形式。

5. 跨国中央银行制度

跨国中央银行制度是指两个以上的主权国家设立共同的中央银行，它一般适用于组建了货币联盟的国家之间，执行共同的金融政策。

6. 票据再贴现

票据再贴现是指商业银行将持有的票据转贴现给中央银行以获取资金。

7. 票据再抵押

票据再抵押是指商业银行将持有的票据抵押给中央银行以获取贷款。

8. 贷款业务

贷款业务是指中央银行对商业银行和其他金融机构发放贷款，主要解决其临时性资金不足的问题，弥补头寸的临时性短缺和紧急情况下保证商业银行的最后清偿能力，防止出现金融恐慌，维护金融体系的安全。

9. 再贴现业务

再贴现业务是指商业银行和其他金融机构持有已贴现的商业汇票，向中央银行进行票据再转让的一种行为。再贴现的实付金额等于再贴现承兑汇票面额扣除再贴现利息。

10. 证券买卖业务

证券买卖业务是指中央银行在金融市场买卖各种有价证券和政府债券的活动,其目的不在于营利。证券买卖是中央银行的调控手段之一,也是一项经常性的资产业务。

11. 清算业务

资产清算是指中央银行主要的中间业务,也是一项传统业务。这类业务可以划分为集中办理票据交换、结算交换差额、办理异地资金转移。

二、单项选择题

1	2	3	4	5	6	7	8	9	10
A	C	C	A	B	B	B	A	D	D
11	12	13							
A	B	B							

【重难点讲解】

1. 我国目前实行的中央银行体制属于单一中央银行制。

2. 商业银行等的存款是中央银行的负债项目。

3. 政府存款是负债项目,对商业银行贷款是中央银行的资产项目。

4. 中央银行握有证券并进行买卖的目的主要是投放基础货币、回笼基础货币以及对货币供求进行调节。中央银行是国家金融管理机构,不以营利为目的。

5. 中央银行若提高再贴现率,商业银行在中央银行进行再贴现成本增加,商业银行为了保障自身收益,则将提高贷款利率。

6. 垄断货币发行权,是中央银行作为"国家的银行"的职能的体现。

7. 中央银行提高存款准备金率,商业银行将更多的存款准备金存于中央银行,则商业银行可供对外贷款的存款数量减少,将导致商业银行信用创造能力下降。

8. 在资产构成中,如股票发行溢价、未分配利润和公积金等属于公开储备。

9. 银行是增加货币供应的闸口。

10. 中央银行作为国家银行,它代理国库,集中国库存款。

11. 英格兰银行是世界上最早形成的中央银行,为各国中央银行体制的鼻祖。

12. 贷款业务是中央银行的资产业务,货币发行业务是中央银行的负债业务,而贴现业务和存款业务则是商业银行的基本业务。

13. 我国金融机构体系中处于主体地位的金融机构是商业银行,处于核心地位的是中央银行。

三、多项选择题

1	2	3	4	5	6	7	8	9	10
ABC	ABCD	ACD	ABC	ABC	BD	ABCD	BD	ABCD	ABC
11	12	13							
ACD	ABCD	ABCD							

【重难点讲解】

1. 中央银行是发行的银行、国家的银行、银行的银行。

2. 中央银行的作用包括稳定货币与经济、调节信用与经济、集中清算，加速资金周转、开展国际金融的合作与交流等。

3. 中央银行的“银行的银行”的职能体现在集中存款准备金、最终的贷款人、组织全国的清算，金融监管是中央银行的“政府的银行”的职能的体现。

5. 中央银行的三大政策工具是法定准备金率、再贴现、公开市场业务。

6. 中央银行降低再贴现率，意味着商业银行向中央银行贷款成本降低，从而增加了货币投放，直接增加货币供应量。中央银行在公开市场上购买有价证券，意味着在市场投入大量货币，间接增加货币供应量。

8. 中央银行公开市场业务较其他货币政策工具的优越性明显体现在主动性好、灵活性好。

9. 直接信用控制是中央银行基于质与量的信用控制目的，依据有关法令，对商业银行创造信用业务加以各种直接干预的总称。

11. 美国是二元式中央银行制度。

12. 中央银行是国家的金融管理机构，不经营普通银行业务，不以营利为目的，并能制定和执行国家货币政策。

13. 中央银行作为“国家的银行”体现在代表政府参加国际金融组织和各种国际金融活动、代理发行政府债券、代理国库、制定和执行货币政策等。

四、判断题

1	2	3	4	5	6	7	8	9	10
×	√	√	√	×	√	×	×	×	×
11	12	13	14	15	16	17			
√	√	√	×	√	√	×			

【重难点讲解】

1. 美国联邦储备系统负责履行美国的中央银行的职责。美联储的核心管理机构是美国联邦储备委员会。

3. 美国的联邦储备体系是二元式中央银行制度。

5. 中央银行的货币发行属于中央银行的负债业务。

7. 金融机构中，处于核心地位的是中央银行。

8. 当商业银行基层行处现金不足以支付时，商业银行应填写现金支票，到当地中央银行在其存款账户余额内提取现金。

9. 中央银行充当最后的贷款人是其银行的银行职能的表现。

10. 参照巴赛尔协议Ⅲ的标准，商业银行的核心一级资本、一级资本和总资本充足率的要求定位分别为5%、6%、8%。

14. 中央银行是发行的银行，可以发行货币。但是商业银行具备信用创造功能，可以创造派生存款，影响货币供给。

17. 中央银行是国家中居主导地位的金融中心机构，是国家干预和调控国民经济发展的重要工具。中央银行负责制定并执行国家货币信用政策，独具货币发行权，实行金融监管。

五、简答题

1. **【参考答案】**

中央银行产生的客观要求主要包括：①政府对货币财富和银行的控制的要求。②银行券统一发行的要求。③建立统一清算中心的要求。④建立银行最后贷款人的要求。⑤金融管理、监督的要求。

2. **【参考答案】**

中央银行的负债业务的具体内容主要包括货币发行业务、集中存款准备金、代理国库等。其具体内容包括：①货币发行是中央银行主要的负债业务，是中央银行与一般商业银行不同的重要标志。②中央银行集中商业银行与其他金融机构的存款准备金，旨在满足流动性与清偿能力要求，调控信贷规模和货币供给量、便于资金清算以维护金融体系的安全与稳定，而这一最大的存款资金也是中央银行充当最后贷款人、实施货币政策的基础。③中央银行凭借财政部开设于中央银行的专门账户代理财政收入支出，履行代理国库职责，财政金库存款即成为中央银行的重要资金来源之一。

3. **【参考答案】**

中央银行的资产业务的具体内容包括：①贷款业务。贷款业务是中央银行的主要资产业务之一，它充分体现了中央银行“最后贷款人”的职能作用。贷款业务是指中央银行对商业银行和其他金融机构发放贷款，主要解决其临时性资金不足的问题，弥补头寸的临时性短缺和紧急情况下保证商业银行的最后清偿能力，防止出现金融恐慌，维护金融体系的安全。②再贴现业务。再贴现是商业银行和其他金融机构持有已贴现的商业汇票，向中央银行进行票据再转让的一种行为。再贴现的实付金额等于再贴现承兑汇票面额扣除再贴现利息。再贴现的期限，从再贴现之日起至票据到期日止，一般为3个月，最长不超过6个月。③证券买卖业务。中央银行经营证券业务，即在金融市场买卖各种有价证券，政府债券的活动，其目的不在于营利。证券买卖是中央银行的调控手段之一，也是一项经常性的资产业务。④黄金、外汇储备业务。中央银行为保证国际收支平衡、汇率稳定及本国货币币值稳定，要统一掌握和负责管理国家的黄金、外汇储备。

4. **【参考答案】**

中央银行作为政府的银行的主要职能包括：①经理国库。国家财政收支一般不另设机构，而是通过财政部在中央银行系统内开立的各种账户进行。②对政府提供信贷。中央银行作为政府的银行，负有对政府融通资金、解决政府临时资金需要的义务。③代理政府债券的发行。一国政府通常发行债券筹集资金，以调剂政府收支或弥补政府收入，扩大公共支出，刺激经济增长。④持有和经营管理国际储备。世界各国的国际储备都由中央银行持有并进行经营管理。⑤管理金融活动和调节国民经济。作为政府的银行，中央银行不以营利为目的，不受某个经济利益集团的控制，处于一个比较超脱的地位，可以较好地保证一国的各种金融货币政策的制定与实施符合国家的最高利益。⑥代表政府参加国际金融活动。中央银行是政府的金融代理人。

5. **【参考答案】**

从性质上来说，中国人民银行是我国的中央银行，它是特殊的国家机关，受国务院领导；在法律上，它既和国务院有行政隶属关系，又在国务院领导下依法独立执行货币政策，履行职责，开展业务，不受地方政府、各级政府部门、社会团体和个人的干涉，因此它依法享有相对独立性。

第七章　货 币 政 策

第一部分　内 容 概 要

一、货币政策概述

(一) 货币政策的概念、特征及其构成要素

1. 货币政策的概念

货币政策是指中央银行为影响经济活动所采取的措施，尤其是指控制货币供给以及调控利率的各项措施。

2. 货币政策的特征

货币政策的特征主要包括以下三点：

(1) 货币政策是一种宏观经济政策。

(2) 货币政策是以需求调控和总量调控为主的政策。

(3) 货币政策是目标长期性和措施短期性相统一的政策。

3. 货币政策的构成要素及其关系

货币政策由货币政策工具和货币政策目标两大要素构成，二者之间的关系是：中央银行根据本国的实际经济情况，确定货币政策最终目标，通过选择合适的货币政策工具，作用于货币政策操作指标，从而影响货币政策中介目标，最终实现一定的政策效果，如图 7-1 所示。

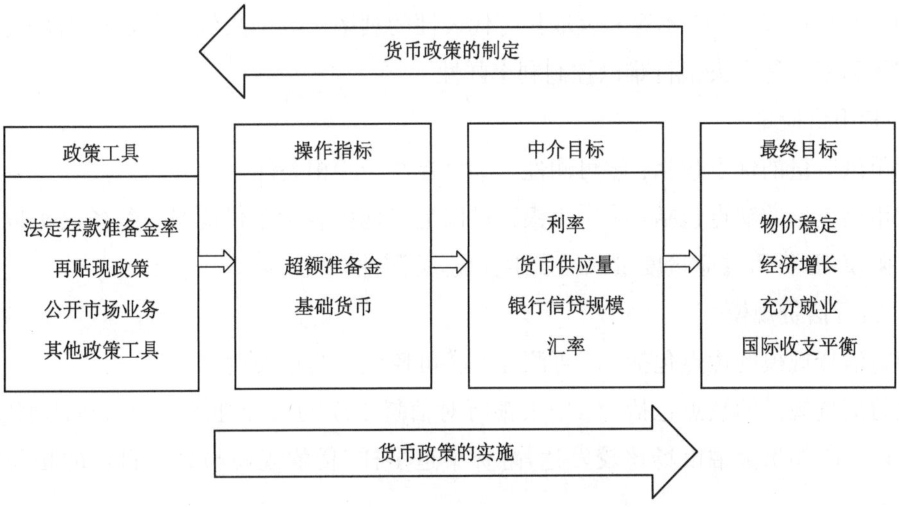

图 7-1　货币政策的构成要素及其关系

（二）货币政策目标

货币政策目标包括货币政策最终目标、货币政策中介目标、货币政策操作指标。

1. 货币政策最终目标

货币政策最终目标是指货币政策的制定者所期望达到的货币政策的最终实施结果，是中央银行制定和执行货币政策的依据。货币政策最终目标包括：物价稳定、经济增长、充分就业和国际收支平衡。

1）物价稳定

物价稳定是指物价相对稳定，既不持续上升，也不持续下降。物价稳定包括抑制通货膨胀和避免通货紧缩两方面。

2）经济增长

经济增长是指经济发展速度加快、结构优化与效率提高三者之间的统一。

3）充分就业

充分就业是指一国的所有资源，不仅包括劳动力资源还包括其他生产要素，都得到充分合理的运用。

4）国际收支平衡

国际收支平衡是指一个国家或地区的全部货币收入和货币支出持平或略有顺差或逆差。

2. 货币政策中介目标

货币政策中介目标处于最终目标和操作指标之间，是指中央银行为实现特定的货币政策目标，在一定的时间内和某种特定的经济状况下，能够相对精确达到的目标，主要包括利率、货币供应量、银行信贷规模和汇率。

1）利率

利率的优点包括：①可测性。②可控性。③相关性。

利率的缺点包括：①不容易获取具有代表性的利率。②中央银行无法确知社会公众的预期实际利率。③中央银行难以控制利率弹性。

2）货币供应量

货币供应量的优点包括：①可测性。②可控性。③相关性。

货币供应量的缺点包括：①中央银行难以绝对地控制货币供应量。②各层次货币供应量的界限模糊，货币供应量度量口径发生变化，可测性有所下降。

3）银行信贷规模

银行信贷规模的优点包括：①可测性。②可控性。③相关性。

银行信贷规模的缺点包括：①中央银行对信贷规模的可控性主要通过行政手段，而非经济手段。②如果金融市场比较发达，融资渠道多样，贷款规模与最终目标的相关性就将减弱。

4）汇率

汇率的优点包括：①利于物价稳定。②可将公众的预期通胀率锁定在强势货币国的预期通胀率水平。③目标简单清晰，易于理解。

汇率的缺点：可能使货币受到投机性攻击而发生货币危机。

3. 货币政策操作指标

货币政策操作指标是中央银行通过货币政策工具能够准确有效地实现的经济变量，包括超额准备金和基础货币。

1）超额准备金

超额准备金是指商业银行等金融机构中，超过法定存款准备金数额的那部分准备金。

2）基础货币

基础货币是流通中的现金和银行的存款准备金之和，是银行体系的存款扩张和货币创造的基础。

二、货币政策工具

货币政策工具包括一般性货币政策工具和选择性货币政策工具。

（一）一般性货币政策工具

一般性货币政策工具是指中央银行对整个社会的货币供应量或信用总量进行控制和调节的常规手段。

中央银行常用的一般性货币政策工具包括法定存款准备金率、再贴现政策和公开市场业务三项。

1. 法定存款准备金率

中央银行通过调整法定存款准备金率以改变货币乘数，从而控制商业银行的信用创造能力，进而间接调节利率和货币供应量。

1）法定存款准备金率的操作方法

当中央银行提高法定存款准备金率时，商业银行交存中央银行的法定存款准备金增加，从而使其存款创造的规模缩小，派生存款数量减少，放款及信用创造能力下降，结果必然是银根收紧，货币供应量减少，利率上升；反之，则导致货币供应量上升，利率下降。

2）法定存款准备金率的评价

法定存款准备金率的优点包括：法定存款准备金率的调整对货币供应量具有极强的影响力，政策作用力度大、速度快、见效明显。

法定存款准备金率的缺点包括：调整法定存款准备金率对经济振荡较大，政策缺乏调节弹性，中央银行一般不经常使用这项货币政策工具。

2. 再贴现政策

中央银行通过制定或调整再贴现率来干预和影响市场利率及货币市场的供求，进而调节货币供给量。

1）再贴现政策的操作方法

当中央银行提高再贴现率时，商业银行向中央银行借款或贴现的资金成本上升，商业银行会减少向中央银行借款或贴现，商业银行准备金数量的增加受到限制，商业银行收缩对客户的贷款或投资规模，从而减少了市场上货币的供应量；反之，则导致市场上货币供应量增加。

2）再贴现政策的评价

再贴现政策的优点包括：①中央银行可利用它来履行最后贷款人的职责，并在一定程度上体现中央银行的政策意图，具有“告示效应”。②政策效果比较缓和，有利于一国经济的相对稳定。

再贴现政策的缺点包括：①中央银行在再贴现业务中处于被动地位，主动权在商业银行。②随时调整贴现率也会引起市场利率的经常波动，从而影响商业银行的经营预期。③再贴现率的高低有限度，在特定情况下，政策效果具有局限性。

3. 公开市场业务

中央银行在证券市场公开买进或卖出有价证券，从而使基础货币发生增减变化，进而调节货币供应量。

1）公开市场业务的操作方法

当中央银行大量卖出有价证券时，银根收紧，基础货币流回中央银行，从而引起信用规模的收缩和货币供应量的减少；反之，则放松银根，增加货币供应量。

2）公开市场业务的评价

公开市场业务的优点包括：①操作的主动权在中央银行手中，并可以经常性、连续性地操作。②操作灵活，可以进行微调，不会对经济产生猛烈的冲击。③公开市场业务具有极强的可逆转性。

公开市场业务的缺点包括：①需要以发达的有价证券市场作背景。②政策意图的告示作用较弱。

（二）选择性政策工具

选择性政策工具主要包括间接信用控制工具和直接信用控制工具两种。

1. 间接信用控制工具

间接信用控制工具的特点包括：作用过程是间接的，要通过市场供求关系或资产组合的调整才能实现。间接信用控制工具包括消费者信用控制、证券市场信用控制、不动产信用控制、优惠利率、预缴进口保证金。

2. 直接信用控制工具

直接信用控制工具是指中央银行以行政手段直接干预商业银行等金融机构信用业务的一种做法。直接信用控制工具包括利率限额、信用配额、道义劝告、规定金融机构的流动性比率、直接干预。

三、货币政策传导机制

货币政策传导机制是中央银行利用货币政策工具，通过影响操作指标和中介指标，达到货币政策最终目标的过程。最具有代表性的货币政策传导机制理论有凯恩斯学派的货币政策传导机制理论、货币主义学派的货币政策传导机制理论以及托宾 q 理论。

（一）凯恩斯学派的货币政策传导机制理论

1. 传导机制

凯恩斯学派的货币政策传导机制的过程是：$M \rightarrow r \rightarrow I \rightarrow E \rightarrow Y$，即，货币供应量→利率→投资→总支出→总收入。当货币供给相对于货币需求突然增加后，首先使利率下降，后又促使投资增加。如果消费倾向为已知量，则通过乘数作用，最终促使国民所得增加。

2. 影响传导机制的原因

1）流动性陷阱

流动性陷阱即当利率降低到不能再低时，人们认为利率不会再降低，有价证券的价格在今后只会跌落，人们只愿意持有货币，纷纷抛售有价证券，这时无论投放多少货币，都被经济单位所持有，对总体需求所得及物价均不产生任何影响。

2）投资的低利率弹性

当投资的利率弹性非常低时，利率的下降就不会对投资量有显著的刺激作用。如果投资量增加不大，则投资乘数也不会大，货币政策的传导机制就会受阻。

（二）货币主义学派的货币政策传导机制理论

货币主义的传导机制表示为：$M \rightarrow E \rightarrow P \rightarrow I \rightarrow Y$，即，货币供应量→总支出→价格→投资→总收入。货币主义学派认为，货币政策的传导机制主要是通过货币供应量的变动直接作用于金融资产和实物资产，进而影响总支出与总收入的，利率的下降只是暂时的，最终利率可能会重新恢复到原先水平。

（三）托宾 q 理论

托宾 q 理论认为货币政策传导机制的过程为：$M \rightarrow r \rightarrow P \rightarrow q \rightarrow I \rightarrow E \rightarrow Y$，即，货币供应量→利率→价格→$q$ 值→投资→总支出→总收入。其中，q 值是企业市场价值与资本重置成本之比，股票价格越高，q 值越大。

四、货币政策效应

（一）货币政策的应用

按照货币政策的性质，可以将货币政策分为紧缩性货币政策和扩张性货币政策。

1. 紧缩性货币政策

在经济过热时，中央银行需要采取信用紧缩政策，减少信贷发放额和货币供应量。紧缩性货币政策包括提高法定存款准备金率、提高再贴现率、在公开市场卖出有价证券。

1）提高法定存款准备金率

中央银行对商业银行提高法定存款准备金率，可以降低商业银行可运用的信贷资金总额，缩小派生存款，减少投资，达到控制货币供应量的目的。

2）提高再贴现率

中央银行对商业银行提高再贴现率，可以减弱商业银行的信贷扩张能力，减少企业及其他社会公众手中的现金或存款，减少消费需求和投资需求，从而达到减少市场货币供应量的目的。

3）卖出有价证券

中央银行在公开市场上向商业银行等金融机构卖出有价证券，回笼一定量的基础货币，从而使货币供给量成倍减少，而且将使市场利率升高。

2. 扩张性货币政策

当经济萧条时，中央银行需要采取信用扩张政策，扩大信贷发放额和货币供应量。扩张性货币政策包括降低法定存款准备金率、降低再贴现率、在公开市场买进有价证券。

1）降低法定存款准备金率

中央银行对商业银行降低法定存款准备金率，可以提高商业银行可运用的信贷资金总额，扩大派生存款，增加投资，达到扩大货币供应量的目的。

2）降低再贴现率

中央银行对商业银行降低再贴现率，可以促使商业银行降低对企业的贴现率，使得企业利息负担减轻，利润增加，从而刺激企业对信贷资金的需求，扩大投资，扩大货币供应量。

3）买进有价证券

中央银行通过在公开市场上买进证券，不仅可以投放一定量的基础货币，从而使货币供给量成倍增加，而且还将使市场利率下降。

3. 货币政策和财政政策

货币政策和财政政策是国家调节宏观经济运行的两个最重要的手段，这两个政策手段只有在一定条件下很好地配合运用，才能避免摩擦，发挥更好的政策效果，有效实现总体经济目标。

货币政策和财政政策的结合有以下四种组合方式：

（1）紧缩的货币政策和紧缩的财政政策的配合，即“双紧政策”。

（2）宽松的货币政策和宽松的财政政策的配合，即“双松政策”。

（3）宽松的货币政策和紧缩的财政政策的配合，即“松货币、紧财政”政策。

（4）紧缩的货币政策和宽松的财政政策的配合，即“紧货币、松财政”政策。

（二）货币政策的时滞效应

货币政策的时滞效应是指从经济形势的变化需要中央银行操作货币政策，到最终目标变动之间的时间间隔。货币政策时滞按性质分类，可以分为内部时滞和外部时滞。

1. 内部时滞

内部时滞是指作为货币政策操作主体的中央银行从制定政策到采取行动所需要的时间。内部时滞可分为认识时滞和决策时滞两个阶段。

1）认识时滞

认识时滞是指从确实有实行某种政策的需要，到货币当局认识到存在这种需要所经历的时间距离。

2）决策时滞

决策时滞是指从认识到需要改变政策，到提出一种新的政策所需耗费的时间。

2. 外部时滞

外部时滞又称影响时滞，是指从货币当局采取行动开始到对政策目标产生影响为止所需要的时间距离。外部时滞可分为操作时滞和市场时滞两个阶段。

1）操作时滞

操作时滞是指从调整货币政策工具到该货币政策工具对中介指标发生作用所需要的时间。

2）市场时滞

市场时滞是指从中介指标发生反应到其对最终目标产生作用所需要的时间。

第二部分　练　习　题

一、名词解释

1. 货币政策
2. 货币政策最终目标
3. 货币政策中介目标
4. 货币政策操作指标
5. 基础货币
6. 一般性货币政策工具
7. 法定存款准备金率
8. 再贴现政策
9. 公开市场业务
10. 道义劝告
11. 直接信用控制工具
12. 流动性陷阱

13. 紧缩性货币政策
14. 扩张性货币政策
15. 货币政策时滞

二、单项选择题

1. 中央银行为影响经济活动所采取的措施是(　　),它主要包括控制货币供给以及调控利率等宏观经济调控手段。
   A. 财政政策　　B. 货币政策
   C. 产业政策　　D. 收入政策
2. 狭义的货币政策是指中央银行根据国家经济发展目标而制定的各种调节控制(　　)的方针和措施的总称。
   A. 货币供应量　　B. 货币需求量
   C. 货币流通量　　D. 货币周转量
3. 下列各项中,属于货币政策构成要素的是(　　)。
   A. 货币政策工具和货币政策取向
   B. 货币政策目标和货币政策取向
   C. 货币政策目标和货币政策工具
   D. 货币政策的任务和货币政策的内容
4. 无论各国货币当局对货币政策目标如何表述,其首要目标通常是(　　)。
   A. 充分就业　　B. 经济增长
   C. 物价稳定　　D. 国际收支平衡
5. 当失业率等于(　　)时即实现了充分就业。
   A. 零　　B. 自然失业率
   C. 社会失业率　　D. 就业率
6. 菲利普斯曲线反映(　　)之间此消彼长的关系。
   A. 通货膨胀率与失业率　　B. 经济增长与失业率
   C. 通货紧缩与经济增长　　D. 通货膨胀与经济增长
7. 奥肯定律发现(　　)之间存在正相关关系。
   A. 物价稳定和经济增长　　B. 充分就业和经济增长
   C. 物价稳定和充分就业　　D. 经济增长与国际收支平衡
8. 中介目标必须与最终目标密切相关,是指中介目标具备(　　)。
   A. 相容性　　B. 可控性
   C. 相关性　　D. 准确性
9. 中央银行选择的指标能够数量化,是指货币政策中介目标具备(　　)。

A. 可量性　　B. 可控性
C. 可控性　　D. 可测性

10. 下列各项中,属于货币政策中介目标的是(　　)。
A. 超额准备金　　B. 货币供应量
C. 基础货币　　D. 物价稳定

11. (　　)是一种振荡较大因而不常使用的一般性货币政策工具。
A. 法定存款准备金率　　B. 公开市场业务
C. 证券市场信用控制　　D. 信用分配

12. 在调节货币和信用时,迫使中央银行处于被动地位的政策工具是(　　)。
A. 公开市场业务　　B. 再贴现政策
C. 法定存款准备金政策　　D. 利率管制

13. 中央银行在公开市场业务上大量买进有价证券,意味着货币政策(　　)。
A. 放松　　B. 收紧
C. 不变　　D. 不一定

14. 最为灵活且能经常为中央银行操作的货币政策工具是(　　)。
A. 法定存款准备金率　　B. 再贴现政策
C. 公开市场业务　　D. 不动产信用控制

15. 以下货币政策工具中,专门用于调节国际收支失衡的是(　　)。
A. 预缴进口保证金　　B. 不动产信用控制
C. 利率限额　　D. 消费信用控制

16. 下列各项中,属于直接信用控制工具的是(　　)。
A. 消费者信用控制　　B. 证券市场信用控制
C. 不动产信用控制　　D. 利率限额

17. 中央银行根据市场资金供求及客观经济需要,对各个商业银行的信用规模和贷款规模加以分配,限制其最高数量(贷款最高限额)的政策工具是(　　)。
A. 利率限额　　B. 信用控制
C. 道义劝告　　D. 信用配额

18. 凯恩斯学派的货币政策传导机制认为,货币供应量的变动首先影响的是(　　)。
A. 总支出　　B. q 值
C. 利率　　D. 投资

19. 货币学派认为在货币政策传导机制中起主要作用的是(　　)。
A. 货币供应量　　B. 基础货币
C. 利率　　D. 超额准备金

20. 下列各项中,属于经济膨胀阶段采用的紧缩性货币政策的是(　　)。

A. 降低法定存款准备金率　　B. 降低再贴现利率
C. 卖出有价证券　　D. 扩大消费者信用

21. 当经济中生产资料和劳动力等资源未被充分利用，社会失业率较高，经济增长缓慢甚至出现负增长时，此时应该采用(　　)货币政策。
A. 紧缩性　　B. 扩张性
C. 均衡型　　D. 刺激型

22. 下列各项中，属于扩张性货币政策的是(　　)。
A. 提高法定存款准备金率　　B. 提高再贴现率
C. 降低再贴现率　　D. 中央银行卖出债券

23. 下列各项中，不属于货币政策和财政政策区别的是(　　)。
A. 最终目标不同　　B. 作用过程不同
C. 政策的实施者不同　　D. 政策工具不同

24. 货币政策与财政政策配合的主要方式中，通过减税、增加政府支出等财政政策措施刺激需求，增加供给，同时用卖出有价证券方式控制通货膨胀的政策组合是(　　)。
A. 紧的财政政策和松的货币政策　　B. 松的财政政策和紧的货币政策
C. 松的财政政策和松的货币政策　　D. 紧的财政政策与紧的货币政策

25. 从中介指标发生反应到其对最终目标产生作用所需要的时间，是货币政策的(　　)。
A. 认识时滞　　B. 决策时滞
C. 操作时滞　　D. 市场时滞

三、多项选择题

1. 货币政策最终目标包括(　　)。
A. 物价稳定　　B. 充分就业
C. 经济增长　　D. 国际收支平衡

2. 根据《中国人民银行法》第三条规定，中国人民银行的货币政策目标包括(　　)。
A. 保持货币币值稳定　　B. 强化中央银行的地位和作用
C. 促进经济增长　　D. 加强金融监管，防范金融风险

3. 货币政策最终目标之间存在矛盾的有(　　)。
A. 物价稳定与充分就业
B. 充分就业与经济增长
C. 物价稳定与国际收支平衡的关系
D. 物价稳定与经济增长

4. 下列各项中，属于货币政策中介目标的有(　　)。
A. 利率　　B. 货币供应量

C. 银行信贷规模　　D. 汇率

5. 货币政策中介目标需要具备的优点有(　　)。

A. 可控性强　　B. 可测性强

C. 相关性强　　D. 流动性强

6. 下列各项中,属于货币政策操作指标的有(　　)。

A. 基础货币　　B. 货币供应量

C. 利率　　D. 超额准备金

7. 中央银行的一般性货币政策工具有(　　)。

A. 公开市场业务　　B. 法定存款准备金率

C. 再贴现政策　　D. 道义劝告

8. 法定存款准备金率的特点有(　　)。

A. 力度大、速度快、见效明显　　B. 可以对货币供应量进行微调

C. 中央银行一般不经常使用　　D. 政策效果比较猛烈

9. 再贴现政策的特点有(　　)。

A. 中央银行具有主动性　　B. 效果比较缓和

C. 中央银行处于被动地位　　D. 具有告示效应

10. 公开市场业务的特点有(　　)。

A. 中央银行具有主动性　　B. 可以对货币供应量进行微调

C. 政策效果比较猛烈　　D. 有利于进行经常性、连续性操作

11. 中央银行的间接信用控制工具包括(　　)。

A. 消费者信用控制　　B. 信用配额

C. 不动产信用控制　　D. 优惠利率

12. 中央银行的直接信用控制工具包括(　　)。

A. 信用配额　　B. 利率限额

C. 道义劝告　　D. 优惠利率

13. 根据凯恩斯学派的货币政策传导机制理论,可能使货币政策传导机制受阻的有(　　)。

A. 流动性偏好　　B. 投资的利率弹性非常高

C. 流动性陷阱　　D. 投资的利率弹性非常低

14. 下列各项中,属于中央银行紧缩性货币政策的有(　　)。

A. 扩大信贷发放额　　B. 减少信贷发放额

C. 扩大货币供应量　　D. 减少货币供应量

15. 采取紧缩性货币政策时,中央银行(　　)。

A. 卖出有价证券　　B. 提高再贴现率

C. 买入有价证券　　D. 降低再贴现率

16. 采取扩张性货币政策时，中央银行(　　)。

A. 降低法定存款准备金率　　B. 提高再贴现率

C. 买入有价证券　　D. 降低再贴现率

17. 货币政策与财政政策的差异主要有(　　)。

A. 政策的实施者不同　　B. 作用过程不同

C. 政策工具不同　　D. 可控性不同

18. 下列选项中，属于“双松”政策的有(　　)。

A. 减少税收　　B. 买入有价证券

C. 减少政府支出　　D. 提高法定存款准备金率

19. 下列各项中，属于“紧货币、松财政”政策的有(　　)。

A. 减少税收　　B. 买入有价证券

C. 减少政府支出　　D. 提高法定存款准备金率

20. 货币政策的时滞由(　　)和(　　)两部分组成。

A. 调整时滞　　B. 生效时滞　　C. 内部时滞　　D. 外部时滞

四、判断题

1. 国民生产总值和国内生产总值都是衡量经济增长速度的常用指标。(　　)
2. 物价稳定是指防止发生通货膨胀。(　　)
3. 充分就业是指人人都有工作，此时失业率为零。(　　)
4. 菲利普斯曲线描述的是物价稳定与经济增长之间的此消彼长的关系。(　　)
5. 货币政策的任何两个目标之间都存在着矛盾。(　　)
6. 任何一个国家要想同时实现货币政策所有最终目标是很困难的，因此中央银行在进行货币政策目标选择时，就要根据本国具体情况而有所侧重。(　　)
7. 2015 年 10 月 24 日，中国人民银行正式放开了存款利率上限，这意味着央行不再干预利率。(　　)
8. 金融创新的发展使货币供应量的可测性减弱。(　　)
9. 法定存款准备金率的调整一定程度上反映了中央银行的政策意向，发挥“告示效应”，调节作用有限。(　　)
10. 再贴现是商业银行向中央银行办理的票据贴现业务。(　　)
11. 中央银行调整再贴现率，影响商业银行等存款货币机构的准备金和资金成本，从而影响它们的贷款量和货币供给量。(　　)
12. 在一般性货币政策工具中，中央银行实施再贴现政策时具有较强的主动性。(　　)
13. 中央银行在公开市场上买进有价证券，会向社会等额地投放基础货币，进而引起货币供应量增加。(　　)

14. 运用公开市场业务有利于中央银行进行经常性、连续性的货币政策操作。（　）
15. 中央银行实行扩张性货币政策的手段包括降低法定存款准备金率、降低再贴现率、在公开市场上卖出有价证券。（　）
16. 利率限额是通过规定贷款利率的下限和存款利率的上限，防止金融机构为谋求高利而进行风险存贷或过度竞争，是最常见的间接信用控制工具。（　）
17. 消费者信用控制、证券市场信用控制、不动产信用控制等都属于一般性货币政策工具中的间接信用控制工具。（　）
18. 以弗里德曼为代表的货币学派认为，利率在货币政策传导机制中不起重要作用。（　）
19. 托宾 q 理论中，托宾把 q 定义为企业市场价值与资本重置成本之比，股票价格越高，q 值越小。（　）
20. 货币政策是调节国民收入再分配的政策。（　）
21. 一般而言，运用货币政策比运用财政政策更有利于实现经济扩张的目标。（　）
22. 货币政策的主要实施者是政府的财政部门。（　）
23. 由于扩张性货币政策有助于促进经济增长，而紧缩性财政政策会抵消这个作用，因此在具体实施中，政府应当采取“双紧”或“双松”的货币政策和财政政策的组合方式，而不应该采用“一松一紧”的政策组合方式。（　）
24. 货币政策时滞越短，越有利于实现货币政策目标。（　）
25. 货币政策的内部时滞，是指从中央银行采取行动到对政策目标产生影响所经过的时间。（　）

五、简答题

1. 简述中央银行货币政策工具。
2. 简述中央银行一般性货币政策工具的作用机制。
3. 简述中央银行三大一般性货币政策工具的优缺点。
4. 简述货币政策的时滞效应。

第三部分　参考答案

一、名词解释

1. 货币政策

货币政策是指中央银行为影响经济活动所采取的措施，尤其是指控制货币供给以及调控利率的各项措施。货币政策有狭义货币政策和广义货币政策之分。狭义的货币政策是指中央银行为实现其特定的经济目标而采用的各种控制和调节货币供应量的方针和措施的总称，包括信贷政策、利率政策和外汇政策；广义的货币政策是指中央银行和其他有关部门所有有关货币方面的规定和采取的影响金融变量的一切措施，包括金融体制改革等。

2. 货币政策最终目标

货币政策最终目标是指货币政策的制定者所期望达到的货币政策的最终实施结果，是中央银行制定和执行货币政策的依据。货币政策最终目标有四个：物价稳定、经济增长、充分就业和国际收支平衡。

3. 货币政策中介目标

货币政策中介目标又称货币政策的中间目标或者中介指标，它处于最终目标和操作指标之间，是指中央银行为实现特定的货币政策目标，在一定的时间内和某种特定的经济状况下，能够相对精确达到的目标。各国中央银行经常采用的货币政策中介目标主要有利率和货币供应量，在一定条件下，银行信贷规模和汇率也可以作为中介目标。

4. 货币政策操作指标

货币政策操作指标是中央银行通过货币政策工具能够准确有效地实现的经济变量。货币政策操作指标离货币政策的最终目标较远，相关性较弱。但它离中央银行的调节手段距离最近，可控性很好，操作指标的变化首先影响中介目标，然后才传导到最终目标上。一般来说，货币政策的操作指标主要有两个，即超额准备金和基础货币。

5. 基础货币

基础货币又称强力货币或者高能货币，是流通中的现金和银行的存款准备金之和，是中央银行可直接控制的金融变量，也是银行体系的存款扩张和货币创造的基础。

6. 一般性货币政策工具

一般性货币政策工具是指中央银行对整个社会的货币供应量或信用总量进行控制和调节的常规手段。央行常用的一般性货币政策工具包括法定存款准备金率、再贴现政策和公开市场业务三项，这三种工具也称中央银行的三大法宝。

7. 法定存款准备金率

法定存款准备金率是指由中央银行强制要求商业银行等存款货币机构按规定的比率上缴存款准备金的做法，该存款准备金一经上缴不能随意动用，除了银行出现支付危机的情况。中央银行通过对法定存款准备金率的增加或减少达到收缩或扩张信用的目标。

8. 再贴现政策

再贴现政策是指中央银行通过制定或调整再贴现率来干预和影响市场利率及货币市场的供求，进而调节货币供给量的一种政策手段。

9. 公开市场业务

公开市场业务是指中央银行在证券市场买进或卖出有价证券，从而使基础货币发生增减变化，进而调节货币供应量的做法。

10. 道义劝告

道义劝告是指中央银行利用自己的地位和声望，经常以发出书面通告或口头通知甚至与金融机构负责人面谈等形式向商业银行等金融机构通报行情，婉转劝其遵守金融法规，自动采取相应措施，自觉配合中央银行货币政策的实施。

11. 直接信用控制工具

直接信用控制工具又称行政性控制工具，是指中央银行以行政手段直接干预商业银行等金融机构信用业务的一种做法。直接信用控制工具包括利率限额、信用配额、道义劝告、规定金融机构的流动性比率、直接干预等。

12. 流动性陷阱

根据凯恩斯的货币政策传导机制埋论，流动性陷阱是指当利率降低到不能再低时，人们认为利率不会再降低，有价证券的价格在今后只会跌落，人们只愿意持有货币，纷纷抛售有价证券，这时无论投放多少货币，都被经济单位所持有，而对总体需求所得及物价均不产生任何影响。

13. 紧缩性货币政策

紧缩性货币政策是指在经济过度繁荣或金融市场上信用与货币运行过度扩张时，中央银行就要采取信用紧缩政策，减少信贷发放额和货币供应量。紧缩性货币政策包括提高法定存款准备金率、提高再贴现率、在公开市场上卖出有价证券。

14. 扩张性货币政策

扩张性货币政策是指当经济萧条、萎缩或金融市场上信用与货币流通感到吃紧时，中央银行就需要采取信用扩张政策，适当地扩大信贷发放额和货币供应量，以满足市场上对资金的需要。扩张性货币政策包括降低法定存款准备金率、降低再贴现率、在公开市场买进有价证券。

15. 货币政策时滞

货币政策时滞是指从经济形势的变化需要中央银行操作货币政策，到最终目标变动之间的时间间隔。货币政策时滞按性质分类，可以分为内部时滞和外部时滞。

二、单项选择题

1	2	3	4	5	6	7	8	9	10
B	A	C	C	B	A	B	C	D	B
11	12	13	14	15	16	17	18	19	20
A	B	A	C	A	D	D	C	A	C
21	22	23	24	25					
B	C	A	B	D					

【重难点讲解】

1. 货币政策是指中央银行为影响经济活动所采取的措施，尤其是指控制货币供给以及调控利率的各项措施。

2. 狭义的货币政策是指中央银行为实现其特定的经济目标而采用的各种控制和调节货币供应量的方针和措施的总称，包括信贷政策、利率政策和外汇政策。

3. 货币政策由货币政策工具和货币政策目标两大要素构成。

4. 货币政策最终目标包括物价稳定、经济增长、充分就业和国际收支平衡。其中，物价稳定通常是中央银行货币政策的首要目标。

5. 充分就业并不是失业率等于零，充分就业状态下仍然有失业产生，此时失业包括摩擦性失业和结构性失业。充分就业状态下的失业率为自然失业率。

6. 澳大利亚经济学家菲利普斯研究了1861年至1957年近100年间英国的失业率和通货膨胀率之间的关系，发现两者存在此消彼长的关系，提出了著名的“菲利普斯曲线”。

7. 美国经济学家奥肯通过对美国经济的分析，发现充分就业和经济增长之间存在正相关关系：失业率每提高1%，经济的潜在产出与现实产出的缺口就会增大3.2%，这就是“奥肯定律”。

8. 货币政策中介目标的相关性，即中央银行所选择的中介目标必须与货币政策最终目标之间具有高度的相关关系，它们的变动会影响并促使最终目标的实现。

9. 货币政策中介目标的可测性，即选择的指标能够数量化，中央银行能够迅速和准确地获得它所选定指标的各种资料数据，并且能被社会理解、判断与预测。

10. 各国中央银行经常采用的货币政策中介目标主要有利率和货币供应量，在一定条件下，银行信贷规模和汇率也可以作为中介目标。

11. 调整法定存款准备金率对经济振荡较大，政策缺乏调节弹性，中央银行一般不经常使用这项货币政策工具。

12. 再贴现政策是指中央银行通过制定或调整再贴现率来干预和影响市场利率及货币市场的供求，进而调节货币供给量的一种政策手段。中央银行在再贴现业务中处于被动地位，主动权在商业银行。

13. 当金融市场资金数量偏少时，为了放松银根，中央银行可买进有价证券，等于向社会注入了基础货币。因此，中央银行在公开市场业务上大量买进有价证券，意味着货币政策放松。

14. 运用公开市场业务操作的主动权在中央银行手中，并可以经常性、连续性地操作。公开市场业务的操作灵活，可以进行微调，不会对经济产生猛烈的冲击。

15. 预缴进口保证金是一种间接信用控制工具，它是指中央银行要求进口商预缴相当于进口商品总值一定比例的存款，以抑制进口过快增长。预缴进口保证金多被国际收支经常出现赤字的国家所采用，因此是专门用于调节国际收支失衡的货币政策工具。

16. 间接信用控制工具包括消费者信用控制、证券市场信用控制、不动产信用控制、优惠利率、预缴进口保证金。直接信用控制工具包括利率限额、信用配额、道义劝告、规定金融机构的流动性比率、直接干预。选项D属于直接信用控制工具,其他选项均属于间接信用控制工具。

17. 信用配额,是指中央银行根据市场资金供求及客观经济需要,分别对各个商业银行的信用规模和贷款规模加以分配,限制其最高数量(贷款最高限额)的货币政策工具。

18. 凯恩斯学派的货币政策传导机制的过程是:$M \rightarrow r \rightarrow I \rightarrow E \rightarrow Y$,即,货币供应量→利率→投资→总支出→总收入。因此,凯恩斯学派的货币政策传导机制认为货币供应量的变动首先影响的是利率。

19. 货币主义的传导机制表示为:$M \rightarrow E \rightarrow P \rightarrow I \rightarrow Y$,即,货币供应量→总支出→价格→投资→总收入。货币主义学派认为,货币政策的传导机制主要是通过货币供应量的变动直接作用于金融资产和实物资产,进而影响总支出与总收入的,利率的下降只是暂时的,最终利率可能会重新恢复到原先水平。因此,货币主义学派认为在货币政策传导机制中起主要作用的是货币供应量。

20. 紧缩性货币政策包括提高法定存款准备金率、提高再贴现率、在公开市场卖出有价证券。选项C属于紧缩性货币政策。

21. 当经济中生产资料和劳动力等资源未被充分利用,社会失业率较高,经济增长缓慢甚至出现负增长时,此时的经济陷入衰退、萧条阶段,政府应该采取强有力的扩张政策,以增加消费、刺激投资,缓解经济困境。

22. 扩张性货币政策包括降低法定存款准备金率、降低再贴现率、在公开市场买进有价证券。选项C属于扩张性货币政策,其他选项均属于紧缩性货币政策。

23. 货币政策和财政政策的共同性在于:一是两大政策作用于同一个经济范围;二是这两大政策均由国家制定;三是最终目标一致。货币政策和财政政策的区别在于:一是政策的实施者不同;二是作用过程不同;三是政策工具不同;四是可控性不同。最终目标属于货币政策和财政政策的共同点,不属于二者的区别。

24. 减税、增加政府支出等财政政策措施属于宽松的财政政策;在公开市场上卖出有价证券属于紧缩性货币政策。

25. 从中介指标发生反应到其对最终目标产生作用所需要的时间,称为货币政策的市场时滞。

三、多项选择题

1	2	3	4	5	6	7	8	9	10
ABCD	AC	ACD	ABCD	ABC	AD	ABC	ACD	BCD	ABD
11	12	13	14	15	16	17	18	19	20
ACD	ABC	CD	BD	AB	ACD	ABCD	AB	AD	CD

【重难点讲解】

1. 货币政策最终目标包括物价稳定、经济增长、充分就业和国际收支平衡。

2. 根据《中国人民银行法》第三条规定：中国人民银行的货币政策目标是保持货币币值稳定，并以此促进经济增长。

3. 选项A，菲利普斯指出失业率和通货膨胀率之间存在此消彼长的关系，因此物价稳定与充分就业之间存在矛盾。

选项B，奥肯定律指出充分就业和经济增长之间存在正相关关系，因此充分就业与经济增长之间不存在矛盾。

选项C，经济增长会导致国民收入的增加和支付能力的增强，从而增加对进口商品的需求。如果出口贸易的增长不足以抵消这部分需求，必然会导致国际收支失衡。为了平衡国际收支，消除贸易逆差，就要紧缩信用，减少货币供给，以抑制国内的有效需求。但生产规模会随之减小，进而导致经济增长速度放慢。因此，经济增长与国际收支平衡二者之间也存在矛盾。

选项D，物价稳定与经济增长的关系既可能存在二者相互促进的一致性，也可能存在矛盾，经济增长总是伴随着物价上涨，而物价稳定则会使经济增长放缓，因此，物价稳定与经济增长之间的矛盾也是存在的。

4. 各国中央银行经常采用的货币政策中介目标主要有利率和货币供应量，在一定条件下，银行信贷规模和汇率也可以作为中介目标。

5. 合适的货币政策中介目标应该具有如下三个选择标准：可测性、可控性和相关性。

6. 货币政策的操作指标主要有两个，即超额准备金和基础货币。

7. 中央银行常用的一般性货币政策工具包括法定存款准备金率、再贴现政策和公开市场业务。选项D属于选择性政策工具。

8. 法定存款准备金率的优点：法定存款准备金率的调整对货币供应量具有极强的影响力，政策作用力度大、速度快、见效明显。

法定存款准备金率的缺点：调整法定存款准备金率对经济振荡较大，政策缺乏调节弹性，中央银行一般不经常使用这项货币政策工具。选项B不属于法定存款准备金率的特点。

9. 再贴现政策的优点：①在一定程度上体现中央银行的政策意图，具有“告示效应”。②政策效果比较缓和，有利于一国经济的相对稳定。

再贴现政策的缺点：①中央银行在再贴现业务中处于被动地位，主动权在商业银行。②随时调整贴现率也会引起市场利率的经常波动。③再贴现政策效果具有局限性。

10. 公开市场业务的优点：①操作的主动权在中央银行手中，并可以经常性、连续性地操作。②操作灵活，可以进行微调，不会对经济产生猛烈的冲击。③公开市场业务具有极强的可逆转性。

公开市场业务的缺点：①需要以发达的有价证券市场作背景。②政策意图的告示作用较弱。

11. 间接信用控制工具包括消费者信用控制、证券市场信用控制、不动产信用控制、优惠利率、预缴进口保证金。

12. 直接信用控制工具包括利率限额、信用配额、道义劝告、规定金融机构的流动性比率、直接干预。

13. 凯恩斯学派的货币政策传导机制理论认为,货币政策传导机制可能因两个因素而被堵塞:一个是流动性陷阱;另一个是投资的低利率弹性。

14. 在经济过热时,中央银行需要采取信用紧缩政策,减少信贷发放额和货币供应量。当经济萧条时,中央银行需要采取信用扩张政策,适当地扩大信贷发放额和货币供应量。选项AC属于扩张性货币政策,选项BD属于紧缩性货币政策。

15. 紧缩性货币政策包括提高法定存款准备金率、提高再贴现率、在公开市场上卖出有价证券。

16. 扩张性货币政策包括降低法定存款准备金率、降低再贴现率、在公开市场上买入有价证券。

17. 货币政策和财政政策的区别在于:一是政策的实施者不同;二是作用过程不同;三是政策工具不同;四是可控性不同。

18. “双松”政策是指宽松的货币政策和宽松的财政政策的配合,选项A属于宽松的财政政策,选项B属于宽松的货币政策,选项C属于紧缩的财政政策,选项D属于紧缩的货币政策。

19. “紧货币、松财政”政策是指紧缩的货币政策和宽松的财政政策的配合,选项A属于宽松的财政政策,选项B属于宽松的货币政策,选项C属于紧缩的财政政策,选项D属于紧缩的货币政策。

20. 货币政策时滞按性质分类,可以分为内部时滞和外部时滞。

四、判断题

1	2	3	4	5	6	7	8	9	10
√	×	×	×	×	√	×	√	×	√
11	12	13	14	15	16	17	18	19	20
√	×	√	√	×	×	×	√	×	×
21	22	23	24	25					
×	×	×	√	×					

【重难点讲解】

2. 物价稳定这一货币政策目标是指物价相对稳定,既不持续上升,也不持续下降。物价稳定包括抑制通货膨胀和避免通货紧缩两个方面。

3. 充分就业并不是失业率等于零，充分就业状态下仍然有失业产生，此时失业包括摩擦性失业和结构性失业。

4. 菲利普斯曲线描述的是物价稳定与充分就业之间的此消彼长的关系。

5. 并非货币政策的任何两个目标之间都存在矛盾，如奥肯定律指出，充分就业和经济增长之间存在正相关关系。

7. 中国人民银行放开了存款利率上限，标志着我国的利率管制已经基本放开，利率市场化进入新的阶段。不再对利率进行管制，只是代表利率调控会更加倚重市场化的货币政策工具和传导机制，这并不意味着央行不再干预利率。

9. 题目中所说的政策特点是再贴现政策的特点。

12. 中央银行具有较强主动性的一般性货币政策工具是公开市场业务。

15. 扩张性货币政策包括降低法定存款准备金率、降低再贴现率、在公开市场上买入有价证券。

16. 利率限额属于直接信用控制工具。

17. 消费者信用控制、证券市场信用控制、不动产信用控制等都属于间接信用控制工具，间接信用控制工具属于选择性货币政策工具。

19. 托宾 q 理论中，托宾把 q 定义为企业市场价值与资本重置成本之比，股票价格越高，q 值越大；股票价格越低，q 值越小。

20. 货币政策的直接对象是货币运动过程，以调控货币供给的结构和数量为初步目标，进而影响整个社会经济生活；财政政策的直接对象是国民收入再分配过程，以改变国民收入再分配的数量和结构为初步目标，进而影响整个社会经济生活。

21. 题目说法是错误的，财政政策和货币政策各有其自身的特点和作用，应将两者密切配合起来，互相补充，相辅相成，以实现宏观调控的总目标。

22. 货币政策是由中央银行制定并实施的，财政政策由政府财政部门具体实施。

23. “双紧”和“双松”政策，反映着财政政策和货币政策的目标侧重点保持一致；“一松一紧”的政策，反映着财政政策和货币政策在总体要求一致的前提下，目标侧重点不同。不同的货币政策与财政政策组合方式，对于政策的作用方向不同，会产生不同的政策效应。因此，题目说法是错误的。

25. 内部时滞是指作为货币政策操作主体的中央银行从制定政策到采取行动所需要的时间。外部时滞是指从货币当局采取行动开始直到对政策目标产生影响为止所需要的时间距离。题目中所说的时滞效应是货币政策的外部时滞。

五、简答题

1. **【参考答案】**

货币政策工具主要包括一般性货币政策工具和选择性货币政策工具。

(1) 一般性货币政策工具。一般性货币政策工具是指中央银行对整个社会的货币供应量或信用总量进行控制和调节的常规手段。中央银行常用的一般性货币政策工具包括法定存款准备金率、再贴现政策和公开市场业务三项。

(2) 选择性政策工具。选择性货币政策工具包括间接信用控制工具和直接信用控制工具两种。间接信用控制工具的特点：作用过程是间接的，要通过市场供求关系或资产组合的调整才能实现。间接信用控制工具包括消费者信用控制、证券市场信用控制、不动产信用控制、优惠利率、预缴进口保证金。直接信用控制工具是指中央银行以行政手段直接干预商业银行等金融机构信用业务的一种做法。直接信用控制工具包括利率限额、信用配额、道义劝告、规定金融机构的流动性比率、直接干预。

2.【参考答案】

央行常用的一般性货币政策工具包括法定存款准备金率、再贴现政策和公开市场业务三项。

(1) 法定存款准备金率。中央银行通过调整法定存款准备金率以改变货币乘数，从而控制商业银行的信用创造能力，进而间接调节利率和货币供应量。当中央银行提高法定存款准备金率时，商业银行交存中央银行的法定存款准备金增加，从而使其存款创造的规模缩小，派生存款数量减少，放款及信用创造能力下降，结果必然是银根收紧，货币供应量减少，利率上升；反之，则导致货币供应量上升，利率下降。

(2) 再贴现政策。中央银行通过制定或调整再贴现率来干预和影响市场利率及货币市场的供求，进而调节货币供给量。当中央银行提高再贴现率时，商业银行向中央银行借款或贴现的资金成本上升，就会减少向中央银行借款或贴现，商业银行准备金数量的增加受到限制，商业银行收缩对客户的贷款或投资规模，从而减少了市场上货币的供应量；反之，则导致市场上货币供应量增加。

(3) 公开市场业务。中央银行在证券市场公开买进或卖出有价证券，从而使基础货币发生增减变化，进而调节货币供应量。当中央银行大量卖出有价证券时，银根收紧，基础货币流回中央银行，从而引起信用规模的收缩和货币供应量的减少；反之，则银根放松，增加货币供应量。

3.【参考答案】

(1) 法定存款准备金率。

法定存款准备金率的优点包括：法定存款准备金率的调整对货币供应量具有极强的影响力，政策作用力度大、速度快、见效明显。

法定存款准备金率的缺点包括：调整法定存款准备金率对经济振荡较大，政策缺乏调节弹性，中央银行一般不经常使用这项货币政策工具。

(2) 再贴现政策。

再贴现政策的优点包括：①中央银行可利用它来履行最后贷款人的职责，并在一定程度上体现中央银行的政策意图，具有“告示效应”。②政策效果比较缓和，有利于一国经济的相对稳定。

再贴现政策的缺点包括：①中央银行在再贴现业务中处于被动地位，主动权在商业银行。②随时调整贴现率会引起市场利率的经常波动，从而影响商业银行的经营预期。③再贴现率的高低有限度，在特定情况下政策效果具有局限性。

(3) 公开市场业务。

公开市场业务的优点包括：①操作的主动权在中央银行手中，并可以经常性、连续性地操作。②操作灵活，可以进行微调，不会对经济产生猛烈的冲击。③公开市场业务具有极强的可逆转性。

公开市场业务的缺点包括：①需要以发达的有价证券市场作背景。②政策意图的告示作用较弱。

4. **【参考答案】**

货币政策的时滞效应是指从经济形势的变化需要中央银行操作货币政策，到最终目标变动之间的时间间隔。货币政策时滞按性质分类，可以分为内部时滞和外部时滞。

(1) 内部时滞。内部时滞是指作为货币政策操作主体的中央银行从制定政策到采取行动所需要的时间。内部时滞可分为认识时滞和决策时滞两个阶段：①认识时滞是指从确定有实行某种政策的需要，到货币当局认识到存在这种需要所经历的时间距离。②决策时滞是指从认识到需要改变政策，到提出一种新的政策所需耗费的时间。

(2) 外部时滞。外部时滞又称影响时滞，是指从货币当局采取行动开始到对政策目标产生影响为止所需要的时间距离。外部时滞可分为操作时滞和市场时滞两个阶段：①操作时滞是指从调整货币政策工具到该货币政策工具对中介指标发生作用所需要的时间。②市场时滞是指从中介指标发生反应到其对最终目标产生作用所需要的时间。

第八章　货币供求

第一部分　内容概要

一、货币供给

(一) 货币供给与货币供给量

1. 货币供给

货币供给是指货币供给主体向货币需求主体供给货币的经济行为，反映的是货币供给的流量。现代经济社会，由中央银行供给现金货币，由商业银行供给存款货币。

2. 货币供给量

货币供给量是指一个国家在一定时点上由居民个人、企事业单位及政府所持有的现金和银行存款的总和。货币供给量包括狭义货币供给量和广义货币供给量。

(1) 狭义货币供给量 (M_1) 的计算公式如下：

$$\text{狭义货币供给量}=\text{通货}+\text{活期存款}$$

或者：
$$M_1 = C + D$$

(2) 广义货币供给量 (M_2) 的计算公式如下：

广义货币供给量＝狭义货币供给量＋定期存款、储蓄存款＝通货＋活期存款＋定期存款、储蓄存款

或者：
$$M_2 = M_1 + T = C + D + T$$

3. 国际货币基金组织的口径

国际货币基金组织采用三个口径：通货、货币和准货币。

(1) 通货采用一般定义。

(2) 货币等于流通于存款货币银行以外的通货加私人部门的活期存款。

(3) 准货币相当于定期存款、储蓄存款与外币存款之和，即除 M_1 之外可以称为货币的各种形态。

4. 我们国家的货币供给层次

M_0 = 流通中的现金

M_1 = M_0 ＋企业活期存款＋机关团体部队存款＋农村存款＋个人持有的信用卡类存款

M_2 = M_1 ＋城乡居民储蓄存款＋企业存款中具有定期性质的存款＋外币存款＋信托类存款

M_3 = M_2 ＋金融债券＋商业票据＋大额可转让定期存单等

(二) 货币供给的形成过程

货币供给的形成过程由两个层次构成：一是中央银行提供基础货币；二是商业银行创造存款货币。

1. 中央银行提供基础货币

基础货币是流通中的现金和商业银行的存款准备金之和，具有使货币总量倍数扩张或者收缩的能力。基础货币＝通货＋商业银行的存款准备金，即 $B=C+R$。

决定和影响基础货币的因素主要有以下五点。

1）发行通货形成现金供给

中央银行发行的通货是基础货币的构成部分。

2）变动黄金、外汇储备增减基础货币

如果本国国际收支逆差，中央银行净出售外汇资产，减少黄金和外汇储备，则基础货币减少；反之，则基础货币增加。

3）公开市场业务改变基础货币

中央银行在公开市场上买进有价证券，意味着向流通领域或银行体系注入了新的货币，基础货币增加；反之，基础货币减少。

4）再贴现和再贷款影响基础货币

再贴现或再贷款增加了银行体系的储备，其增加量等于贴现、贷款的数量，同时基础货币也增加了同样的数量。

5）中央银行吸收的财政存款变动影响基础货币

财政收支出现盈余，引起财政存款增加，会使基础货币减少；反之，则会使基础货币增加。

2. 商业银行创造存款货币

商业银行对货币供给的作用表现在其具有创造存款货币的功能。

1）商业银行创造存款货币的前提

(1) 部分准备金制度。部分准备金制度是指商业银行将存款的一定比率以准备金的形式持有，以应付储户提现等日常经营的需要。准备金包括法定存款准备金和超额存款准备金两部分。

(2) 转账结算制度。转账结算制度是指在银行存款的基础上，公众通过开立支票进行货币支付，借助于存款的转移与同业清算来完成货币支付的制度。

2）商业银行创造存款货币的相关概念

(1) 原始存款。原始存款是指商业银行以现金形式吸收的，能增加其准备金的存款，即客户将现金存入银行形成的存款。

(2) 派生存款。派生存款是指商业银行用转账的方式发放贷款、贴现和投资时所创造出来的存款。

(3) 存款准备金。在部分准备金制度中，商业银行在经营活动中需要保留一部分存款余额，这部分余额称为存款准备金。

(4) 法定存款准备金和法定存款准备金率。法定存款准备金是指各国货币管理当局以法律形式规定的商业银行必须保留的最低数额的准备金。法定存款准备金率是各国货币管理当局规定的存款缴存比例。

法定存款准备金＝活期存款总额×法定存款准备金率

(5) 超额存款准备金。超额存款准备金是指商业银行存款准备金中超过法定存款准备金的部分。

超额存款准备金＝存款准备金－法定存款准备金

(6) 现金漏损率。现金漏损率是社会公众持有的通货在存款中所占的比例。

3) 商业银行创造存款货币的过程

存款扩张总额＝原始存款/法定存款准备金率，即 $D=R/r_d$。

法定存款准备金的倒数 $1/r_d$，被称为存款创造乘数。

4) 商业银行创造存款货币的主要制约因素

(1) 法定存款准备金率r_d。法定存款准备金率越高，存款扩张总额就越少。

(2) 超额存款准备金率r_e。存款扩张总额＝原始存款/(法定存款准备金率＋超额存款准备金率)，即 $D=R/(r_d+r_e)$。存款创造乘数变为 $1/(r_d+r_e)$。超额存款准备金率越高，存款扩张总额就越少。

(3) 现金漏损率r_c。存款扩张总额＝原始存款/(法定存款准备金率＋超额存款准备金率＋现金漏损率)，即 $D=R/(r_d+r_e+r_c)$。存款创造乘数变为 $1/(r_d+r_e+r_c)$。现金漏损率越高，存款扩张总额就越少。

3. 货币乘数

货币乘数，也称为基础货币扩张倍数，是货币供应量与基础货币之间的倍数关系，也指单位基础货币所生成的货币供应量。货币乘数＝货币供应量/基础货币，即 $m=M/B$。

货币乘数的影响因素主要包括以下四点：

(1) 法定存款准备金率。法定存款准备金率越高，货币乘数越小。

(2) 超额存款准备金率。超额存款准备金率越高，货币乘数越小。

(3) 现金漏损率。现金漏损率越高，货币乘数越小。

(4) 总存款的构成。总存款的构成主要是指定期存款与活期存款的比率。

二、货币需求

(一) 货币需求的概念

货币需求是指在一定时期内社会各经济主体(包括个人、企业、政府)为满足正常的生产、经营和各种经济活动需要而应该保留或占有一定货币的动机或行为。人们为满足各种经济活动需要而必须保存的货币量，就是货币需求量。

（二）名义货币需求与实际货币需求

1. 名义货币需求

名义货币需求是指各经济单位或整个国家在不考虑价格变动时的货币持有量，是用货币单位表示的货币量。

2. 实际货币需求

实际货币需求是指各经济单位或整个国家所持有的货币量在扣除物价变动因素之后的余额。

（三）微观货币需求与宏观货币需求

1. 微观货币需求

微观货币需求是指个人、家庭、企业等微观经济主体在既定的收入水平、利率水平或其他经济条件下，因生活或生产经营活动的需要而保有的货币量。

2. 宏观货币需求

宏观货币需求是指一个国家在一定时期内因经济发展和商品流通的需要而保有的货币量。

（四）影响货币需求的因素

影响货币需求的因素主要包括收入水平、信用发达程度、市场利率、货币流通速度、消费倾向以及人们的预期和心理偏好。

1. 收入水平

收入水平是决定货币需求最主要的因素，收入水平与货币需求正相关。

2. 信用发达程度

信用的发达程度与货币需求负相关。

3. 市场利率

市场利率与货币需求负相关。

4. 货币流通速度

货币流通速度与货币需求负相关。

5. 消费倾向

消费倾向与货币需求正相关。

6. 人们的预期和心理偏好

预期市场利率与货币需求正相关；预期投资收益率与货币需求负相关。

三、货币需求理论

1. 马克思的货币需求理论

马克思的货币需求理论集中表现在货币必要量公式中：

执行流通手段职能的货币必要量 = (流通中的商品数量 × 商品价格)/ 单位货币流通速度

马克思的货币需求理论认为,货币必要量取决于价格水平、进入流通领域的商品数量和货币流通速度三个因素,它与商品价格和进入流通领域的商品数量成正比,与货币流通速度成反比。

2. 古典学派的货币需求理论——现金交易说与现金余额说

1) 现金交易说——费雪方程式

现金交易说认为,在一定时期内,货币的支出总量与商品、劳务交易量的总值相等。

一定时期内的货币数量 × 货币流通速度 = 商品和劳务价格水平 × 商品和劳务交易量

2) 现金余额说——剑桥方程式

现金余额说认为,物价变动的原因就在于人们所保留的现金数量的变化。当人们手边保留的现金余额增加时,整个社会的货币需求量就会增加,货币流通速度就会减慢,物价就会下跌,币值则会上升;反之则物价上升,币值下降。

人们手中持有的货币数量=剑桥系数×物价水平×总产量

其中,人们手中持有的货币数量即现金余额;剑桥系数即以货币形式保持的财富在全部财富中所占的比例,它是货币流通速度的倒数。

3. 凯恩斯的货币需求理论

1) 凯恩斯的货币需求动机——“流动性偏好”

凯恩斯认为,货币具有流动性,人们对货币的需求来源于对货币流动性的偏好,这种货币需求由以下三种动机构成。

(1) 交易动机。交易动机是指由于收入与支出时间的不一致,人们必须保留一定的货币在手中,以应付日常交易的需要。

(2) 预防动机。预防动机是指人们为应付意外的、紧急的或临时的需要而持有货币。

(3) 投机动机。投机动机是指由于未来利率的不确定性,人们根据对市场利率变动的预期持有货币,以便在有利的时机购买证券进行投机的动机。

2) 凯恩斯的货币需求函数

交易性货币需求是由交易动机和预防动机产生的货币需求,是收入的递增函数。投机性货币需求是由投机动机产生的货币需求,是利率的递减函数。货币需求函数用公式表示为:

$$L = L_1 + L_2 = L_1(Y) + L_2(r) = kY - hr$$

式中:L 为货币总需求;L_1 为交易性货币需求和预防性货币需求;L_2 为投机性货币需求;Y 为收入;r 为市场利率;k,h 为系数,且 $k > 0$,$h > 0$。

3) 凯恩斯货币需求理论的特点

由于在短期内,收入是相对稳定的,因此,决定货币需求量的主要因素是利率的变动。

由于利率的变动是经常的，所以经济社会对货币的需求量是不稳定的。

4）凯恩斯货币需求理论的政策含义

在社会有效需求不足的情况下，中央银行可以通过扩大货币供应量来降低利率，通过利率的降低刺激企业家扩大投资，增加就业和产出，刺激货币需求增加，进而使社会总需求增加，使就业量与国民收入成倍增长。

4．货币主义学派的现代货币数量论

货币主义学派的现代货币数量论认为，影响货币需求的因素主要有以下四个方面：

（1）总财富。弗里德曼把货币看作人们持有财富的一种形式，因此货币持有额不能超过其总财富。

（2）财富构成。财富构成是人力财富和非人力财富的比例。在人力财富转化成现实的非人力财富的过程中，人们必须持有一定量的货币以应付交易需要。这一货币量的多少取决于人力财富与非人力财富的比例。若总财富中人力财富所占比例大的话，人们为了应急需要，就会持有较多的货币。

（3）货币和其他资产的预期收益。人们持有多少货币，在很大程度上取决于人们对持有货币资产与其他资产的利弊权衡。一般情况下，货币的收益为零，而其他资产（如股票、债券等）均有收益，当其他资产的收益率提高时，货币需求就会减少。

（4）影响货币需求的其他因素。

四、货币均衡

货币均衡是指货币供给满足货币需求，即 $M_d=M_s$，二者动态上保持一致，处于相对稳定的状态。

（一）货币均衡的标志

在市场经济条件下，货币均衡主要体现在物价水平和利率水平上。

1．物价水平

当货币供过于求时，单位货币代表的价值量下降，纸币贬值，物价上涨；反之，物价下跌。只有当货币供应量与商品价值总额基本平衡时，市场物价才会基本平衡。

2．利率水平

当货币供不应求时，利率上升；反之则下降。只有在货币供求基本一致时，利率才会处于一个基本平衡的状态。

（二）货币均衡与社会总供求平衡

社会总供求平衡是指社会总供给与总需求相互适应的状态。货币均衡与社会总供求平衡具有内在的统一性和一致性，货币均衡与社会总供求平衡之间的关系，如图 8-1 所示。

1．社会总供给决定货币总需求

经济体系中到底需要多少货币，从根本上取决于有多少实际资源需要货币实现其流转

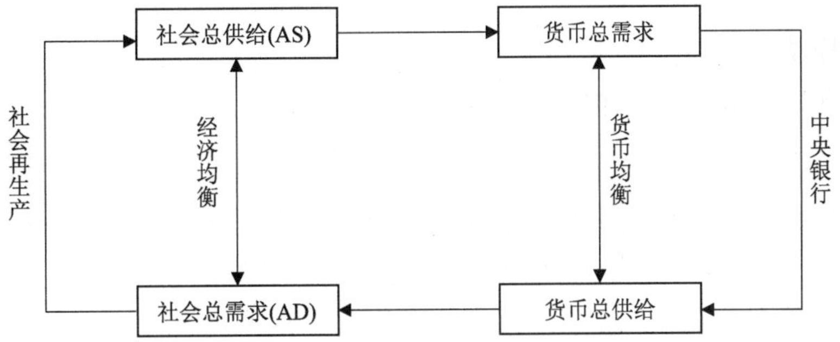

图 8-1　货币均衡与经济均衡示意图

并完成生产、交换、分配和消费相互联系的再生产流程。

2. 货币总需求决定货币总供给

货币供给取决于货币需求,并以货币需求为前提和基础。

3. 货币总供给是社会总需求实现的载体

一定时期内的货币供给量构成了相应时期的社会总需求。

4. 社会总需求影响社会总供给

社会总需求偏大或偏小都会对总供给产生巨大的影响。

第二部分　练　习　题

一、名词解释

1. 货币供给
2. 货币供给量
3. 基础货币
4. 部分准备金制度
5. 转账结算制度
6. 原始存款
7. 派生存款
8. 现金漏损率
9. 货币乘数
10. 货币需求
11. 费雪交易方程式
12. 剑桥方程式
13. 流动性偏好
14. 货币均衡

二、单项选择题

1. 流通中的现金加活期存款构成(　　)。

A. M_0　　B. M_1

C. M_2　　D. M_3

2. 在整个货币供应过程中,(　　)始终处于领导和核心地位。

A. 中央银行　　B. 中央政府

C. 商业银行　　D. 非银行金融机构

3. 下列各项中,不属于货币供给主体的是(　　)。

A. 兴业银行　　B. 中国人民银行

C. 中国农业银行　　D. 国家开发银行

4. 高能货币是人们对(　　)的另一个称谓。

A. 金币　　B. 银币

C. 债券　　D. 基础货币

5. 基础货币等于(　　)。

A. 通货＋存款货币　　B. 存款货币＋存款准备金

C. 通货＋存款准备金　　D. 原始存款＋派生存款

6. 下列各项中,不属于决定和影响中央银行投放基础货币的因素的是(　　)。

A. 发行通货　　B. 变动外汇储备

C. 实行货币政策　　D. 存、贷款业务

7. 中央银行通过公开市场业务购入一定数额的证券,将会使基础货币(　　)。

A. 减少　　B. 增加

C. 保持不变　　D. 不确定

8. 如果财政收支出现赤字,会使基础货币(　　)。

A. 减少　　B. 增加

C. 保持不变　　D. 不确定

9. 货币创造的主体是(　　)。

A. 中央银行　　B. 财政部门

C. 商业银行　　D. 证券公司

10. 下列各项中,属于商业银行进行存款创造的必要条件的是(　　)。

A. 货币的现金流通制度　　B. 商业银行的有限责任制度

C. 百分之百的准备金制度　　D. 部分准备金制度

11. 超额存款准备金等于(　　)。

A. 库存现金＋商业银行在中央银行的存款

B. 法定存款准备率×库存现金

C. 法定存款准备率×存款总额

D. 存款准备金一法定存款准备金

12. 假设中央银行从A中购进国债100元，而A将所得存入银行B中，法定存款准备金率为20%，在简单存款创造机制下，这100元的原始存款最终将变为(　　)元。

A. 100　　B. 300

C. 400　　D. 500

13. 其他条件不变的情况下，法定存款准备金率越高，存款扩张总额(　　)。

A. 越多　　B. 越少

C. 不变　　D. 为零

14. 其他条件不变的情况下，超额存款准备金率越高，货币乘数(　　)。

A. 越大　　B. 越小

C. 不变　　D. 为零

15. 其他条件不变的情况下，现金漏损率越高，存款的创造能力(　　)。

A. 越强　　B. 越弱

C. 不变　　D. 为零

16. 客户将现金存入银行形成的存款是(　　)。

A. 派生存款　　B. 原始存款

C. 法定存款准备金　　D. 超额存款准备金

17. 下列各项中，不属于影响货币需求量的因素的是(　　)。

A. 收入水平　　B. 财政收支状况

C. 货币流通速度　　D. 信用发达程度

18. (　　)与货币需求呈正相关关系。

A. 市场利率　　B. 信用发达程度

C. 收入水平　　D. 货币流通速度

19. (　　)与货币需求呈反方向变动。

A. 市场利率　　B. 预期市场利率

C. 收入水平　　D. 消费倾向

20. 下列各项中，不属于凯恩斯提出的货币需求动机的是(　　)。

A. 预防动机　　B. 投机动机

C. 交易动机　　D. 生产动机

21. 根据凯恩斯的解释，投机性货币需求是(　　)的递减函数。

A. 价格　　B. 收入

C. 利率　　D. 金融资产收益率

22. “流动性陷阱”是指(　　)。

A. 人们普遍预期利率将上升时,愿意持有货币而不愿持有债券

B. 人们普遍预期利率将上升时,愿意持有债券而不愿持有货币

C. 人们普遍预期利率将下降时,愿意持有货币而不愿持有债券

D. 人们普遍预期利率将下降时,愿意持有债券而不愿持有货币

23. $MV=PT$ 是(　　)。

A. 庇古的剑桥方程式　　B. 凯恩斯的货币需求公式

C. 马克思的货币需求公式　　D. 费雪的现金交易方程

24. 提出货币需求不仅是利率的函数,且是所有资产预期收益率函数观点的是(　　)。

A. 马克思　　B. 凯恩斯

C. 费雪　　D. 弗里德曼

25. 当货币供不应求时,利率会(　　)。

A. 上升　　B. 下降

C. 不变　　D. 不确定

三、多项选择题

1. 下列各项中,属于货币供给主体的有(　　)。

A. 中国银行　　B. 中国进出口银行

C. 小额贷款公司　　D. 中国人民银行

2. 国际货币基金组织采用的货币供给口径包括(　　)。

A. 通货　　B. 货币

C. 企业存款　　D. 准货币

3. 我国 M_1 由(　　)构成。

A. M_0　　B. 企业单位定期存款

C. 城乡居民储蓄存款　　D. 企业单位活期存款

4. 我国 M_2 是由(　　)构成。

A. M_1　　B. 企业单位定期存款

C. 金融债券　　D. 城乡居民储蓄存款

5. 基础货币通常以(　　)等形式存在。

A. 银行库存现金　　B. 法定准备金存款

C. 超额准备金存款　　D. 银行系统外流通的现金

6. 下列各项中,属于中央银行投放基础货币渠道的有(　　)。

A. 再贴现　　B. 再贷款

C. 公开市场买入有价证券　　D. 公开市场卖出有价证券

7. 下列各项中，不属于中央银行投放基础货币的渠道的有(　　)。

A. 购进外汇资产　　B. 发行通货

C. 财政拨款　　D. 派生存款

8. 商业银行存款创造的前提有(　　)。

A. 部分准备金制度　　B. 百分百准备金制度

C. 现金结算制度　　D. 转账结算制度

9. 商业银行可以通过(　　)增加自己的存款准备金。

A. 向中央银行再贴现　　B. 向中央银行再贷款

C. 发放贷款　　D. 向中央银行出售自己持有的债券

10. 商业银行的准备金包括(　　)。

A. 存放于中央银行的存款　　B. 库存现金

C. 流通于银行体系之外的现金　　D. 发放的贷款

11. 商业银行创造存款货币要受(　　)因素的限制。

A. 法定存款准备金率　　B. 超额存款准备金率

C. 现金漏损率　　D. 货币流通速度

12. 在原始存款量不变的条件下，导致商业银行存款总额增加的因素有(　　)。

A. 货币乘数变小　　B. 超额存款准备率降低

C. 法定存款准备金率降低　　D. 现金漏损率提高

13. 下列各项中，可能使货币乘数降低的因素有(　　)。

A. 提现率上升　　B. 中央银行提高法定存款准备金率

C. 商业银行增加超额准备金　　D. 中央银行增加基础货币

14. 下列各项中，决定一国货币需求的因素有(　　)。

A. 收入水平　　B. 信用的发达程度

C. 利率　　D. 货币流通速度

15. 剑桥学派认为，人们希望持有货币额的因素主要有(　　)。

A. 个人的财富总额　　B. 货币持有者对未来收入、支出的预期

C. 持有货币的机会成本　　D. 货币持有者对未来物价的预期

16. 现金交易说与现金余额说的区别主要有(　　)。

A. 对货币需求分析的侧重点不同　　B. 货币数量的含义不同

C. 货币需求的原因不同　　D. 将货币数量作为物价变动的原因

17. 凯恩斯认为货币需求动机主要有(　　)。

A. 交易动机　　B. 预防动机

C. 储藏动机　　D. 投机动机

18. 现代货币数量理论中影响货币需求的因素有（　　）。

A. 总财富　　B. 财富构成

C. 货币和其他资产的预期收益　　D. 人们对货币的主观偏好

19. 市场经济条件下，货币均衡主要体现在（　　）。

A. 物价水平　　B. 经济发展水平　　C. 就业水平　　D. 利率水平

20. 下列有关社会总供求与货币供求的关系的说法中，正确的有（　　）。

A. 社会总供给决定货币总需求

B. 货币总需求决定货币总供给

C. 货币总供给是社会总需求实现的载体

D. 社会总需求影响社会总供给

四、判断题

1. 国际货币基金组织使用的“货币”，其口径相当于广义货币供给量。（　　）
2. 货币供给是指货币供给主体向货币需求主体供给货币的经济行为，反映的是货币供给的流量，它是一个静态概念。（　　）
3. 货币供给量是指一个国家在一定时点上由居民个人、企事业单位及政府所持有的现金和银行存款的总和，它是一个动态概念。（　　）
4. 中央银行是一国货币供给的唯一主体。（　　）
5. 货币当局可以直接调控货币供给数量。（　　）
6. 中央银行是一国货币供给的源头。（　　）
7. 基础货币只由中央银行投放并控制其总量，它是中央银行的负债。（　　）
8. 基础货币又称高能货币，是流通中的现金和商业银行的存款准备金之和。（　　）
9. 基础货币是一国的全部货币供给量。（　　）
10. 中央银行投放基础货币的渠道包括直接发行通货、变动黄金和外汇储备、实行货币政策。（　　）
11. 如果财政收支出现赤字，会使基础货币减少。（　　）
12. 中央银行可以通过公开市场业务增加或减少基础货币。（　　）
13. 只要商业银行具备了部分准备金制度，商业银行就可以创造派生存款。（　　）
14. 原始存款是商业银行创造派生存款的基础，派生存款是商业银行进行信用扩张的结果。（　　）
15. 商业银行的派生存款是虚假存款。（　　）
16. 货币乘数取决于四个因素的变动，即法定存款准备金率、超额准备金率、现金漏损率以及定期存款与活期存款的比率。（　　）
17. 由于基础货币中的银行准备金具有存款创造功能，所以一般来说，货币乘数都是大

于1的。（　　）

18. 货币需求是能力与愿望的统一。（　　）

19. 名义货币需求与实际货币需求的根本区别在于是否剔除了通货膨胀的因素。（　　）

20. 名义货币需求是指各经济单位或整个国家所持有的货币量在扣除物价变动因素之后的余额。（　　）

21. 马克思的货币必要量公式具有重要的理论意义，它反映了商品流通决定货币流通这个基本原理。（　　）

22. 现金余额学说最早是由费雪提出的。（　　）

23. 凯恩斯的货币需求理论又称为流动性偏好理论。（　　）

24. 投机性动机的货币需求不同于预防性货币需求，而类似于交易性货币需求，为收入的递减函数。（　　）

25. 在货币需求函数方面，弗里德曼提出了恒久性收入的概念，并强调该因素对货币需求的主导作用。（　　）

26. 在货币需求理论上，弗里德曼与凯恩斯的主要区别在于，前者强调恒久性收入对货币需求的决定作用，后者则强调利率对需求的重要影响。（　　）

27. 货币均衡追求的是货币供给与货币需求在数量上的完全相等。（　　）

28. 当流通中的货币供不应求时，利率上升，物价也上升。（　　）

五、简答题

1. 简述决定和影响基础货币的因素。
2. 简述商业银行存款创造的前提。
3. 简述商业银行存款创造的主要制约因素。
4. 简述现金交易说与现金余额说的区别。

第三部分　参考答案

一、名词解释

1. 货币供给

货币供给是一个动态概念，是指货币供给主体向货币需求主体供给货币的经济行为，反映的是货币供给的流量。在现代经济社会中，能够向社会公众提供信用货币(包括现金货币和存款货币)的主体主要有中央银行和商业银行。现金货币由中央银行供给，存款货币由商业银行供给。

2. 货币供给量

货币供给量是一个静态概念，是指一个国家在一定时点上由居民个人、企事业单位及政府所持有的现金和银行存款的总和。货币供给量反映的是货币供给的存量，有狭义和广义两种不同口径。

3. 基础货币

基础货币又称高能货币、强力货币或货币基数，是流通中的现金和商业银行的存款准备金的总和。基础货币具有负债性、可控性和扩张性。基础货币是货币当局的负债，由货币当局投放并由货币当局直接控制其总量。

4. 部分准备金制度

部分准备金制度是相对于百分百准备金制度而言的，是指商业银行将存款的一定比率以准备金的形式持有，以应付储户提现等日常经营的需要。部分准备金制度是商业银行创造存款货币的前提之一。

5. 转账结算制度

转账结算制度，即非现金结算，是指在银行存款的基础上，公众通过开立支票进行货币支付，借助于存款的转移与同业清算来完成货币支付的制度。在这种结算制度下，货币运动形式表现为活期存款从一个账户转移到另一个账户，而用作支付的货币始终停留在银行体系，只是债权人发生了变动。转账结算制度是商业银行创造存款货币的前提之一。

6. 原始存款

原始存款是指银行以现金形式吸收的，能增加其准备金的存款，即客户将现金存入银行形成的存款。原始存款的根本来源是中央银行创造和提供的基础货币。原始存款是商业银行进行信用扩张和创造派生存款的基础。

7. 派生存款

派生存款是商业银行用转账的方式发放贷款、贴现和投资时所创造出来的存款。在商业银行的经营活动中，只需保留小部分存款准备金作为付现准备，可以将大部分原始存款用于放款。客户在取得银行贷款后，一般并不立即提取现金，而是转入其在银行的活期存款账户。从整个银行体系观察，银行一方面增加了放款，另一方面又增加了存款，从而形成了派生存款，派生存款是银行进行信用扩张的结果。

8. 现金漏损率

现金漏损率也称提现率，是指社会公众持有的通货在存款中所占的比例。由于通货都是从银行系统流出的资源，所以现金漏损率也可以认为是客户以现金形式从银行体系提出的存款占整个存款的比例。

9. 货币乘数

货币乘数，也称为基础货币扩张倍数，是货币供应量与基础货币之间的倍数关系，也指单位基础货币所生成的货币供应量。货币乘数=货币供应量/基础货币。

10. 货币需求

货币需求是指在一定时期内社会各经济主体(包括个人、企业、政府)为满足正常的生产、经营和各种经济活动需要而应该保留或占有一定货币的动机或行为。货币需求表明在既定的国民收入水平和分配范围内人们对占有货币的欲望和能力。

11. 费雪交易方程式

费雪认为在一定时期内,货币的支出总量与商品、劳务交易量的总值相等,并提出了有名的费雪交易方程式:

$$MV = PT$$

式中:M 是一定时期内的货币数量;V 是货币流通速度;P 是商品和劳务价格水平;T 是商品和劳务交易量。在费雪交易方程式中,MV 代表货币供给,PT 代表货币需求,货币需求只能被动地取决于货币供给。

12. 剑桥方程式

现金余额说的代表人物庇古提出了著名的剑桥方程式:

$$M = kPY$$

式中:M 代表人们手中持有的货币数量,即现金余额;Y 代表总产量;P 代表物价水平;k 代表以货币形式保持的财富在全部财富中所占的比例,又叫作剑桥系数,它是货币流通速度 V 的倒数。

13. 流动性偏好

凯恩斯认为,货币具有完全的流动性,而人们在心理上具有对流动性的偏好,即人们总是偏好将一定量的货币保持在手中,以应对日常、临时和投机的需求。因此,人们的货币需求取决于人们心理上的"流动性偏好",这种货币需求是由三个动机所决定的,分别是交易动机、预防动机和投机动机。

14. 货币均衡

货币均衡是指货币供给满足货币需求,即 $M_d = M_s$,二者动态上保持一致,处于相对稳定的状态。货币均衡表现为市场繁荣、物价稳定,社会再生产过程中的物质替换和价值补偿都能顺利实现。

二、单项选择题

1	2	3	4	5	6	7	8	9	10
B	A	D	D	C	D	B	B	C	D
11	12	13	14	15	16	17	18	19	20
D	D	B	B	B	B	B	C	A	D
21	22	23	24	25					
C	A	D	D	A					

【重难点讲解】

1. 狭义的货币供给量 M_1 等于流通在整个银行体系之外的为社会公众所持有的通货与商业银行的活期存款之和，即：狭义货币供给量＝通货＋活期存款。

2. 中央银行是一国最高的货币金融管理机构，在各国金融体系中居于主导地位。中央银行是“发行的银行”，在调节货币供应量、稳定币值过程中，处于核心地位。

3. 在市场经济条件下，货币通过中央银行发行出来，再通过商业银行体系的信用创造机制成倍地扩大其供给量。货币供给主体包括中央银行和商业银行。选项 A 和选项 C 属于商业银行，选项 B 是中央银行，选项 D 是政策性银行，不属于货币供给主体。

4. 基础货币又称高能货币、强力货币或货币基数。

5. 基础货币是流通中的现金和商业银行的存款准备金的总和。

6. 中央银行投放基础货币的渠道主要有三条：一是直接发行通货；二是变动黄金、外汇储备；三是实行货币政策。选项 D 中，存、贷款业务不属于决定和影响中央银行投放基础货币的因素。

7. 中央银行在公开市场上买进有价证券，意味着向流通领域或银行体系注入了新的货币，出售证券的金融机构在中央银行的存款准备金就会增加，基础货币增加。

8. 如果财政收支出现赤字，必然引起财政存款减少，基础货币增加。

9. 商业银行可以通过活期存款业务、贷款业务等创造存款货币，是整个货币运行的最主要载体。因此，货币创造的主体是商业银行。

10. 商业银行创造存款货币的前提有两个：部分准备金制度和转账结算制度。

11. 超额存款准备金是指商业银行存款准备金中超过法定存款准备金的部分。超额存款准备金＝存款准备金－法定存款准备金。

12. 在简单存款创造机制下，已知原始存款 100 元，法定存款准备金率为 20%，则存款扩张总额＝原始存款÷法定存款准备金率＝100÷20%＝500(元)。

13. 根据公式：存款扩张总额＝原始存款÷(法定存款准备金率＋超额准备金率＋现金漏损率)，可知，在其他条件不变的情况下，法定存款准备金率越高，存款扩张总额就越少。

14. 根据公式：存款扩张总额＝原始存款÷(法定存款准备金率＋超额存款准备金率＋现金漏损率)，可知，在其他条件不变的情况下，超额准备金率越高，存款扩张总额就越少。

15. 根据公式：存款扩张总额＝原始存款÷(法定存款准备金率＋超额存款准备金率＋现金漏损率)，可知，在其他条件不变的情况下，现金漏损率越高，存款扩张总额就越少，存款的创造能力越弱。

16. 原始存款是银行以现金形式吸收的，能增加其准备金的存款，即客户将现金存入银行形成的存款。

17. 影响货币需求量的因素包括收入水平、信用发达程度、市场利率、货币流通速度、消费倾向以及人们的预期和心理偏好。

18. 收入水平是决定货币需求最主要的因素，货币需求与收入水平呈正相关关系，因为收入越多，支出越多，需要持有的货币量自然也越多。

19. 在市场经济中，利率与货币需求呈负相关关系。这是因为，首先，持有货币意味着这部分货币不能转化为其他金融资产，利息在一定程度上可以看作持有货币的机会成本；其次，利率的变化还会影响股票、债券等有价证券的价格，进而影响公众的货币需求；最后，随着世界各国资本项目的逐渐开放，利率的变动也会影响国际资本的流动，从而改变国内的货币需求。

20. 凯恩斯认为，货币具有流动性，人们对货币的需求来源于对货币流动性的偏好，这种货币需求由三种动机构成，这三种动机分别是交易动机、预防动机和投机动机。

21. 投机性货币需求是指由于未来利率的不确定性，人们根据对市场利率变动的预期持有货币，以便在有利的时机购买证券进行投机的动机，投机性货币需求是利率的递减函数。

22. "流动性陷阱"，是指在极端情形下，当货币供应量大量增加，利率降到不能再低时，所有经济主体都预期利率将上升，所有的人都希望持有货币而不愿持有债券。投机动机的货币需求将趋于无穷大，此时无论增加多少货币，都会被人们储存起来，被无穷大的投机动机货币需求全部吸收，使货币政策完全失效，进入流动性陷阱。

23. 现金交易说的代表人物费雪提出的现金交易方程式为：一定时期内的货币数量×货币流通速度＝商品和劳务价格水平×商品和劳务交易量，即 $MV=PT$。

24. 货币主义学派的代表人物弗里德曼认为影响货币需求的因素主要有以下四个方面：总财富、财富构成、货币和其他资产的预期收益以及影响货币需求的其他因素。因此，提出货币需求不仅是利率的函数，而且是所有资产预期收益率函数观点的是弗里德曼。

25. 在金融市场上，货币是特殊的商品，利率是货币资金的价格。当货币供不应求时，利率上升；反之则下降。

三、多项选择题

1	2	3	4	5	6	7	8	9	10
AD	ABD	AD	ABD	ABCD	ABC	CD	AD	ABD	AB
11	12	13	14	15	16	17	18	19	20
ABC	BC	ABC	ABCD	ABCD	ABC	ABD	ABCD	AD	ABCD

【重难点讲解】

1. 货币供给主体包括中央银行和商业银行。选项 A 属于商业银行，选项 B 属于政策性银行，选项 C 属于非银行类金融机构，选项 D 是我国的中央银行。

2. 国际货币基金组织采用的货币供给有三个口径，即通货、货币和准货币。

3. 现阶段我国货币供给量划分包括四个层次：M_0、M_1、M_2、M_3，其中 $M_1=M_0+$企业活期存款＋机关团体部队存款＋农村存款＋个人持有的信用卡类存款。

4. 现阶段我国货币供给量划分包括四个层次：M_0、M_1、M_2、M_3，其中 $M_2=M_1+$城乡居民储蓄存款＋企业存款中具有定期性质的存款＋外币存款＋信托类存款。

5. 基础货币由流通中的现金和商业银行的准备金构成，其中商业银行的准备金包括库存现金和商业银行存放于中央银行的存款。

6. 再贴现和再贷款是中央银行向商业银行提供资金的两个主要渠道，二者都会增加基础货币。中央银行在公开市场买入有价证券，出售证券的金融机构在中央银行的存款准备金就会增加，基础货币增加；相反，中央银行在公开市场上卖出有价证券，则基础货币减少。

7. 中央银行投放基础货币的渠道主要有三条：一是直接发行通货；二是变动黄金、外汇储备；三是实行货币政策。选项 A 购进外汇资产和选项 B 发行通货都是投放基础货币的渠道。

8. 商业银行存款创造的前提包括部分准备金制度和转账结算制度。

9. 商业银行可以通过向中央银行再贴现、再贷款以及向中央银行出售自己持有的债券增加自己的存款准备金。

10. 商业银行的准备金由商业银行的库存现金和在中央银行的存款两部分构成。

11. 商业银行创造存款货币的主要制约因素包括法定存款准备金率、超额存款准备金率和现金漏损率。

12. 原始存款不变的情况下，存款乘数越大，存款扩张总额就越多；法定存款准备金率越低，存款扩张总额就越多；超额存款准备金率越低，存款扩张总额就越多；现金漏损率越低，存款扩张总额就越多。

13. 法定存款准备金率越高，货币乘数越小；超额准备金率越高，货币乘数越小；现金漏损率越高，货币乘数越小。中央银行增加基础货币不影响货币乘数的大小。

14. 影响货币需求的因素主要包括收入水平、信用发达程度、市场利率、货币流通速度、消费倾向及人们的预期和心理偏好。

15. 剑桥学派认为，货币需求量是基于货币的交易媒介功能和储藏价值功能的。他们认为，影响人们希望持有货币额的因素主要有三个方面：个人的财富总额；货币持有者对未来收入、支出和物价等的预期；持有货币的机会成本。

16. 现金交易说与现金余额说的区别主要是：①两者对货币需求分析的侧重点不同。②两者所用的货币数量的含义不同。③两者分析的货币需求的原因不同。

17. 凯恩斯认为，货币具有流动性，人们对货币的需求来源于对货币流动性的偏好，这种货币需求由三种动机构成，这三种动机分别是交易动机、预防动机和投机动机。

18. 货币主义学派的现代货币数量论认为，影响货币需求的因素主要有四个方面：总财富、财富构成、货币和其他资产的预期收益以及影响货币需求的其他因素。影响货币需求的其他因素包括人们对货币的主观偏好、对未来经济稳定性的预期以及各种技术和制度因素等。

19. 在市场经济条件下，货币均衡主要体现在物价水平和利率水平上。

20. 社会总供求与货币供求的关系如下：社会总供给决定货币总需求，货币总需求决定货币总供给，货币总供给是社会总需求实现的载体，社会总需求影响社会总供给。

四、判断题

1	2	3	4	5	6	7	8	9	10
×	×	×	×	×	√	√	√	×	√
11	12	13	14	15	16	17	18	19	20
×	√	×	√	×	√	√	√	√	×
21	22	23	24	25	26	27	28		
√	×	√	×	√	√	×	×		

【重难点讲解】

1. 国际货币基金组织采用的“货币”等于流通于存款货币银行以外的通货加私人部门的活期存款，其口径相当于狭义货币供给量 M_1。

2. 货币供给是一个动态概念。

3. 货币供给量是一个静态概念。

4. 货币供给主体有中央银行和商业银行。

5. 货币当局投放基础货币并控制其总量。但基础货币并非全部的货币供给量，只是整个货币供给量的一部分，基础货币通过商业银行体系的信用创造机制使货币总量倍数扩张或者收缩。因此，货币当局不可以直接调控货币供给数量。

9. 货币供给的形成机制由两个层次构成：一是中央银行提供基础货币；二是商业银行创造存款货币。基础货币只是一国货币供给量的一部分。

11. 如果财政收支出现盈余，必然引起财政存款增加，基础货币减少；反之，如果财政收支出现赤字，必然引起财政存款减少，基础货币增加。

13. 商业银行存款创造的前提包括部分准备金制度和转账结算制度，二者缺一不可。

15. 派生存款是商业银行用转账的方式发放贷款、贴现和投资时所创造出来的存款。派生存款产生的过程，就是商业银行吸收存款、发放贷款，最终使用者又将其存入银行，形成新的存款额，最终导致整个银行体系存款总量增加的过程。商业银行的派生存款是真实的存款。

20. 名义货币需求是指各经济单位或整个国家在不考虑价格变动时的货币持有量，是用货币单位表示的货币量。实际货币需求是指各经济单位或整个国家所持有的货币量在扣除物价变动因素之后的余额。

22. 现金余额说是由剑桥学派创始人马歇尔最先提出的，庇古加以发展并使之公式化。

24. 投机性动机的货币需求不同于预防性货币需求，也不同于交易性货币需求，投机性动机的货币需求是利率的递减函数。

27. 货币均衡是指货币供给满足货币需求，二者动态上保持大体一致，而不是货币供给与货币需求在数量上的完全相等。

28. 当货币供不应求时，利率上升，物价下跌。

五、简答题

1. **【参考答案】**

基础货币是流通中的现金和商业银行的存款准备金的总和，具有使货币总量倍数扩张或者收缩的能力。决定和影响基础货币的因素主要有以下五点：

(1) 发行通货形成现金供给。中央银行发行的通货是基础货币的构成部分。

(2) 变动黄金、外汇储备增减基础货币。如果本国国际收支逆差，中央银行净出售外汇资产，减少黄金和外汇储备，则基础货币减少；反之，则基础货币增加。

(3) 公开市场业务改变基础货币。中央银行在公开市场上买进有价证券，意味着向流通领域或银行体系注入了新的货币，基础货币增加；反之，基础货币减少。

(4) 再贴现和再贷款影响基础货币。再贴现或再贷款使银行体系的储备增加了，其增加量等于贴现贷款的数量，从而使基础货币也增加了同样的数量。

(5) 中央银行吸收的财政存款变动影响基础货币。财政收支出现盈余，引起财政存款增加，基础货币减少；反之，则基础货币增加。

2. **【参考答案】**

(1) 部分准备金制度。部分准备金制度是相对于百分百准备金制度而言的，是指商业银行将存款的一定比率以准备金的形式持有，以应付储户提现等日常经营的需要。准备金可以分为两部分：①商业银行遵照中央银行的规定持有的准备金，即法定存款准备金。②商业银行持有的超出法定准备金的部分，即超额存款准备金。在百分百准备金制度下，商业银行吸收的存款必须全部以准备金的形式持有，银行无法发放贷款，存款创造也就无从谈起。

(2) 转账结算制度。转账结算制度，即非现金结算，是指在银行存款的基础上，公众通过开立支票进行货币支付，借助于存款的转移与同业清算来完成货币支付的制度。在这种结算制度下，货币运动形式表现为活期存款从一个账户转移到另一个账户，而用作支付的货币始终停留在银行体系，只是债权人发生了变动。而如果采用现金结算制度，商业银行就无法创造派生存款，自然就丧失了创造存款货币的功能。

3. **【参考答案】**

商业银行存款创造的主要制约因素包括：①法定存款准备金率 r_d。法定存款准备金率越高，商业银行创造存款货币的能力越弱。②超额存款准备金率 r_e。超额存款准备金率越高，商业银行创造存款货币的能力越弱。③现金漏损率 r_c。现金漏损率越高，商业银行创造存款货币的能力越弱。

4.【参考答案】

现金交易说与现金余额说的区别主要包括：①两者对货币需求分析的侧重点不同。现金交易说强调的是货币的交易手段功能，而现金余额说强调的是货币贮藏财富的功能。②两者所用的货币数量的含义不同。现金交易说的货币数量指的是正在交易中的货币量；而现金余额说中的货币数量指的则是处于停歇状态中准备用于购物的货币量，考察的是在总收入中有多大比例使用货币形式保有的资产存量。③两者分析的货币需求的原因不同。现金交易说认为，货币需求主要是交易需求，因而只与交易规模有关，与利率无关；现金余额说则认为货币需求不仅是交易需求，还是一种资产需求，因而它不仅与交易规模有关，而且与财富水平以及其他资产的收益率有关。

第九章　通货膨胀与通货紧缩

第一部分　内容概要

一、通货膨胀

(一) 通货膨胀的概念、衡量及分类

1. 通货膨胀的概念

通货膨胀是指在纸币流通的条件下,由于国内货币供应量超过商品流通的客观需求量,从而引起纸币不断贬值和一般物价水平持续上涨的经济现象。

2. 通货膨胀的衡量

衡量通货膨胀的指标有三个,分别是消费物价指数、批发物价指数和国民生产总值平减指数。

1) 消费物价指数

消费物价指数表示的是普通消费者购买一揽子固定商品和服务所支付的费用的衡量指标。

2) 批发物价指数

批发物价指数是根据包括制成品、原材料、中间品在内的各种商品的批发价格的变动状况编制的指数。

3) 国民生产总值平减指数

国民生产总值平减指数是按当年价格计算的国民生产总值与按不变价格计算的国民生产总值的比率。

3. 通货膨胀的分类

通货膨胀按照不同的标准可进行不同的分类,主要有以下四种分类:

(1) 按物价上涨速度的快慢,分为温和或爬行的通货膨胀、疾驰或奔腾的通货膨胀以及恶性通货膨胀。

(2) 按市场机制的运行状况,分为公开型通货膨胀和隐蔽型通货膨胀。

(3) 按通货膨胀的成因,分为需求拉动型通货膨胀、成本推动型通货膨胀和结构型通货膨胀。

(4) 按通货膨胀的预期,分为预期性通货膨胀和未预期性通货膨胀。

（二）通货膨胀的成因

1. 需求拉动型通货膨胀

需求拉动型通货膨胀又称超额需求通货膨胀，是指总需求（AD）超过总供给（AS）所引起的一般价格水平的持续上涨。需求拉动型通货膨胀把通货膨胀解释为“过多的货币追逐过少的商品”。

2. 成本推动型通货膨胀

成本推动型通货膨胀，是指不存在超额需求的情况下，由于供给方面成本的提高而引起的一般价格水平的上升，主要分为工资推动型通货膨胀和利润推动型通货膨胀。

1）工资推动型通货膨胀

工资推动型通货膨胀，是指工会迫使厂商提高工资，导致生产成本提高，进而物价上涨；而物价上涨后，工会又会要求进一步提高工资，再度引起物价上涨，如此循环往复，造成了“工资—物价螺旋”，从而形成工资推动型通货膨胀。

2）利润推动型通货膨胀

利润推动型通货膨胀，是指垄断和寡头企业为追逐更多的利润，提高产品价格，致使价格上涨的速度超过成本增长的速度，进而导致总体物价水平的上升。

3. 混合型通货膨胀

混合型通货膨胀，是指需求拉动和成本推动共同引发的通货膨胀。

4. 结构型通货膨胀

结构型通货膨胀，是指当总需求和总供给大体处于平衡状态时，经济结构方面的因素引起的物价持续上涨。

（三）通货膨胀的影响

1. 通货膨胀的成本

1）鞋底成本

鞋底成本是指在通货膨胀严重的时候，人们急于将现金脱手或频繁地去银行提取现金，这个过程造成鞋底的磨损和资源的浪费。

2）菜单成本

菜单成本是指当通货膨胀发生时，企业频繁地调整自己产品的价格而产生的成本。

3）税收扭曲

税收扭曲是指许多税收条款在制定时并没有考虑通货膨胀的影响，通货膨胀的发生将增加人们的税收负担。

2. 通货膨胀的经济效应

1）收入分配效应

通货膨胀有利于变动收入者，不利于固定收入者。

2）财富分配效应

通货膨胀有利于债务人，不利于债权人。

(四) 通货膨胀的治理

1. 需求控制政策

针对需求拉动型通货膨胀,政府往往采取紧缩性的货币政策和紧缩性的财政政策来抑制过旺的总需求。

1) 紧缩性货币政策

紧缩性货币政策是指中央银行通过采取一定的政策措施压缩商业银行信贷规模、减少货币供给量来实现宏观紧缩。

2) 紧缩性财政政策

紧缩性财政政策的基本内容是增加财政收入,减少财政支出。

2. 收入政策

收入政策又称"工资—物价管制"政策,它是治理成本推动型通货膨胀的有效方法。

3. 供给改善政策

供给改善政策是指以积极刺激生产的办法增加供给,同时压缩总需求来抑制通货膨胀的政策。

4. 收入指数化政策

收入指数化政策是按物价变动情况自动调整收入的一种分配方案。

5. 货币改革政策

在通货膨胀已经达到恶性程度,整个货币制度已经处于或接近于崩溃的边缘,上述的治理措施已无济于事时,政府要进行货币改革。

二、通货紧缩

(一) 通货紧缩的概念

通货紧缩是指社会价格总水平即商品和劳务价格持续下降,货币不断升值的过程。

(二) 通货紧缩的分类

按产生的原因可将通货紧缩划分为需求不足型通货紧缩和供给过剩型通货紧缩。

1. 需求不足型通货紧缩

由于总需求不足,正常的供给显得相对过剩,由此而引发的通货紧缩称为需求不足型通货紧缩,可分为消费抑制型通货紧缩、投资抑制型通货紧缩和国外需求抑制型通货紧缩。

1) 消费抑制型通货紧缩

消费抑制型通货紧缩是指由于对即期消费的抑制,使供给相对过剩,从而造成产品积压,生产能力闲置,企业开工不足,收入减少,最终导致通货紧缩。

2) 投资抑制型通货紧缩

投资抑制型通货紧缩是指当投资被抑制时,新建项目减少,生产资料和生活资料的需求都将减少,新增劳动力无从就业,造成供给相对于需求的过剩,最终导致通货紧缩。

3）国外需求抑制型通货紧缩

国外需求抑制型通货紧缩是指国外需求减少，出口不畅，就会减少国内的需求总量，造成出口企业开工不足，产品积压，最终导致通货紧缩。

2. 供给过剩型通货紧缩

供给过剩，在这里不是指供给的相对过剩，而是指由于技术创新和生产效率的提高所造成的产品绝对数量的过剩，是物质产品极其丰富的情况下引起的通货紧缩。

（三）通货紧缩的影响

1. 抑制消费需求

通货紧缩会抑制个人消费支出，使消费总量趋于下降。

2. 抑制投资需求

通货紧缩会提高实际利率水平，使企业投资成本增加，投资需求下降。

3. 银行不良资产比率上升

通货紧缩会使实际利率上升，增加债务人的负担，致使银行不良资产比率上升。

4. 经济衰退、失业增加

持续、普遍的物价下跌，会使生产者的利润减少甚至出现亏损，企业缩减产量、大量裁员，导致经济增长的速度变慢、失业增加。

（四）通货紧缩的治理

1. 扩张性货币政策

扩张性货币政策通过增加货币供应量，降低利率水平等方式来刺激有效需求的增加。

2. 积极性财政政策

积极性财政政策包括增加政府公共投资和削减税收。

3. 扩大有效需求

有效需求不足是通货紧缩的主要原因，因此，扩大有效需求是治理通货紧缩的有效措施。

4. 结构性调整

对于由某些行业的产品或某个层次的商品生产绝对过剩引发的通货紧缩，一般采用结构性调整的手段。

第二部分 练 习 题

一、名词解释

1. 通货膨胀
2. 消费物价指数

3. 批发物价指数
4. 国民生产总值平减指数
5. 隐蔽型通货膨胀
6. 需求拉动型通货膨胀
7. 成本推动型通货膨胀
8. 收入分配效应
9. 收入政策
10. 收入指数化政策
11. 通货紧缩
12. 需求不足型通货紧缩

二、单项选择题

1. 下列关于通货膨胀的表述中,不正确的是(　　)。

A. 通货膨胀是物价水平持续上涨

B. 通货膨胀是物价水平普遍上涨

C. 通货膨胀是指个别商品的价格上涨

D. 通货膨胀不仅是货币现象,也是一种经济现象

2. 通货膨胀是因为货币供应量超过了经济生活中的客观需求量,导致(　　)。

A. 货币供应量增加　　B. 货币需求量增加

C. 货币增值　　D. 货币贬值

3. 货币贬值即单位货币的购买力(　　)。

A. 不变　　B. 上升

C. 下降　　D. 均衡

4. 通货膨胀的(　　)是一般物价水平普遍、持续地上涨。

A. 表现　　B. 实体

C. 原因　　D. 类型

5. 我国目前主要是以(　　)反映通货膨胀的程度。

A. 消费物价指数　　B. GDP 平减指数

C. 批发物价指数　　D. GNP 平减指数

6. 下列各项中,可以称为温和的通货膨胀的是(　　)。

A. 通货膨胀率以每年 5%的速度增长

B. 通货膨胀率在 10%以上,并且有加剧的趋势

C. 通货膨胀率为 0

D. 通货膨胀率每月都在 50%以上

7. 隐蔽型通货膨胀发生时，物价总体水平(　　)。

A. 明显上涨　　B. 变化不明显

C. 明显下降　　D. 持续下降

8. 公开型通货膨胀和隐蔽型通货膨胀的划分标准是(　　)。

A. 按照通货膨胀的程度划分　　B. 按照市场机制划分

C. 按照通货膨胀的预期划分　　D. 按照通货膨胀的成因划分

9. 需求拉动型通货膨胀可以通俗地表述为(　　)。

A. 过多的货币追求过多的商品　　B. 过多的货币追求过少的商品

C. 过少的货币追求过多的商品　　D. 过少的货币追求过少的商品

10. 成本推动理论从(　　)方面找寻通货膨胀的根源。

A. 货币需求　　B. 货币供给

C. 总需求　　D. 总供给

11. 由于工资增长普遍超过劳动生产率增长而形成的通货膨胀为(　　)通货膨胀。

A. 需求拉动型　　B. 成本推动型

C. 结构型　　D. 滞胀型

12. 在20世纪70年代，由于石油价格上涨，西方许多发达国家产生了通货膨胀，单从这个角度考虑，可以看出此次通货膨胀是典型的(　　)通货膨胀。

A. 需求拉动型　　B. 成本推动型

C. 结构型　　D. 体制转轨型

13. 总供给和总需求共同作用导致的通货膨胀称为(　　)。

A. 综合型通货膨胀　　B. 结构型通货膨胀

C. 混合型通货膨胀　　D. 成本推动型通货膨胀

14. 在总需求不变的情况下，一部分需求转移到其他部门，而劳动力和生产要素却不能及时转移，由此引发的通货膨胀属于(　　)导致的通货膨胀。

A. 需求拉动　　B. 成本推动

C. 供求混合作用　　D. 经济结构变化

15. 由物价上涨造成的收入再分配是通货膨胀的(　　)。

A. 收入分配效应　　B. 强制储蓄效应

C. 资产结构调整效应　　D. 财富分配效应

16. 在通货膨胀中经济主体更愿意持有的资产是(　　)。

A. 固定收益的债券　　B. 定期存款

C. 黄金　　D. 国库券

17. 通货膨胀时期，债权人将(　　)。

A. 增加收益　　B. 损失严重

C. 不受影响　　D. 短期损失、长期收益更大

18. 在通货膨胀的过程中，下列经济主体中可能获利的是(　　)。

A. 债务人　　B. 债权人

C. 靠固定工资维持生活的人　　D. 领取退休金、养老金的人

19. 在治理通货膨胀时，抑制总需求的政策是指(　　)。

A. 紧缩财政政策配合紧缩货币政策　　B. 收入紧缩政策

C. 宽松货币政策　　D. 宽松财政政策

20. 为治理通货膨胀，中央银行一般会在市场上(　　)。

A. 加大货币投放量　　B. 降低利率

C. 卖出有价证券　　D. 买进有价证券

21. 面对需求拉动型通货膨胀，政府部门应该(　　)。

A. 减少税收　　B. 增加税收

C. 增加开支　　D. 增加补贴

22. 下列治理通货膨胀的措施中，属于收入政策的是(　　)。

A. 增加税收　　B. 减少社会福利开支

C. 发行公债　　D. 制定“工资—物价指导线”

23. 下列各项中，不属于通货紧缩特点的是(　　)。

A. 物价水平持续下降　　B. 货币供应量增幅落后于经济的增幅

C. 社会总需求下降　　D. 经济衰退

24. 通货紧缩是由生产能力过剩和(　　)不足所致。

A. 供给　　B. 需求

C. 投入　　D. 产出

25. 通货紧缩的基本标志是(　　)。

A. 国民收入持续下降　　B. 物价总水平持续下降

C. 货币供应量持续上升　　D. 经济增长率持续下降

26. 下列各项中，不属于通货紧缩治理手段的是(　　)。

A. 扩张性货币政策　　B. 积极性财政政策

C. 扩大有效需求　　D. 紧缩性货币政策

三、多项选择题

1. 下列有关通货膨胀的描述中，正确的有(　　)。

A. 在纸币流通条件下的经济现象　　B. 货币供应量超过货币需求量

C. 物价普遍上涨　　D. 货币贬值

2. 定义通货膨胀时，需要注意(　　)。

A. 通货膨胀不仅是货币现象,也是一种经济现象

B. 物价上涨是通货膨胀的必然结果

C. 物价上涨即通货膨胀

D. 强调普遍、持续上涨

3. 下列各项中,属于衡量物价稳定的指标有(　　)。

A. 消费物价指数 CPI　　B. 批发物价指数 WPI

C. 生产物价指数 PPI　　D. 国民生产总值平减指数

4. 按市场机制的作用,可把通货膨胀划分为(　　)。

A. 结构型通货膨胀　　B. 隐蔽型通货膨胀

C. 公开型通货膨胀　　D. 体制型通货膨胀

5. 按物价上涨速度的快慢分类,可把通货膨胀划分为(　　)。

A. 温和的通货膨胀　　B. 奔腾的通货膨胀

C. 恶性通货膨胀　　D. 良好的通货膨胀

6. 按通货膨胀的成因,可把通货膨胀分为(　　)。

A. 需求拉动型通货膨胀　　B. 抑制型通货膨胀

C. 成本推动型通货膨胀　　D. 结构型通货膨胀

7. 下列通货膨胀的表现中,属于隐蔽型通货膨胀表现的有(　　)。

A. 商品短缺　　B. 排队抢购

C. 产品质量下降　　D. 凭证购买

8. 下列各项中,属于成本推动型通货膨胀的有(　　)。

A. 工资推动型通货膨胀　　B. 工资—物价螺旋

C. 利润推动型通货膨胀　　D. 石油价格上涨导致的通货膨胀

9. 成本推动理论认为,造成生产成本提高的原因有(　　)。

A. 增加工资　　B. 企业为了获得垄断利润

C. 需求增加　　D. 原材料成本上升

10. 下列各项中,属于通货膨胀的成本的有(　　)。

A. 鞋底成本　　B. 菜单成本

C. 生产成本　　D. 税收扭曲

11. 通货膨胀的各种效应包括(　　)。

A. 收入效应　　B. 价格效应

C. 收入分配效应　　D. 财富分配效应

12. 通货膨胀的收入分配效应表现为(　　)。

A. 固定收入者实际收入上升　　B. 企业主利润先升后降

C. 政府的实际税收收入增加　　D. 固定收入者实际收入下降

13. 治理通货膨胀的对策包括(　　)。
A. 宏观紧缩政策　　B. 供给改善政策
C. “工资—物价管制”政策　　D. 收入指数化政策
14. 治理通货膨胀的宏观紧缩政策包括(　　)。
A. 紧缩性货币政策　　B. 紧缩性财政政策
C. 扩张性货币政策　　D. 扩张性财政政策
15. 治理通货膨胀的货币政策,主要手段包括(　　)。
A. 通过公开市场买进有价证券　　B. 提高再贴现率
C. 通过公开市场卖出有价证券　　D. 提高法定存款准备金率
16. 治理通货膨胀的财政政策,主要手段包括(　　)。
A. 降低税率　　B. 提高税率
C. 降低政府购买水平　　D. 限制公共事业投资和公共福利支出
17. 下列各项中,属于通过改善供给政策的措施来治理通货膨胀的有(　　)。
A. 降低所得税税率　　B. 促进投资
C. 实行有松有紧的融资政策　　D. 减少政府对企业活动的限制
18. 通货紧缩的基本特征包括(　　)。
A. 一般物价水平持续下降　　B. 货币不断升值
C. 失业率下降　　D. 经济增长率上升
19. 如果判定某个时期出现了通货紧缩,其主要依据是,在该时期出现了(　　)。
A. 个别商品或劳务价格的下降　　B. 物价的持续下降
C. 通货膨胀率由正转负　　D. 物价一次性的大幅下降
20. 按产生的原因,可将通货紧缩划分为(　　)。
A. 消费抑制型通货紧缩　　B. 投资抑制型通货紧缩
C. 国外需求抑制型通货紧缩　　D. 供给过剩型通货紧缩
21. 通货紧缩的影响表现在(　　)。
A. 加速经济衰退　　B. 抑制消费需求
C. 抑制投资需求　　D. 使银行不良资产比率上升
22. 治理通货紧缩的政策和措施有(　　)。
A. 扩张性的财政政策　　B. 扩张性的货币政策
C. 扩大有效需求　　D. 加快产业结构的调整

四、判断题

1. 物价上涨就是通货膨胀。　　(　　)
2. 导致通货膨胀的直接原因是物价上涨。　　(　　)

3. 在物价管制的情况下，不可能发生通货膨胀。（　）
4. 消费物价指数的优点是范围广泛，能较准确地反映一般物价水平的趋向。（　）
5. 国民生产总值平减指数能够灵敏地反映居民日常生活成本的变化，而且资料容易搜集，所以在衡量通货膨胀时被包括我国在内的多数国家所采用。（　）
6. 批发物价指数是根据包括制成品、原材料、中间品在内的各种商品的批发价格的变动状况编制的指数。（　）
7. 反映通货膨胀程度最常用的指标是 CPI。（　）
8. 国民生产总值平减指数是指实际 GNP 与名义 GNP 之比。（　）
9. 21 世纪初，津巴布韦发生的通货膨胀属于爬行的通货膨胀。（　）
10. 恶性通货膨胀对经济社会生活产生极其不利的影响，甚至引发政局动荡。（　）
11. 需求拉动型通货膨胀把通货膨胀解释为“过多的货币追逐过少的商品”。（　）
12. 经济学家凯恩斯认为，通货膨胀无论何时何地都是一种货币现象。（　）
13. 凯恩斯认为，在充分就业状态之前，属于“半通货膨胀”状态；在达到充分就业状态后，整个社会的经济资源全部得到充分利用，总需求继续拉升只会造成物价的攀升，此时就会产生“真正的通货膨胀”。（　）
14. “滞胀”现象发生时，通货膨胀与失业并存。（　）
15. “滞胀”现象可以用需求拉动型通货膨胀的理论解释。（　）
16. 成本推动型通货膨胀又称供给型通货膨胀，是指由厂商生产成本增加而引起的一般价格总水平的上涨。（　）
17. 经济学家认为，引起工资推动型通货膨胀和利润推动型通货膨胀的根源都在于总需求过多。（　）
18. “工资—物价螺旋”上涨引发的通货膨胀是需求拉动型通货膨胀。（　）
19. 在完全竞争市场，不会存在利润推动型通货膨胀。（　）
20. 发展较快的经济部门因劳动生产率提高而增加货币工资时，其他部门由于向其看齐也会提高货币工资，从而引起结构型通货膨胀。（　）
21. 通货膨胀严重时，企业频繁地调整产品的价格而造成的成本是“菜单成本”。（　）
22. 通货膨胀将使固定收入者的收入随物价上涨而受益。（　）
23. 一般说来，通货膨胀有利于债权人而不利于债务人。（　）
24. 针对需求拉动型通货膨胀，政府往往采取紧缩性的货币政策和紧缩性财政政策来抑制过旺的总需求。（　）
25. 可以通过增加收入的手段治理通货膨胀。（　）
26. 通货紧缩是指社会价格总水平持续下降，货币不断升值的过程。（　）
27. 通货紧缩表现为物价持续下跌，因而容易刺激消费需求的增长。（　）

28. 通货紧缩时期经常伴随着消费需求疲软、投资意愿低迷、生产下降、经济衰退等经济现象。 (　　)
29. 适度的通货紧缩对经济发展有积极作用。 (　　)
30. 可以通过扩张性货币政策和积极性财政政策来治理通货紧缩。 (　　)

五、简答题

1. 简述成本推动型通货膨胀。
2. 简述通货膨胀的经济效应。
3. 简述治理通货膨胀的方法。
4. 简述通货紧缩形成的原因。

第三部分　参考答案

一、名词解释

1. 通货膨胀

通货膨胀是指在纸币流通的条件下,由于国内货币供应量超过商品流通的客观需求量,从而引起纸币不断贬值和一般物价水平持续上涨的经济现象。

2. 消费物价指数

消费物价指数表示的是普通消费者购买一揽子固定商品和服务所支付的费用的衡量指标,是反映与居民生活有关的产品及劳务价格统计出来的物价变动指标。消费物价指数是衡量物价水平的指标。

3. 批发物价指数

批发物价指数是根据包括制成品、原材料、中间品在内的各种商品的批发价格的变动状况编制的指数。批发物价指数是衡量物价水平的指标。

4. 国民生产总值平减指数

国民生产总值平减指数,是按当年价格计算的国民生产总值与按不变价格计算的国民生产总值的比率。国民生产总值平减指数是衡量物价水平的指标。

5. 隐蔽型通货膨胀

隐蔽型通货膨胀是指在计划经济体制下,由于存在着严格的价格管制,价格上升趋势被隐藏的一种通货膨胀。隐蔽型通货膨胀不通过物价上涨表现出来,以排队抢购、凭证购买、有价无货以及产品质量下降等形式表现出来。

6. 需求拉动型通货膨胀

需求拉动型通货膨胀是指由于社会总需求的过度增长超过了按现行价格可得到的社会

总供给的增长，使太多的货币追逐太少的商品和劳务而引起的一般物价水平上升的现象。

7. 成本推动型通货膨胀

成本推动型通货膨胀是指不存在超额需求的情况下，由于供给方面成本的提高而引起的一般价格水平的上升。成本推动型通货膨胀主要分为工资推动型通货膨胀和利润推动型通货膨胀。

8. 收入分配效应

在通货膨胀时期，人们的名义货币收入与实际货币收入之间会产生差距，只有剔除物价的影响，才能看出人们的实际收入的变化。由于社会各阶层收入来源不相同，因此，在物价总水平上涨时，有些人的收入水平会下降，有些人的收入水平反而会提高。这种由物价上涨造成的收入再分配，就是通货膨胀的收入分配效应。

9. 收入政策

收入政策又称“工资—物价管制”政策，它是治理成本推动型通货膨胀的有效方法。收入政策是为了降低一般物价水平的上涨幅度而采取的强制性或非强制性的限制货币工资与价格的政策，其目的是在降低通货膨胀的同时，不造成大规模的失业。紧缩性收入政策的主要手段有：工资管制、确定“工资—物价指导线”、调节税收。

10. 收入指数化政策

收入指数化政策是按物价变动情况自动调整收入的一种分配方案。具体来说，收入指数化政策是指将工资、利息、各种证券收益以及其他收入一律实行指数化，同物价变动联系起来，使各种收入按物价指数滑动或随物价指数的变动而进行调整。

11. 通货紧缩

通货紧缩是指社会价格总水平，即商品和劳务价格持续下降，货币不断升值的过程。

12. 需求不足型通货紧缩

需求不足型通货紧缩是指由于总需求不足，正常的供给显得相对过剩，由此而引发的通货紧缩。需求不足可由多个原因引起，如消费抑制、投资抑制、国外需求抑制等。

二、单项选择题

1	2	3	4	5	6	7	8	9	10
C	D	C	A	A	A	B	B	B	D
11	12	13	14	15	16	17	18	19	20
B	B	C	D	A	C	B	A	A	C
21	22	23	24	25	26				
B	D	C	B	B	D				

【重难点讲解】

1. 通货膨胀是指一般物价水平普遍、持续地上涨;通货膨胀不仅是货币现象,也是一种经济现象。选项ABD关于通货膨胀的表述都是正确的。选项C,个别商品的价格上涨不代表发生了通货膨胀。

2. 通货膨胀是指在纸币流通的条件下,由于国内货币供应量超过商品流通的客观需求量,从而引起纸币不断贬值和一般物价水平持续上涨的经济现象。

3. 货币贬值即单位货币的购买力下降。

4. 通货膨胀表现为一般物价水平普遍、持续地上涨。

5. 由于消费物价指数能够灵敏地反映居民日常生活成本的变化,而且资料容易搜集,所以在衡量通货膨胀时被包括我国在内的多数国家所采用。

6. 温和或爬行的通货膨胀是指通货膨胀率低,而且呈较为稳定、缓慢的上涨,物价较为稳定,货币不会有明显的贬值。选项A属于温和的通货膨胀,选项B和选项D属于疾驰或奔腾的通货膨胀,选项C未发生通货膨胀。

7. 隐蔽型通货膨胀是指在计划经济体制下,由于存在着严格的价格管制,价格上升趋势被隐藏的通货膨胀。隐蔽型通货膨胀发生时,表面上看物价变动不大,但实际上,市场上商品供应紧张,黑市活跃。

8. 公开型通货膨胀发生在较为完善的市场机制条件下,隐蔽型通货膨胀往往发生在计划经济体制下。因此,按照市场机制的作用,通货膨胀分为公开型通货膨胀和隐蔽型通货膨胀。

9. 需求拉动型通货膨胀把通货膨胀解释为“过多的货币追逐过少的商品”。

10. 成本推动型通货膨胀,是指不存在超额需求的情况下,由于供给方面成本的提高而引起的一般价格水平的上升。

11. 由于工资增长普遍超过劳动生产率增长而形成的通货膨胀为工资推动型通货膨胀,工资推动型通货膨胀是成本推动型通货膨胀的一种类型。

12. 20世纪70年代,由于石油价格上涨,西方发达国家产生通货膨胀,该通货膨胀属于利润推动型通货膨胀。利润推动型通货膨胀是成本推动型通货膨胀的一种类型。

13. 混合型通货膨胀,是指需求拉动和成本推动共同引发的通货膨胀。

14. 结构型通货膨胀,是指当总需求和总供给大体处于平衡状态时,经济结构方面的因素引起的物价持续上涨。经济中存在两大部门,由于需求转移、劳动生产率增长的不平衡或通货膨胀率的变化,一个部门的工资、物价相应上升,由于工资、物价存在向下的刚性,另一部门会向前者看齐,结果引起物价总水平的普遍持续上升。

15. 在物价总水平上涨时,有些人的收入水平会下降,有些人的收入水平反而会提高。这种由物价上涨造成的收入再分配,就是通货膨胀的收入分配效应。

16. 由于大多数固定收益类资产的利率在到期前保持恒定不变,利息支付的现金流购买力会随着通货膨胀的上升而下降,选项ABD属于固定收益类资产,通货膨胀发生时这三种资产实际价值会贬值。选项C黄金则具有一定保值避险的功能，相比其他三个选项，在一定程度下可以对抗通货膨胀的负面影响。

17. 根据通货膨胀的财富分配效应，通货膨胀有利于债务人，不利于债权人。

18. 根据通货膨胀的财富分配效应，通货膨胀有利于债务人，不利于债权人。选项A债务人在通货膨胀中获利，选项B债权人的利益则受损。根据通货膨胀的收入分配效应，通货膨胀有利于变动收入者，不利于固定收入者。选项CD都属于固定收入者，利益在通货膨胀中受损。

19. 针对需求拉动型通货膨胀，政府往往采取紧缩性的货币政策和紧缩性的财政政策来抑制过旺的总需求。

20. 中央银行可以采取紧缩性的货币政策来治理通货膨胀，包括提高法定存款准备金率、提高再贴现率、在公开市场上卖出有价证券。

21. 针对需求拉动型通货膨胀，政府往往采取紧缩性的货币政策和紧缩性的财政政策来抑制过旺的总需求。紧缩性的财政政策包括增加财政收入，减少财政支出。选项A属于减少财政收入，选项B属于增加财政收入，选项C属于增加财政支出，选项D属于增加财政支出。

22. 收入政策又称"工资—物价管制"政策，它是治理成本推动型通货膨胀的有效方法。紧缩性收入政策的主要手段包括：工资管制、"确定工资—物价指导线"、调节税收。

23. 通货紧缩实质上是货币供应量的增长幅度落后于经济的增长幅度；通货紧缩的基本特征是商品和劳务价格普遍地、持续地下跌；通货紧缩经常伴随着生产下降，经济衰退。

24. 按产生的原因，通货紧缩可划分为需求不足型通货紧缩和供给过剩型通货紧缩。

25. 通货紧缩表现为商品和劳务价格普遍地、持续地下跌。

26. 通货紧缩的治理手段包括扩张性货币政策、积极性财政政策、扩大有效需求和结构性调整。

三、多项选择题

1	2	3	4	5	6	7	8	9	10
ABCD	ABD	ABCD	BC	ABC	ACD	ABCD	ABCD	ABD	ABD
11	12	13	14	15	16	17	18	19	20
CD	BCD	ABCD	AB	BCD	BCD	ABCD	AB	BC	ABCD
21	22								
ABCD	ABCD								

【重难点讲解】

1. 通货膨胀是指在纸币流通的条件下，由于国内货币供应量超过商品流通的客观需求量,从而引起纸币不断贬值和一般物价水平持续上涨的经济现象。

2. 通货膨胀不仅是货币现象,也是一种经济现象。物价上涨是通货膨胀的必然结果,但是物价上涨时并不一定就会出现通货膨胀。通货膨胀分为公开的通货膨胀和隐蔽的通货膨胀两种形式。

3. 衡量物价稳定的指标有消费物价指数(*CPI*)、批发物价指数(*WPI*)、生产物价指数(*PPI*)和国民生产总值平减指数。

4. 按市场机制的运行状况分类,通货膨胀可分为公开型通货膨胀和隐蔽型通货膨胀。

5. 按物价上涨速度的快慢分类,通货膨胀可分为温和或爬行的通货膨胀、疾驰或奔腾的通货膨胀以及恶性通货膨胀。

6. 按通货膨胀的成因分类,通货膨胀可分为需求拉动型通货膨胀、成本推动型通货膨胀和结构型通货膨胀。

7. 隐蔽型通货膨胀不通过物价上涨表现出来,而以商品短缺、排队抢购、凭证购买、强制储蓄、有价无货以及产品质量下降等形式表现出来。

8. 成本推动型通货膨胀,是指在不存在超额需求的情况下,由于供给方面成本的提高而引起的一般价格水平的上升,主要分为工资推动型通货膨胀和利润推动型通货膨胀。选项AB属于工资推动型通货膨胀,选项CD属于利润推动型通货膨胀。

9. 生产成本提高的原因包括:增加工资;垄断和寡头企业为追逐更多的利润,现代企业为加强竞争、扩张市场而增加的间接成本开支;汇率变动引起进出口产品和原材料成本上升;资源枯竭、环境保护政策不当等造成原材料、能源生产成本的提高。

10. 通货膨胀的成本包括鞋底成本、菜单成本和税收扭曲。

11. 通货膨胀的效应包括收入分配效应和财富分配效应。

12. 选项A,通货膨胀发生时,固定收入者实际收入受损。选项B,通货膨胀发生时,由于工资对物价调整滞后,企业的利润会增加,但随着通货膨胀的持续发展,员工工资和原材料价格相应上调,企业利润的相对收益会逐渐消失。选项C,通货膨胀发生时,累进所得税制度下,名义收入的增长会使纳税人所适用的边际税率提高,政府的实际税收收入增加。选项D,通货膨胀发生时,固定收入者实际收入下降。

13. 治理通货膨胀的对策包括:需求控制政策、收入政策、供给改善政策、收入指数化政策和货币改革政策。其中,选项A,宏观紧缩政策属于需求控制政策的手段。选项C,工资—物价管制政策属于收入政策的手段。

14. 治理通货膨胀的宏观紧缩政策包括紧缩性货币政策和紧缩性财政政策。

15. 治理通货膨胀的货币政策应采取紧缩性货币政策。选项A属于扩张性货币政策。选项BCD均属于紧缩性货币政策。

16. 治理通货膨胀的财政政策应采取紧缩性财政政策,具体措施包括:①提高税率,调整税收结构。②降低政府购买水平,包括减少军费开支和政府在市场上的采购。③限制公共事业投资和公共福利支出。

17. 改善供给政策的主要措施包括：降低所得税税率，提高机器设备的折旧率，促进投资，增加供应，实行有松有紧、区别对待的融资政策，优化产业结构和产品结构，通过社会资源的合理配置，从根本上改善货币流通状况；减少政府对企业活动的限制，让企业更好地增加商品的供给。四个选项都属于改善供给政策的措施。

18. 通货紧缩的基本特征是物价水平普遍地、持续地下跌，货币升值，并常常伴随生产下降、经济衰退、失业率上升。

19. 通货紧缩的基本特征是商品和劳务价格普遍地、持续地下跌，选项BC符合通货紧缩时期的特征。

20. 按产生的原因，通货紧缩可分为需求不足型通货紧缩和供给过剩型通货紧缩。其中，需求不足型通货紧缩，可分为消费抑制型通货紧缩、投资抑制型通货紧缩和国外需求抑制型通货紧缩。

21. 通货紧缩的影响包括：抑制消费需求；抑制投资需求；使银行不良资产比率上升；经济衰退、失业增加。

22. 治理通货紧缩的政策和措施包括：扩张性货币政策、积极性财政政策、扩大有效需求和结构性调整。

四、判断题

1	2	3	4	5	6	7	8	9	10
×	×	×	×	×	√	√	×	×	√
11	12	13	14	15	16	17	18	19	20
√	×	√	√	×	√	×	×	√	√
21	22	23	24	25	26	27	28	29	30
√	×	×	√	×	√	×	√	√	√

【重难点讲解】

1. 引起物价上涨的因素有很多，如商品本身价值的增加、供求关系的变化、劳务质量的提高等。这些物价上涨的现象不属于通货膨胀的范畴。因此，通货膨胀必然引起物价上涨，但物价上涨不一定就是通货膨胀。

2. 导致通货膨胀的直接原因是货币供应过多，通货膨胀表现为一般物价水平普遍、持续地上涨。

3. 在物价管制的情况下，也可能发生通货膨胀，该通货膨胀类型为隐蔽型通货膨胀。

4. 国民生产总值平减指数的优点是范围广泛，能较准确地反映一般物价水平的趋向。

5. 消费物价指数的优点是能够灵敏地反映居民日常生活成本的变化，而且资料容易搜集，所以在衡量通货膨胀时被包括我国在内的多数国家所采用。

8. 国民生产总值平减指数，是按当年价格计算的国民生产总值与按不变价格计算的国民生产总值的比率，即国民生产总值平减指数是名义 *GDP* 与实际 *GDP* 的比值。

9. 21 世纪初，津巴布韦发生的通货膨胀属于恶性通货膨胀。

12. 货币主义学派认为，通货膨胀无论何时何地都是一种货币现象。

15. 需求拉动型通货膨胀的理论强调总需求，而忽略了总供给方面的变动，需求拉动型通货膨胀的理论尤其无法解释通货膨胀与失业并存的“滞胀”现象。

17. 工资推动型通货膨胀和利润推动型通货膨胀的根源不在于总需求的过度，而在于供给方面成本的提高引起了一般价格水平的上升。

18. 工资—物价螺旋上涨引发的通货膨胀是工资推动型通货膨胀，工资推动型通货膨胀属于成本推动型通货膨胀。

22. 通货膨胀将使固定收入者的收入随物价上涨而受损。

23. 通货膨胀有利于债务人，不利于债权人。

25. 增加收入的手段并不可以治理通货膨胀。收入政策是治理成本推动型通货膨胀的有效方法。

27. 通货紧缩的基本特征是商品和劳务价格普遍地、持续地下跌。在通货紧缩时期，消费需求不足。

五、简答题

1. **【参考答案】**

成本推动型通货膨胀，是指在不存在超额需求的情况下，由于供给方面成本的提高而引起的一般价格水平的上升，其主要内容包括以下两个方面：

(1) 工资推动型通货膨胀。工资推动型通货膨胀，是指工会迫使厂商提高工资，导致生产成本提高，进而物价上涨；而物价上涨后，工会又会要求进一步提高工资，再度引起物价上涨，如此循环往复，造成了“工资—物价螺旋”。

(2) 利润推动型通货膨胀。利润推动型通货膨胀，是指垄断和寡头企业为追逐更多的利润，以超过生产成本上升的幅度来提高产品价格，致使价格上涨的速度超过成本增长的速度，进而导致总体物价水平的上升。

2. **【参考答案】**

通货膨胀的经济效应主要分为以下两个方面：

(1) 收入分配效应。在通货膨胀时期，人们的名义货币收入与实际货币收入之间会产生差距，只有剔除物价的影响，才能看出人们的实际收入的变化。由于社会各阶层收入来源不相同，因此，在物价总水平上涨时，有些人的收入水平会下降，有些人的收入水平反而会提高。这种由物价上涨造成的收入再分配，就是通货膨胀的收入分配效应。

(2) 财富分配效应。一个家庭的财产净值是它的资产价值与债务价值之差。通货膨胀的一个重要影响是改变了固定资产的实际价值。未预期到的通货膨胀发生时，财富将从债权人或债券持有人手中转移到借款人（债务人）那里。政府作为主要的名义债务人，而私人部门作为主要的名义债权人，所以主要的再分配是在政府部门和私人部门之间进行的。从经济作为一个整体来看，未预期到的通货膨胀所产生的部门和个人间财富再分配的收益与损失基本得失相抵。个人间的财富再分配还包括不同代之间的再分配，因为国债的当前债权人被通货膨胀所损害，但未来的纳税人却从中得益。

3.【参考答案】

治理通货膨胀主要从以下五点进行：

(1) 需求控制政策。针对需求拉动型通货膨胀，政府往往采取紧缩性的货币政策和紧缩性财政政策来抑制过旺的总需求。紧缩性货币政策是指中央银行通过采取一定的政策措施压缩商业银行信贷规模、减少货币供给量来实现宏观紧缩。紧缩性财政政策的基本内容是增加财政收入，减少财政支出。

(2) 收入政策。收入政策又称"工资—物价管制"政策，它是治理成本推动型通货膨胀的有效方法。

(3) 供给改善政策。供给改善政策是指以积极刺激生产的办法增加供给，同时压缩总需求来抑制通货膨胀的政策。

(4) 收入指数化政策。收入指数化政策是按物价变动情况自动调整收入的一种分配方案。

(5) 货币改革政策。在通货膨胀已经达到恶性程度，整个货币制度已经处于或接近于崩溃的边缘，上述的治理措施已无济于事时，政府要进行货币改革。

4.【参考答案】

通货膨紧缩形成的原因主要分为以下两种：

(1) 需求不足型通货紧缩。由于总需求不足，正常的供给显得相对过剩，由此而引发的通货紧缩称为需求不足型通货紧缩。需求不足可由多个原因引起，如消费抑制、投资抑制、国外需求抑制等。①消费抑制型通货紧缩是指由于对即期消费的抑制，使供给相对过剩，从而造成产品积压，生产能力闲置，企业开工不足，收入减少，最终导致通货紧缩。②投资抑制型通货紧缩是指由于当投资被抑制时，新建项目减少，生产资料和生活资料的需求都将减少，新增劳动力无从就业，造成供给相对于需求的过剩，最终导致通货紧缩。③国外需求抑制型通货紧缩是指国外需求减少，出口不畅，也会减少国内的需求总量，造成出口企业开工不足，产品积压，最终导致通货紧缩。

(2) 供给过剩型通货紧缩。供给过剩，在这里不是指供给的相对过剩，而是指由于技术创新和生产效率的提高所造成的产品绝对数量的过剩，是物质产品极其丰富的情况下引起的通货紧缩。

第十章　金融监管

第一部分　内容概要

一、金融监管概述

（一）金融监管的概念与理论基础

1. 金融监管的概念

金融监管是指政府通过监管机构（如中央银行）对金融交易行为主体进行的某种限制或规定，金融监管本质上是一种具有特定内涵和特征的政府规范行为。金融监管有狭义和广义之分，狭义的金融监管是指中央银行或其他金融监管当局依据国家法律规定对整个金融业（如金融机构、金融业务）实施的监督管理。广义的金融监管除了上述含义，还包括金融机构的内部控制和稽核、同业自律性组织的监管、社会中介组织的监管等内容。

2. 金融监管的理论基础

金融监管的理论基础是管制理论。目前管制理论主要有公共利益论、特殊利益论、社会选择论、经济监管论等。

（二）金融监管的作用与成本

1. 金融监管的作用

政府实行金融监管的作用主要体现在以下四个方面：

（1）保证经济与金融体系的稳定发展。

（2）约束金融机构公平经营。

（3）保证金融机构之间的有序竞争。

（4）保护广大存款人和投资者的利益。

2. 金融监管的成本

政府进行金融监管，需要付出一定的监管成本。金融监管成本按照性质可分为金融监管的直接成本和金融监管的间接成本。

（三）金融监管的主体、对象和目标

1. 金融监管的主体

金融监管的主体通常是指中央银行或其他金融监管当局。

2. 金融监管的对象

金融监管的对象为金融业，具体来说，金融监管的对象是一国或地区依法设立在境内或境外从事金融业务的银行、信托、证券、保险等金融机构和其他一切从事金融业经营活动的社会成员及其金融业务活动。

3. 金融监管的目标

金融监管的目标是实现金融有效监管的前提和监管当局采取监管行动的依据，由于各国历史、经济、文化背景和发展情况不同，不同国家的具体金融监管目标也不同。一般来说，世界各国金融监管目标通常包括确保金融业稳定安全、保证市场经济下金融业的公平竞争、保护存款人和投资者的权益以及保证中央银行货币政策的有效实施。

(四) 金融监管的原则

金融监管的原则是指政府金融监管机构在监管活动中应当遵循一定的基本原则，金融监管的原则通常有依法原则、适度竞争原则、独立性原则、综合监管原则、安全稳健原则及兼顾效率原则等。

二、金融监管制度

(一) 金融监管的方式

金融监管行为需要通过一些具体的监管方式来实现，最常用的监管方式一般有三种，即公告监管、规范监管和实体监管。

1. 公告监管

公告监管是指政府对金融业的经营不做直接监督，只规定各金融企业必须依照政府规定的格式及内容定期将营业结果呈报政府的主管机关并予以公告的监管方式。

2. 规范监管

规范监管是指国家对金融业的经营制定一定的规范，要求金融企业遵守的一种监管方式。

3. 实体监管

实体监管是指国家制定完善的金融监督管理规则，金融监管机构根据法律赋予的权力，对金融市场尤其是金融企业进行全方位、全过程、有效的监督和管理。实体监管就是从事前、事中和事后三个方面进行全方位的监管。

(1) 事前监管，又称金融许可证监管，主要是指金融机构建立之前的严格审查和注册登记，包括拟建机构的地址、规模、股东人数、资本金、经营管理水平、竞争力和未来收益等。

(2) 事中监管是实体监管的核心，如定期报告和信息披露制度。监管机构针对这些报告和有关信息，通过趋势分析和比较分析两种方法，可查找出银行经营管理工作中存在的问题。

(3) 事后监管，主要是指监管机构对金融企业退出市场后的监管。当金融企业出现经营问题，整改后仍然不能正常经营时，往往就需要进入破产和清算程序。

(二) 金融监管体制的分类

国际上主要的金融监管体制可分为集权型、分工型和合作型。

1. 集权型金融监管体制

集权型金融监管体制又称集中单一式监管体制,是指由一家金融管理机构对国内所有金融机构进行监管。实行集权型金融监管体制的发达国家有澳大利亚、新西兰、意大利、瑞典、瑞士等。绝大多数发展中国家由于历史原因,一度也选择这种金融监管体制,如巴西、泰国、印度等。

2. 分工型金融监管体制

分工型金融监管体制又称多头式监管,是指设立不同的金融监管部门对国内金融机构进行分类监管的模式。根据权力仅集中在中央还是中央和地方都具有监管权,该模式可分为一元多头式和二元多头式。

(1) 一元多头式也称单元多头式,是指全国的金融监管权集中于中央,地方没有独立的权力,在中央一级由两家或两家以上监管机构共同负责的一种监管体制。这种体制的运行效率取决于各金融管理机构之间的合作,具备这些条件的国家不多。这种体制也面临机构重叠、重复监管的问题。采取一元多头式金融监管体制的国家以德国、法国、日本(1998 年以前)为代表,尤以德国最为典型。

(2) 二元多头式也称双元多头式,是指中央和地方都对金融机构和金融业务拥有监管权,且不同的金融机构或金融业务由不同的监管机构实施监管。采取二元多头式金融监管体制的国家以美国、加拿大等联邦制国家为主。

3. 合作型金融监管体制

合作型金融监管体制是指在经济合作区域内,对区域内的金融机构实施统一监督的一种金融监管体制。

合作型金融监管体制与区域性货币联盟紧密联系,是区域金融合作和世界经济金融一体化发展的结果,适用于区域集中特征明显的国家或地区,它的建立与区域型经济组织的建立具有异曲同工之处。

(三) 金融监管的具体内容

通常来说,一国金融监管的范围涉及金融的各个领域,例如对存款货币银行的监管、对非存款货币银行的监管、对短期货币市场的监管、对资本市场和证券业以及各类投资基金的监管、对外汇市场的监管、对金融衍生工具市场的监管、对保险业的监管等。

1. 银行业监管

银行业监管是指金融主管机关或金融监管执行机关根据金融法规,对银行机构实施监督与管理,以确保银行机构经营的安全并取得盈利。银行业监管的内容有政策法规的制定、金融机构的管理、存款保险制度等。

2. 证券业监管

证券业监管是指证券管理机构运用法律,经济以及必要的行政手段,对证券的发行、交易等行为以及证券投资中介机构的行为进行监督和管理。证券市场监管的主要内容有政策法规的制定、金融货币政策、税收政策、行政手段等。

3. 保险业监管

保险业监管是监管机构依法对保险机构及其经营活动进行直接限制和约束的一系列监督、管理行为。保险业监管的主要内容有保险机构准入监管、核定保险公司业务范围、业务监管和财务监管等。

三、我国的金融监管体系

(一) 我国金融监管体系的发展历程

我国金融监管体系产生于市场经济之初，其发展经历了以下三个阶段：

(1) 初设阶段——统一监管(1978 年至 1992 年)。

(2) 发展阶段——分业监管(1993 年至 2016 年)。

(3) 走向成熟阶段——综合监管(2017 年至今)。

我国的金融监管体系是随着时代与经济的发展不断完善与发展的，组织体系架构更合理，监管立法更全面，监管规则更健全，监管决策机制更加高效，监管方式方法更加科学合理，为我国金融市场的稳定带来最重要的监管保障。

(二) 我国金融监管体系的现状

我国金融监管体系是以国务院金融发展稳定委员会、中国人民银行、银保监会和证监会，即“一委一行两会”为主导的综合监管。

1. 银保监会的监管情况

银保监会全名为中国银行保险监督管理委员会，成立于 2018 年，是国务院直属事业单位，其主要职责是依照法律法规统一监督管理银行业和保险业，维护银行业和保险业合法、稳健运行，防范和化解金融风险，保护金融消费者合法权益，维护金融稳定。

2. 证监会的监管情况

中国证监会是国务院直属正部级事业单位，其依照法律、法规和国务院授权，统一监督管理全国证券期货市场，维护证券期货市场秩序，保障其合法运行。中国证监会设在北京，机关内设 21 个职能部门、1 个稽查总队、3 个中心。根据《中华人民共和国证券法》第 14 条规定，中国证监会还设有股票发行审核委员会，委员由中国证监会专业人员和所聘请的会外有关专家担任。中国证监会在省、自治区、直辖市和计划单列市设立 36 个证券监管局，以及上海、深圳证券监管专员办事处。

四、金融监管发展趋势

1. 混业化监管

金融监管体制的组织结构向部分混业监管或完全混业监管的模式过渡。

2. 监管法制国际化

金融监管法制呈现出趋同化、国际化趋势。

3. 官方监管与自律监控并重

金融监管包括政府的外部监管和金融机构的自律监控两个层面。目前的趋势是金融监管越来越重视金融机构的内部控制制度和同业自律机制。

4. 市场约束机制更显著

各国开始通过加强市场机制的作用来完善金融安全网,从而发挥其优势。

5. 发展跨境监管

随着金融全球化进程的推进,各国监管当局日益重视国家间的协调与合作,由一国监管向跨境监管扩展。

第二部分 练 习 题

一、名词解释

1. 金融监督
2. 金融管理
3. 金融监管
4. 安全稳健原则
5. 综合监管原则
6. 公告监管
7. 实体监管
8. 金融许可证监管
9. 集权型金融监管体制
10. 一元多头式金融监管体制
11. 合作型金融监管体制
12. 银保监会

二、单项选择题

1. 金融监管的理论基础是(　　)。

A. 公共利益论　　　B. 特殊利益论

C. 管制理论　　　D. 经济监管论

2. (　　)主要源自金融监管工作中所投入的硬件设施、组织运作以及监管人才的培训及培养。

A. 金融监管的直接成本　　B. 金融监管的主体
C. 金融监管的间接成本　　D. 金融监管的对象

3. (　　)是指金融监管机构应力图以最低的监管成本获得最佳的监管效果。
A. 依法原则　　B. 兼顾效率原则
C. 适度竞争原则　　D. 综合监管原则

4. (　　)认为政府管制为被管制者留下了一定的寻租余地,从而仅仅保护主宰了管制机关的一个或几个特殊利益集团的利益,对整个社会并无助益。
A. 公共利益论　　B. 特殊利益论
C. 社会选择论　　D. 经济监管论

5. (　　)要求监管机构以及从事监督管理工作的人员依法履行监管职责,行使法律赋予的监管权,进行独立性监管,任何地方政府、各级政府部门、社会团体不得干预,保证监管机构的独立性和监管活动的公开性、公正性。
A. 依法原则　　B. 独立性原则
C. 适度竞争原则　　D. 综合监管原则

6. (　　)是指国家对金融业的经营制定一定的规范,并要求其遵守的一种监管方式。
A. 依法监管　　B. 公告监管
C. 规范监管　　D. 实体监管

7. (　　)是由一家金融管理机构对国内所有金融机构进行监管。
A. 集权型金融监管体制　　B. 多头式金融监管体制
C. 分工型金融监管体制　　D. 一元多头式金融监管体制

8. 在股市低迷之际放松银根、降低贴现率和存款准备金率,可增加市场货币供应量,从而刺激股市回升,这种做法属于(　　)。
A. 金融货币政策　　B. 金融政策监管
C. 金融法律监管　　D. 政府财政政策

9. (　　)又称多头式监管,它是指设立不同的金融监管部门对国内金融机构进行分类监管的模式。
A. 集权型金融监管体制　　B. 多头式金融监管体制
C. 分工型金融监管体制　　D. 一元多头式金融监管体制

10. 1984 年,(　　)开始专门履行中央银行职能,制定和实施全国宏观金融政策,控制信贷总量和调节货币资金,不再办理企业和私人信贷业务。
A. 中国银行　　B. 中国人民银行
C. 银监会　　D. 国务院

11. 2018 年,为深化金融体制改革、顺应综合经营趋势、落实功能监管和加强综合监管,中共中央印发了《深化党和国家机构改革方案》,将银监会和保监会合并,组建(　　)。

A. 中国证监会　　B. 中国人民银行
C. 银保监会　　D. 国务院

12. 下列各项中，不属于证监会的主要职责的是(　　)。
A. 研究和拟订证券期货市场的方针政策等
B. 垂直领导全国证券期货监管机构
C. 监管境内期货合约的上市、交易和结算
D. 对银行业和保险业机构实行现场检查与非现场监管

13. 下列各项中，属于银保监会的主要职责的是(　　)。
A. 起草银行业和保险业其他法律法规草案
B. 代理发行政府债券
C. 代理国库
D. 管理证券期货交易所

14. 下列各项中，属于金融监管体制统一监管的特点的是(　　)。
A. 各监管机构的相互制约
B. 管理口径不一
C. 监管机构重叠、职能交叉
D. 有利于各监管部门的信息沟通

15. 下列各项中，不属于市场约束机制更显著的表现是(　　)。
A. 调整存款保险制度　　B. 履行最后贷款人责任
C. 提高信息披露标准　　D. 发展跨境监管

三、多项选择题

1. 目前管制理论主要有(　　)。
A. 公共利益论　　B. 特殊利益论
C. 社会选择论　　D. 经济监管论

2. 传统的金融业监管对象一般包括(　　)。
A. 政策性银行　　B. 商业银行
C. 证券机构　　D. 保险机构

3. 下列各项中，属于金融监管的原则的有(　　)。
A. 依法原则　　B. 独立性原则
C. 适度竞争原则　　D. 综合监管原则

4. 公告监管的内容包括(　　)。
A. 公告财务报表　　B. 偿付能力标准规定
C. 最低资本金与保证金规定　　D. 违反法律的处罚

5. 金融业设立时的监管,包括(　　)。
A. 拟建机构的地址、规模　　B. 股东人数
C. 资本金　　D. 经营管理水平
6. 国际上主要的金融监管体制可分为(　　)。
A. 集权型金融监管体制　　B. 分工型金融监管体制
C. 全面监管　　D. 分级监管
7. 对保险公司业务范围的监管包括(　　)。
A. 规定保险机构的高级管理人员的任职资格
B. 是否允许保险人兼营保险以外的金融业务
C. 非保险机构兼营保险业务
D. 同一保险人是否可以同时经营性质不同的保险业务
8. 针对保险公司的财务监管主要包括(　　)。
A. 资产监管　　B. 资金运用监管
C. 准备金监管　　D. 经营管理水平监管
9. 我国金融监管体系产生于市场经济之初,其发展经历了(　　)阶段。
A. 初设阶段——统一监管(1978 年至 1992 年)
B. 发展阶段——分业监管(1993 年至 2016 年)
C. 萌芽阶段——重点管理(2000 年至 2016 年)
D. 走向成熟阶段——综合监管(2017 年至今)
10. 下列各项中,属于银保监会的主要职责的有(　　)。
A. 依照法律法规统一监督管理银行业和保险业
B. 维护银行业和保险业合法、稳健运行
C. 防范和化解金融风险
D. 保护金融消费者合法权益

四、判断题

1. 金融监管的主体作为社会公共利益的代表,是运用国家法律赋予的权力去监管整个金融体系的特殊机构。(　　)
2. 金融监管的对象是一国或地区依法设立在境内或境外从事金融业务的银行业、信托业、证券业、保险业等金融机构和其他一切从事金融业经营活动的社会成员及其金融业务活动。(　　)
3. 金融监管的根本宗旨是通过适度的金融监管,形成和保持金融业适度竞争的格局。(　　)
4. 狭义的金融监管不包括金融机构的内部控制和稽核、同业自律性组织的监管、社会中介

组织的监管等内容。（ ）

5. 广义的金融监管是指中央银行或其他金融监管当局依据国家法律规定对整个金融业（如金融机构、金融业务）实施的监督管理。（ ）
6. 稽核是指对经济活动开展审查与核对，是一种监管检查的系统方法。（ ）
7. 各国金融监管机构主要采取外部稽核和内部稽核相结合，以及监管机构强制性稽核和社会非强制性稽核相结合的办法。（ ）
8. 公共利益论认为，监管被看作政府用来改善资源配置和收入分配的手段。（ ）
9. 在规范监管下，政府对金融企业的业务经营、财务管理、人事等方面进行监管干预。（ ）
10. 实体监管就是从事前、事中和事后三个方面进行全方位的监管，与公告监管和规范监管相比并不严格。（ ）
11. 金融企业退出市场后的监管主要涉及对破产企业进行财产清算、债务偿还、人员安置等相关工作。（ ）
12. 一元多头式金融监管模式能较好地提高金融监管的效率，防止金融权力过分集中，因地制宜地选择监管部门，有利于监管专业化，提高对金融业务的服务能力。（ ）
13. 一元多头式金融监管是中央一级由两家或两家以上监管机构共同负责的一种监管体制。（ ）
14. 采取一元多头式金融监管体制的国家以美国、法国、日本（1998 年以前）为代表，尤以美国最为典型。（ ）
15. 合作型金融监管体制与区域性货币联盟紧密联系，是区域金融合作和世界经济金融一体化发展的结果，适用于区域集中特征不明显的国家或地区。（ ）
16. 银行业监管是指金融主管机关或金融监管执行机关根据金融法规，对银行机构实施监督与管理，以确保银行机构经营的安全和取得盈利。（ ）
17. 存款保险制度可提高金融体系稳定性，保护存款人的利益，促进银行业适度竞争。（ ）
18. 以证券所得税和证券交易税（即印花税）为主的证券市场税收直接计入交易成本，税率和税收结构的调整直接造成交易成本的增减，从而可产生抑制或刺激市场的效应并为监管者所利用。（ ）
19. 对保险机构设立的监管，为保证营业初期具备足够的偿付能力，保险公司不必有相当数量的资本金。（ ）
20. 1979 年，我国改革开放初期，金融监管体系建设主要围绕银监会和证监会进行。（ ）

五、简答题

1. 简述政府实行金融监管的作用。

2. 简述金融监管的目标。
3. 简述银行业监管的内容。
4. 简述证券市场监管的主要内容。
5. 简述保险业监管的主要内容。

第三部分　参考答案

一、名词解释

1. 金融监督

金融监督是指金融主管当局对金融机构实施的全面性、经常性的检查和督促,并以此促进金融机构依法稳健地经营和发展。

2. 金融管理

金融管理是指金融主管当局依法对金融机构及其经营活动实施的领导、组织、协调和控制等一系列的活动。

3. 金融监管

金融监管有狭义和广义之分,狭义的金融监管是指中央银行或其他金融监管当局依据国家法律规定对整个金融业(如金融机构、金融业务)实施的监督管理。广义的金融监管除了上述含义,还包括金融机构的内部控制和稽核、同业自律性组织的监管、社会中介组织的监管等内容。

4. 安全稳健原则

安全稳健原则要求金融监管以金融机构安全稳健地经营为中心,一系列金融法规和指标体系都着眼于金融业的安全稳健及风险防范,按金融监管的规律进行监管,不对金融机构的内部管理以正规的或非正规的方式进行干预。

5. 综合监管原则

综合监管原则要求监管机构在监管时,多方运用各种金融监管手段,如经济手段、行政手段、法律手段等,以实现有效监管;金融监管的方式、方法或工具要综合运用,监管工具要现代化、系统化、最优化。

6. 公告监管

公告监管是指政府对金融业的经营不做直接监督,只规定各金融企业必须依照政府规定的格式及内容定期将营业结果呈报政府的主管机关并予以公告的监管方式。

7. 实体监管

实体监管是指国家制定完善的金融监督管理规则,金融监管机构根据法律赋予的权力,对金融市场尤其是金融企业进行全方位、全过程有效的监督和管理。

8. 金融许可证监管

金融许可证监管主要是指金融机构建立之前的严格审查和注册登记,包括拟建机构的地址、规模、股东人数、资本金、经营管理水平、竞争力和未来收益等。

9. 集权型金融监管体制

集权型金融监管体制又称集中单一式金融监管体制,它是由一家金融管理机构对国内所有金融机构进行监管。

10. 一元多头式金融监管体制

一元多头式金融监管体制又称单元多头式金融监管体制,是指全国的金融监管权集中于中央,地方没有独立的权力,在中央一级由两家或两家以上监管机构共同负责的一种监管体制。

11. 合作型金融监管体制

合作型金融监管体制是指在经济合作区域内,对区域内的金融机构实施统一监督的一种金融监管体制。

12. 银保监会

银保监会全名为中国银行保险监督管理委员会,成立于2018年,是国务院直属事业单位,其主要职责是依照法律法规统一监督管理银行业和保险业,维护银行业和保险业合法、稳健运行,防范和化解金融风险,保护金融消费者合法权益,维护金融稳定。

二、单项选择题

1	2	3	4	5	6	7	8	9	10
C	A	B	B	B	C	A	A	C	B
11	12	13	14	15					
C	D	A	D	D					

【重难点讲解】

1. 金融监管的理论基础是管制理论。

2. 金融监管的直接成本主要源自金融监管工作中所投入的硬件设施、组织运作以及监管人才的培训及培养。

3. 兼顾效率原则是指监管机构应力图以最低的监管成本获得最佳的监管效果。

4. 特殊利益论认为政府管制为被管制者留下了一定的寻租余地,从而仅仅保护主宰了管制机关的一个或几个特殊利益集团的利益,对整个社会并无助益。

5. 独立性原则要求监管机构以及从事监督管理工作的人员依法履行监管职责,行使法律赋予的监管权,进行独立性监管,任何地方政府、各级政府部门、社会团体不得干预,保证监管机构的独立性和监管活动的公开性、公正性。

6. 规范监管是指国家对金融业的经营制定一定的规范，并要求其遵守的一种监管方式。

7. 集权型金融监管体制是由一家金融管理机构对国内所有金融机构进行监管。

8. 在股市低迷之际放松银根、降低贴现率和存款准备金率，可增加市场货币供应量，从而刺激股市回升，这种做法属于金融货币政策。

9. 分工型金融监管体制又称多头式金融监管体制，它是指设立不同的金融监管部门对国内金融机构进行分类监管的模式。

10. 1984年，中国人民银行开始专门履行中央银行职能，制定和实施全国宏观金融政策，控制信贷总量和调节货币资金，不再办理企业和私人信贷业务。

11. 2018年，为深化金融体制改革、顺应综合经营趋势、落实功能监管和加强综合监管，中共中央印发了《深化党和国家机构改革方案》，将银监会和保监会合并，组建银保监会。

12. 选项D，对银行业和保险业机构实行现场检查与非现场监管属于银保监会的职责。

13. 起草银行业和保险业其他法律法规草案属于银保监会的主要职责。

14. 金融监管体制统一监管的特点是有利于各监管部门的信息沟通。

15. 调整存款保险制度、履行最后贷款人责任、提高信息披露标准均为市场约束机制更显著的表现。

三、多项选择题

1	2	3	4	5	6	7	8	9	10
ABCD	ABCD	ABCD	ABC	ABCD	AB	BCD	ABC	ABD	ABCD

【重难点讲解】

1. 选项ABCD均属于管制理论。

2. 传统的金融业监管对象一般包括政策性银行、商业银行、证券机构、保险机构。

3. 选项ABCD均属于金融监管的原则。

4. 选项D，违反法律的处罚不属于公告监管，属于规范监管。

5. 金融业设立时的监管，包括拟建机构的地址、规模、股东人数、资本金、经营管理水平的监管。

6. 国际上主要的金融监管体制可分为集权型金融监管体制和分工型金融监管体制两大类。

7. 选项A，规定保险机构的高级管理人员的任职资格属于准入监管的内容，不属于保险公司的业务范围。

8. 选项D，针对保险公司的经营管理水平监管不属于财务监管的内容。

9. 我国金融监管体系产生于市场经济之初，其发展经历了初设阶段——统一监管

(1978 年至 1992 年)、发展阶段——分业监管(1993 年至 2016 年)、走向成熟阶段——综合监管(2017 年至今)。

10. 选项 ABCD 均属于银保监会的主要职责。

四、判断题

1	2	3	4	5	6	7	8	9	10
√	√	√	√	×	√	√	√	×	×
11	12	13	14	15	16	17	18	19	20
√	√	√	×	×	√	√	√	×	×

【重难点讲解】

1. 金融监管的主体作为社会公共利益的代表,是运用国家法律赋予的权力去监管整个金融体系的特殊机构。

2. 金融监管的对象是一国或地区依法设立在境内或境外从事金融业务的银行业、信托业、证券业、保险业等金融机构和其他一切从事金融业经营活动的社会成员及其金融业务活动。

3. 金融监管的根本宗旨是通过适度的金融监管,形成和保持金融业适度竞争的格局。

4. 狭义的金融监管不包括金融机构的内部控制和稽核、同业自律性组织的监管、社会中介组织的监管等内容。

5. 狭义的金融监管是指中央银行或其他金融监管当局依据国家法律规定对整个金融业(如金融机构、金融业务)实施的监督管理。广义的金融监管除了上述含义,还包括金融机构的内部控制和稽核、同业自律性组织的监管、社会中介组织的监管等内容。

6. 稽核是指对经济活动开展审查与核对,是一种监管检查的系统方法。

7. 各国金融监管机构主要采取外部稽核和内部稽核相结合,以及监管机构强制性稽核和社会非强制性稽核相结合的办法。

8. 公共利益论认为,监管被看作政府用来改善资源配置和收入分配的手段。

9. 在规范监管下,政府对金融企业经营的若干重大事项,如金融企业最低资本金、资产负债表的审核、资本金的运用、违反法律的处罚等,都有明确的规范,但对金融企业的业务经营、财务管理、人事等方面不加干预。

10. 实体监管就是从事前、事中和事后三个方面进行全方位的监管,比公告监管和规范监管更为严格、具体和有效。

11. 金融企业退出市场后的监管主要涉及对破产企业进行财产清算、债务偿还、人员安置等相关工作。

12. 一元多头式金融监管模式能较好地提高金融监管的效率,防止金融权力过分集中,因地制宜地选择监管部门,有利于监管专业化,提高对金融业务的服务能力。

13. 一元多头式金融监管体制是中央一级由两家或两家以上监管机构共同负责的一种监管体制。

14. 采取二元多头式金融监管体制的国家以美国、加拿大等联邦制国家为主。

15. 合作型金融监管体制与区域性货币联盟紧密联系,是区域金融合作和世界经济金融一体化发展的结果,适用于区域集中特征明显的国家或地区。

16. 银行业监管是指金融主管机关或金融监管执行机关根据金融法规,对银行机构实施监督与管理,以确保银行机构经营的安全和取得盈利。

17. 存款保险制度可提高金融体系稳定性,保护存款人的利益,促进银行业适度竞争。

18. 以证券所得税和证券交易税(即印花税)为主的证券市场税收直接计入交易成本,税率和税收结构的调整直接造成交易成本的增减,从而可产生抑制或刺激市场的效应并为监管者所利用。

19. 对保险机构设立的监管,为保证营业初期具备足够的偿付能力,保险公司必须有相当数量的资本金。

20. 1979 年,我国改革开放初期,金融监管体系建设主要围绕专业银行和中央银行进行。

五、简答题

1.【参考答案】

政府实行金融监管的作用主要包括:①保证经济与金融体系的稳定发展。②约束金融机构公平经营。③保证金融机构之间的有序竞争。④保护广大存款人和投资者的利益。

2.【参考答案】

金融监管的目标是实现金融有效监管的前提和监管当局采取监管行动的依据,由于各国历史、经济、文化背景和发展情况不同,不同国家的具体金融监管目标也不同。一般来说,世界各国金融监管的目标通常包括以下几个方面:①确保金融业稳定安全。②保证市场经济下金融业的公平竞争。③保护存款人和投资者的权益。④保证中央银行货币政策的有效实施。

3.【参考答案】

银行业监管是指金融主管机关或金融监管执行机关根据金融法规,对银行机构实施监督与管理,以确保银行机构经营的安全并取得盈利。银行业监管的内容包括以下几个方面:①政策法规的制定。②金融机构的管理。③存款保险制度。

4.【参考答案】

证券市场监管的主要内容包括以下几个方面:①政策法规的制定。涉及证券市场管理的法律、法规范围很广,大致可分证券监管的直接法规和涉及证券管理,与证券市场密切相关的其他法律,如公司法、银行法、票据法、破产法、财政法、反托拉斯法等。②金融货币政策。③税收政策。④行政手段。

5.**【参考答案】**

保险业监管的主要内容包括：①保险机构准入监管。准入监管主要是审批和管理保险机构的设立、变更和终止。②核定保险公司业务范围。通过法律或行政命令，规定保险机构所能经营的业务种类和范围。③业务监管。业务监管主要是指监管机构制订、修改主要险种的保险条款和保险费率。④财务监管。财务监管是针对保险公司的财务监管，即对其资产负债情况的监管。

第十一章　国 际 金 融

第一部分　内 容 概 要

一、外汇与汇率

（一）外汇

1. 外汇的概念

外汇是以外币表示的可以用于国际结算并能兑换成其他形式的外币资产和支付手段。一国货币是否能够成为外汇，一般要满足以下三个条件：①外币或外币表示的资产。②自由兑换。③普遍接受性。

外汇是国际经济交易的重要媒介，它具有动态和静态两种含义。

2. 外汇的作用

外汇的作用包括以下四点：①国际购买手段。②国际支付手段。③国际储备手段。④国际信用手段。

（二）汇率

1. 汇率的概念

不同货币之间的兑换比率就是汇率，汇率实际上就是一种价格，按这个价格，一种货币可以兑换成另一种货币。

2. 汇率的标价方法

目前，在国际上有直接标价法、间接标价法以及美元标价法三种标价方法。

1）直接标价法

直接标价法是指以一定单位（1 或 100 等）的外国货币为标准，折算为若干单位本国货币的表示方法，或者说是用本国货币表示的外国货币的价格。直接标价法的特点是外币的数量固定不变，折合成的本币数额随着外币和本币币值的变动而变动。

2）间接标价法

间接标价法是指以一定单位的本国货币为标准，折算为若干单位的外国货币的表示方法。间接标价法的特点是本币的数量固定不变，折合成的外币数额随着本币和外币币值的变动而变动。

3）美元标价法

美元标价是指以一定单位的美元为标准，折合成若干数额的其他国家货币，即用其他国家的货币表示的美元的价格。

在上述各种标价法下，数量固定不变的货币为基础货币或基准货币，也称被报价货币，其价格用其他货币的数量表示；数量发生变化的货币叫标价货币或非基准货币，也称报价货币，其数量用以说明基础货币价格的高低。

3. 汇率的分类

汇率是多种多样的，依据分类标准不同，可以有如下分类。

(1) 按确定汇率的方法划分，汇率可分为基本汇率和套算汇率两种。

(2) 按照国家货币当局对外汇管理的宽严程度划分，汇率可以分为官方汇率和市场汇率两种。

(3) 按照国际汇率制度的演变划分，汇率可以分为固定汇率和浮动汇率两种。

(4) 按银行买卖外汇的角度划分，汇率可以分为买入汇率、卖出汇率、中间汇率及现钞汇率。

(5) 按外汇交易的交割期限划分，汇率可以分为即期汇率和远期汇率两种。

4. 汇率的影响因素

一般来说，影响汇率的基本因素是供求关系，除此之外还存在诸多影响汇率变动的因素，如经济增长、物价水平、生产率、投机心理预期、利率、国际收支、政府干预、其他因素等。

5. 汇率变动与经济发展之间的关系

汇率的变化反映了经济的发展变化，同时汇率的变动又对经济各个层面产生影响，以下主要从进出口贸易、物价水平、就业情况、国际储备、资本流动等五个方面进行阐述。

1) 汇率变动与进出口贸易

汇率变化对贸易产生的影响一般表现为一国货币对外贬值，有利于本国商品的出口，而一国货币对外升值，则有利于外国商品的进口，不利于本国商品的出口，从而会减少该国贸易顺差或扩大贸易逆差。

2) 汇率变动与物价水平

汇率波动不仅影响进出口商品的国内价格，也影响国内其他商品的价格。本币贬值及外币升值，导致进口商品的出口商品在国内的价格提高，相应导致其他商品价格的提高，从而带动整个物价水平的上涨。

3) 汇率变动与就业情况

一般来说，本币贬值有助于出口，抑制进口，增加国内总需求，从而带动一国国民收入的增长，并提高国内的就业水平；相反，就会降低国内的就业水平。

4) 汇率变动与国际储备

当本币贬值即外币升值时，本国资本为了防止货币贬值的影响，纷纷流到国外。相反，本币升值即外币贬值，则会引起大量国外资本流入国内。

5）汇率变动与资本流动

汇率变化对资本流动的影响一方面表现为货币升值或贬值后带来的资本流出或流入增加，另一方面表现为汇率预期变化对资本流动的影响。

二、汇率制度

（一）汇率制度的概念

汇率制度又称汇率安排，是指一国货币当局对其货币汇率的变化所做的一系列安排或规定。

（二）汇率制度的主要内容及分类

1．汇率制度的主要内容

汇率制度应该包括以下几个方面的内容：①规定确定汇率的依据。②规定汇率波动的界限。③规定维持汇率应采取的措施。④规定汇率应怎样调整。根据汇率波动的幅度和频繁程度可以把汇率制度分为固定汇率制度和浮动汇率制度。

2．汇率制度的分类

1）固定汇率制度

固定汇率制度是指汇率的确定受平价制约，现实汇率只能围绕平价在很小的范围内上下波动。它包括金本位制下的固定汇率制度和信用货币制度下的固定汇率制度。

2）浮动汇率制度

浮动汇率制度是指一国不再规定其货币的金平价及现实汇率波动幅度，货币当局也不再承担维持汇率波动界限的义务，而是听任外汇市场的供求变化来决定货币汇率水平的汇率制度。

（三）汇率制度的选择

汇率制度的选择是一国的政策行为，是建立在一国所具有的特殊的经济特征的基础之上，并在不同时期随着政府所追求的政策目的不同，政府所选择的汇率制度也不同。影响汇率制度选择的因素一般包括以下几点：

（1）一国经济的结构特征是汇率制度选择的基础。

（2）特定的政策意图是汇率制度选择的政策目的。

（3）一国与其他国家的经济合作情况对汇率制度的选择有着重要的影响。

（4）国际经济和环境制约着一国的汇率制度选择。

三、国际收支

（一）国际收支的概念

国际收支从狭义上是指一个国家在一定时期（通常为1年）内必须与其他国家结清的各种到期支付的差额，它仅仅包括各种收支中必须立即清算和收付的那一部分款项。广义的国际收支是一国居民与外国居民之间在一定时期内全部经济交易的系统记录。

（二）国际收支的平衡与失衡

判断一国国际收支是否平衡，主要看自主性交易是否收支平衡。自主性交易的收入与支出相等即被视为国际收支平衡，收入大于支出为顺差，支出大于收入为逆差。

（三）国际收支失衡的主要原因

国际收支失衡的原因概括起来有以下几个方面：①经济周期变化对国际收支的影响。②经济结构对国际收支的影响。③货币流通状况对国际收支的影响。④汇率变化对国际收支的影响。

（四）国际收支的调节

一国国际收支失衡，一般可以通过外汇缓冲政策、财政政策、货币政策、汇率政策、政府直接管制等几种措施调节。

（五）国际收支平衡表

国际收支平衡表，又称国际收支差额表，是记录一国在一定时期内所有国际经济活动收入与支出的统计报表。

1. 国际收支平衡表的主要内容

国际收支平衡表所包含的内容十分繁杂，各国大都根据各自不同需要和具体情况来编制，但其主要项目还是基本一致的，即经常项目、资本和金融项目以及平衡项目。

2. 国际收支平衡表的编制原则

国际收支平衡表是按照复式簿记法来编制的。复式簿记法是国际会计的通行准则，其基本原理是：任何一笔交易发生，必然涉及借方和贷方两个方面，即有借必有贷，借贷必相等。

3. 国际收支平衡表的分析方法

国际收支平衡表的分析方法有静态分析、动态分析和比较分析三种。

1）静态分析

国际收支平衡表的静态分析是指分析某国在某一时期的国际收支平衡表，即计算和分析表中各个项目及其差额，分析各个项目差额形成的原因与对国际收支总差额的影响。

2）动态分析

国际收支平衡表虽只反映某一特定时期的情况，但它不是孤立存在的，而是与以前或以后的发展过程紧密相连的。它既是前一时期演变的结果，又是后一时期状况的原因。因此，要研究一国的国际经济地位、国际金融状况，必须遵循动态性原则，连续分析不同时期的国际收支平衡表，掌握其长期变化情况。

3）比较分析

比较分析既包括对一国若干连续时期的国际收支平衡表进行比较分析，又包括对不同国家在相同时期的国际收支平衡表进行比较分析。后一种比较分析较为困难，因为各国的国际收支平衡表在项目的分类与局部差额的统计不尽相同。

四、国际储备

（一）国际储备的概念、特征及作用

1. 国际储备的概念

国际储备是指各国中央政府为了弥补国际收支逆差和保持汇率稳定而持有的国家间可以接受的一切资产。

2. 国际储备的特征

从国际储备的概念可知，作为国际储备的资产必须具有四个特征：①官方持有性。②自由兑换性。③流动性。④无条件获得性。

3. 国际储备的作用

国际储备的作用主要包括以下三点：

（1）弥补国际收支差额。

（2）稳定本国货币汇率。

（3）信用保证。

（二）国际储备的构成

目前，根据国际货币基金组织规定，一国的国际储备包括黄金储备、外汇储备、会员国在国际货币基金组织中的储备头寸和基金组织分配给会员国尚未动用的特别提款权四个部分。

1. 黄金储备

黄金储备是指一国货币当局持有的作为金融资产的货币黄金，并非一国所拥有的全部黄金。

2. 外汇储备

外汇储备是目前国际储备中最主要、最活跃的部分，同时也是各国国际储备资产管理的主要对象，是一国政府所持有的可以自由兑换的外币及其短期金融资产。

3. 国际货币基金组织中的储备头寸

国际货币基金组织中的储备头寸也称普通提款权，是指国际货币基金组织的会员国按照规定从国际货币基金组织提取一定数额款项的权利，它是国际货币基金组织最基本的一项贷款，用于解决会员国国际收支不平衡，但不能用于成员国贸易和非贸易的经常项目支付。

4. 特别提款权

特别提款权是国际货币基金组织创设的无偿分配给各会员国用以补充现有储备资产的一种国际储备资产。

第二部分　练　习　题

一、名词解释

1. 外汇

2. 汇率
3. 直接标价法
4. 间接标价法
5. 汇率制度
6. 固定汇率制度
7. 浮动汇率制度
8. 国际收支
9. 国际收支平衡表
10. 国际储备
11. 黄金储备
12. 外汇储备
13. 普通提款权
14. 特别提款权

二、单项选择题

1. 一国货币升值对其进出口收支产生的影响是（　　）。

A. 出口增加，进口减少　　B. 出口减少，进口增加

C. 出口增加，进口增加　　D. 出口减少，进口减少

2. 汇率不稳有下浮趋势且在外汇市场上被人们抛售的货币是（　　）。

A. 非自由兑换货币　　B. 硬货币

C. 软货币　　D. 自由外汇

3. 汇率波动受黄金输送费用的限制，各国国际收支能够自动调节，这种货币制度是（　　）。

A. 浮动汇率制　　B. 国际金本位制

C. 布雷顿森林体系　　D. 混合本位制

4. 在采用直接标价的前提下，如果需要比原来更少的本币就能兑换一定数量的外国货币，这表明（　　）。

A. 本币币值上升，外币币值下降，通常称为外汇汇率上升

B. 本币币值下降，外币币值上升，通常称为外汇汇率上升

C. 本币币值上升，外币币值下降，通常称为外汇汇率下降

D. 本币币值下降，外币币值上升，通常称为外汇汇率下降

5. 当一国经济出现通货膨胀和顺差时，为了内外经济的平衡，根据财政货币政策配合理论，应采取的措施是（　　）。

A. 扩张性的财政政策和扩张性的货币政策

B. 紧缩性的财政政策和紧缩性的货币政策

C. 扩张性的财政政策和紧缩性的货币政策

D. 紧缩性的财政政策和扩张性的货币政策

6. 欧洲货币市场是(　　)。

A. 经营欧洲货币单位的金融市场

B. 经营欧洲国家货币的金融市场

C. 欧洲国家国际金融市场的总称

D. 经营境外货币的国际金融市场

7. 下列各项中,属于国际债券的分类的是(　　)。

A. 固定利率债券和浮动利率债券　　B. 外国债券和欧洲债券

C. 美元债券和日元债券　　D. 欧洲美元债券和欧元债券

8. 一国国际收支顺差会使(　　)。

A. 外国对该国货币需求增加,该国货币汇率上升

B. 外国对该国货币需求减少,该国货币汇率下跌

C. 外国对该国货币需求增加,该国货币汇率下跌

D. 外国对该国货币需求减少,该国货币汇率上升

9. 金本位的特点是黄金可以(　　)。

A. 自由买卖、自由铸造、自由兑换

B. 自由铸造、自由兑换、自由输出入

C. 自由买卖、自由铸造、自由输出入

D. 自由流通、自由兑换、自由输出入

10. 根据财政政策配合的理论,当一国实施紧缩性的财政政策和货币政策,其目的在于(　　)。

A. 克服该国经济的通货膨胀和国际收支逆差

B. 克服该国经济的衰退和国际收支逆差

C. 克服该国通货膨胀和国际收支顺差

D. 克服该国经济衰退和国际收支顺差

11. 资本流出是指本国资本流到外国,它表示(　　)。

A. 外国对本国的负债减少　　B. 本国对外国的负债增加

C. 外国在本国的资产增加　　D. 外国在本国的资产减少

12. 目前,我国人民币实施的汇率制度是(　　)。

A. 固定汇率制　　B. 弹性汇率制

C. 有管理浮动汇率制　　D. 钉住汇率制

13. 若一国货币汇率高估,往往会出现(　　)。

A. 外汇供给增加，外汇需求减少，国际收支顺差

B. 外汇供给减少，外汇需求增加，国际收支逆差

C. 外汇供给增加，外汇需求减少，国际收支逆差

D. 外汇供给减少，外汇需求增加，国际收支顺差

14. 从长期讲，影响一国货币币值的因素是（　　）。

A. 国际收支状况　　　B. 经济实力

C. 利率高低　　　D. 通货膨胀

15. 外汇管制就是对外汇交易实行一定的限制，目的是（　　）。

A. 防止资金外逃　　　B. 限制非法贸易

C. 奖出限入　　　D. 平衡国际收支，限制汇价

16. 持有一国国际储备的首要用途是（　　）。

A. 支持本国货币汇率　　　B. 维护本国的国际信誉

C. 保持国际支付能力　　　D. 赢得竞争利益

17. 当国际收支的收入数字大于支出数字时，差额则列入（　　）以使国际收支人为地达到平衡。

A. “错误和遗漏”项目的支出方

B. “错误和遗漏”项目的收入方

C. “官方结算项目”的支出方

D. “官方结算项目”的收入方

18. 外汇远期交易的特点是（　　）。

A. 它是一个有组织的市场，在交易所以公开叫价方式进行

B. 业务范围广泛，银行、公司和一般平民均可参加

C. 合约规格标准化

D. 交易只限于交易所会员之间

19. 短期资本流动与长期资本流动除期限不同之外，另一个重要的区别是（　　）。

A. 投资者意图不同

B. 短期资本流动对货币供应量有直接影响

C. 短期资本流动使用的是 1 年以下的借贷资金

D. 长期资本流动对货币供应量有直接影响

20. 下列各项中，不属于国际资本流动出现新特点的是（　　）。

A. 金融资本国际化进一步加深

B. 国际直接投资的部门和地区发生了明显的倾斜

C. 国际投资、国际贸易和国际技术转让紧密结合在一起

D. 国际长期资本占主导地位

三、多项选择题

1. 金本位制下的国际货币体系的特征包括(　　)。

A. 黄金充当世界货币

B. 两种货币兑换以铸币平价为基准

C. 外汇收支具有自动调节机制

D. 汇率波动以黄金输送点为限

2. 金汇兑本位下的国际货币体系的特点包括(　　)。

A. 本币不能自由兑换黄金

B. 汇率实际上是钉住汇率

C. 国际储备资产多元化,包括黄金和外汇

D. 国际收支调节具有对称性

3. 以美元为中心的国际货币体系的主要内容有(　　)。

A. 确立了美元与黄金挂钩、其他货币与美元挂钩的汇兑体系

B. 成员国货币的含金量不能随便改动

C. 汇率只能围绕平价上下 1%幅度内波动

D. 成员国可以按照黄金与美元之间的官价向美国政府兑换黄金

4. 布雷顿森林会议体制终结的两大标志是(　　)。

A. 美国外汇收支出现巨额逆差,黄金储备大量外流

B. 1971 年尼克松政府宣布停止按照官价向其他国家兑换黄金

C. 1971 年《史密森学会协议》允许美元对黄金贬值 7%

D. 1973 年后西方各国的货币对美元实行浮动

5. 以某一主权货币充当国际货币容易出现不稳定的原因包括(　　)。

A. 各国经济发展不平衡

B. 主权货币的对外价值受国内经济和政策的影响

C. 主权货币不能自动调节国际收支

D. 主权国家政治不稳定

6. 下列关于香港联系汇率制度的描述中,正确的有(　　)。

A. 联系汇率制度是 1985 年 10 月开始实行的

B. 港币的三大发钞银行是汇丰银行、渣打银行和中国银行

C. 发钞银行发行货币时要按照 7.8 港币兑 1 美元的基准价向政府外汇基金缴纳外汇

D. 外汇市场上的港币汇率实行自由浮动

7. 在世界经济发展中,国际金融机构所起的作用包括(　　)。

A. 在重大国际经济金融事件中协调统一行动

B. 提供短期资金，平衡国际收支逆差

C. 干预稳定汇率

D. 提供长期资金，促进欠发达国家经济发展

8. 国际金融公司的主要任务包括（　　）。

A. 向发展中国家的私人企业的新建、改建和扩建提供资金

B. 促进外国私人资本向发展中国家投资

C. 促进发展中国家资本市场发展

D. 向发展中国家提供长期生产性资金

9. 20 世纪 80 年代以来，国际资本流动出现的新特点主要包括（　　）。

A. 金融资本国际化进一步加深

B. 国际直接投资的部门和地区发生了明显的倾斜

C. 国际投资、国际贸易和国际技术转让紧密结合在一起

D. 国际长期资本占主导地位

10. 金融业国际化的主要表现有（　　）。

A. 银行机构国际化和网络化

B. 欧洲货币市场的形成与发展

C. 金融市场的国际化

D. 金融业务创新的普及化

11. 如果出口商品的计价货币有下跌趋势，为避免损失出口商可以（　　）。

A. 推迟结汇　　B. 提前结汇

C. 按约定时间结汇　　D. 购买相同金额的远期外汇

12. 国际货币基金组织的贷款特点有（　　）。

A. 贷款只限于会员国政府或中央银行

B. 可向会员国中央银行及大商业银行贷款

C. 贷款方式采用“购买”和“购回”

D. 贷款用于国际收支不平衡的调整

13. IMF 规定实现经常项目下货币可兑换的标准有（　　）。

A. 对所有的国际支付都不加限制

B. 对经常项目下支付转移不加限制

C. 不采取差别性的复汇率措施

D. 承担以外币兑换其他成员国积累的本币的义务

14. 国际收支吸收分析法理论中的吸收是指（　　）。

A. 国民收入　　B. 国内消费

C. 国内投资　　D. 政府支出

15. 世界上最著名的国际外汇市场包括(　　)。
A. 伦敦外汇市场　　B. 香港外汇市场
C. 纽约外汇市场　　D. 东京外汇市场
16. 外汇交易的两种最基本形式包括(　　)。
A. 即期交易　　B. 套汇交易
C. 择期交易　　D. 远期交易
17. 广义的外汇包括(　　)。
A. 外国货币　　B. 外汇支付凭证
C. 特别提款权　　D. 外币有价证券
18. 套汇交易的两种基本形式主要包括(　　)。
A. 地点套汇交易　　B. 时间套汇交易
C. 择期交易　　D. 套汇交易
19. 复汇率是指在确定本国货币对某一外国货币的汇率时，根据不同性质和情形，规定两种或两种以上的汇率，它的具体形式包括(　　)。
A. 银行汇率　　B. 贸易汇率
C. 金融汇率　　D. 商人汇率
20. 一种外币成为外汇的前提条件主要包括(　　)。
A. 可偿性　　B. 可流通性
C. 自由兑换性　　D. 可接受性

四、判断题

1. 金汇兑国际货币体系出现的原因是世界黄金供应量相对于需求而言不足，它正是国际货币体系突破黄金约束的开端。(　　)
2. 金本位、金汇兑本位下的国际货币体系是以国际条约为基础，对货币本位、汇率和外汇收支调节做出的安排。(　　)
3. 特别提款权可以充当国际储备，用于政府间的结算，以及国际贸易和非贸易的支付。(　　)
4. 1966 年在菲律宾马尼拉成立的亚洲开发银行是亚洲地区合作性金融机构。(　　)
5. 债务人在国际债券市场上发行的以市场所在国以外国家的货币为面额的债券称为外国债券。(　　)
6. 布雷顿森林会议确立了以黄金为中心，与美元挂钩的国际货币体系。(　　)
7. 1973 年 2 月美元发生战后对黄金的第二次贬值，标志着布雷顿森林会议体制最终解体。(　　)
8. 国际金融公司的主要任务是向发展中国家成员国的私营企业提供投资性融资服务。(　　)

9. 国际商业信用的主要形式是商业性借款和直接投资。 (　　)
10. 纽约货币市场业务的特点是国内金融业务与国际金融业务交叉在一起。 (　　)
11. 国际货币基金组织采用的是狭义的国际收支概念。 (　　)
12. 储备账户借方和贷方所表示的含义与经常项目和资本项目是一样的。 (　　)
13. 对于基金组织的成员国来说，已分配的特别提款权构成该国国际储备资产的一部分。 (　　)
14. 一国国际储备的增减主要取决于黄金储备的增减。 (　　)
15. 依据利率平价理论，高利率国家的货币相对低利率国家的货币远期贴水。 (　　)
16. 黄金平价，就是两种货币含金量之比。 (　　)
17. 一国的经济规模越大，越倾向于采用固定汇率制度。 (　　)
18. 在我国目前外汇管理体制下，各单位购汇须经外汇管理部门审批。 (　　)
19. 外汇占款已成为我国目前基础货币投放的主渠道之一。 (　　)
20. 从 1994 年 1 月 1 日起，我国境内机构经常项目外汇收入，除国家规定的以外，都须按市场汇率卖给外汇管理局。 (　　)

五、简答题

1. 简述汇率的分类。
2. 简述汇率变动与物价水平之间的关系。
3. 简述汇率制度的主要内容及分类。
4. 简述汇率制度的选择因素。
5. 简述国际收支失衡的主要原因。
6. 简述国际储备的特征及作用。

第三部分　参考答案

一、名词解释

1. 外汇

外汇是指以外币表示的可以用于国际结算并能兑换成其他形式的外币资产和支付手段。

2. 汇率

汇率是指不同货币之间的兑换比率，汇率实际上就是一种价格。

3. 直接标价法

直接标价法是指以一定单位(1 或 100 等)的外国货币为标准，折算为若干单位本国货币的表示方法，或者说是用本国货币表示的外国货币的价格。

4. 间接标价法

间接标价法是指以一定单位的本国货币为标准，折算为若干单位的外国货币的表示方法，或者说是用外国货币表示的本国货币的价格。

5. 汇率制度

汇率制度，又称汇率安排，是指一国货币当局对其货币汇率的变化所做的一系列安排或规定。

6. 固定汇率制度

固定汇率制度是指汇率的确定受平价制约，现实汇率只能围绕平价在很小的范围内上下波动。它包括金本位制下的固定汇率制度和纸币本位制下的固定汇率制度。

7. 浮动汇率制度

浮动汇率制度是指一国不再规定其货币的金平价及现实汇率波动幅度，货币当局也不再承担维持汇率波动界限的义务，而是听任外汇市场的供求变化来决定货币汇率水平的汇率制度。

8. 国际收支

国际收支从狭义上是指一个国家在一定时期(通常为1年)内必须与其他国家结清的各种到期支付的差额，它仅仅包括各种收支中必须立即清算和收付的那一部分款项。

9. 国际收支平衡表

国际收支平衡表，也称国际收支差额表，是记录一国在一定时期内所有国际经济活动收入与支出的统计报表。

10. 国际储备

国际储备是指各国中央政府为了弥补国际收支逆差和保持汇率稳定而持有的国家间可以接受的一切资产。

11. 黄金储备

黄金储备是指一国货币当局持有的作为金融资产的货币黄金，并非一国所拥有的全部黄金。

12. 外汇储备

外汇储备是指目前国际储备中最主要、最活跃的部分，同时也是各国国际储备资产管理的主要对象，是一国政府所持有的可以自由兑换的外币及其短期金融资产。

13. 普通提款权

普通提款权是指国际货币基金组织的储备头寸，即国际货币基金组织的会员国按照规定从国际货币基金组织提取一定数额款项的权利，它是国际货币基金组织最基本的一项贷款，用于解决会员国国际收支不平衡，但不能用于成员国贸易和非贸易的经常项目支付。

14. 特别提款权

特别提款权是指国际货币基金组织创设的无偿分配给各会员国用以补充现有储备资产的一种国际储备资产。

二、单项选择题

1	2	3	4	5	6	7	8	9	10
B	C	B	C	D	D	B	A	B	A
11	12	13	14	15	16	17	18	19	20
D	C	B	B	D	C	A	B	A	D

【重难点讲解】

1. 一国货币升值,说明兑换同等数量外汇的本国货币数量减少,则本国货币购买力增强,进口增加。

2. 软货币是指可能发生贬值的货币,即汇率有下浮趋势且在外汇市场上被人们抛售的货币。硬货币是指可能升值的货币,即汇率有上升趋势且容易被人们抢购的货币。

3. 金本位制下,货币与黄金挂钩,汇率受黄金价格以及其他费用的影响。

4. 直接标价法下,如果比原来更少的本币就能兑换一定数量的外国货币,就说明本币币值上升,外币币值下降。

6. 传统意义上的欧洲货币市场是指非居民间以银行为中介在某种货币发行国国境之外从事该种货币借贷的市场,又可以称为离岸金融市场。

7. 国际债券从不同的角度分为不同的类别,其中一种分类方法可分为外国债券和欧洲债券。外国债券是指借款人在其本国以外的某一个国家发行的、以发行地所在国的货币为面值的债券。外国债券是传统的国际金融市场的业务,已存在几个世纪,它的发行必须经发行地所在国政府的批准,并受该国金融法令的管辖。在美国发行的外国债券(美元)称为扬基债券;在日本发行的外国债券(日元)称为武士债券。欧洲债券是借款人在债券票面货币发行国以外的国家或在该国的离岸国际金融市场发行的债券。欧洲债券是欧洲货币市场三种主要业务之一,因此它的发行无需任何国家金融法令的管辖。

8. 一国国际收支顺差,说明出口大于进口,外国对该国货币的需求增加,则该国货币汇率上升。

11. 资本流出是指本国资本流向外国,它意味着外国在本国的资产减少、外国对本国的负债增加、本国对外国的负债减少、本国在外国的资产增加。

13. 一国货币汇率高估,则说明一单位外汇需要更多单位的本国货币进行兑换,外汇供给减少,外汇需求增加,国际收支出现逆差。

14. 从长期讲,影响一国货币币值的因素是该国的经济实力,而国际收支状况、利率高低及通货膨胀可随经济发展而改变,可在短期内影响一国货币币值。

15. 外汇管理又称为外汇管制,是指一个国家为了保持本国的国际收支平衡,对外汇的买卖、借贷、转让、收支、国际清偿、外汇汇率和外汇市场实行一定限制措施的管理制度。其目的在于保持本国的国际收支平衡，防止外汇投机，促进本国经济的健康发展。

16. 国际储备可以维持一国的国际支付能力，调节临时性的国际收支不平衡，这是持有国际储备的首要作用。

18. 外汇远期交易是一种预约买卖外汇的交易，即买卖双方先签订合同，约定买卖外汇的币种、数额、汇率和交割时间，到规定的交割日期或在约定交割期内，按照合同规定条件完成交割。外汇远期交易的特点是业务范围广泛，银行、公司和一般平民均可参加。

19. 长期资本流动是指期限在一年以上的资本的跨国流动。短期资本流动是指期限为一年或一年以下的资本的跨国流动。两者的区别主要有：①投资目的不同。长期资本流动是为了达到获利和控制的目的进行投资的；短期资本流动是为了资金安全、保值、获利以及经营业务的需要进行投资的。②投资的期限与稳定性不同。长期资本流动投资期限较长，一般比较稳定；短期资本流动投资期限较短，具有不稳定性。③对一国货币供应量影响不同。长期资本流动一般不影响一国的货币供应量；短期资本流动可以迅速直接影响一国的货币供应量。④对汇率、利率影响不同。长期资本流动一般不影响汇率、利率；短期资本流动对汇率、利率有重要影响。

20. 20世纪80年代以来，国际资本流动出现的新特点包括：金融资本国际化进一步加深，国际直接投资的部门和地区发生了明显的倾斜，国际投资、国际贸易和国际技术转让紧密结合在一起。

三、多项选择题

1	2	3	4	5	6	7	8	9	10
ABCD	ABC	ABCD	BD	AB	BCD	ABD	ABC	ABC	ABCD
11	12	13	14	15	16	17	18	19	20
ABD	ACD	BC	BCD	ACD	AD	ABCD	AB	BC	ACD

【重难点讲解】

4. 牙买加协定的达成标志着布雷顿森林体系的瓦解。该协定删除了以前有关黄金的所有规定，宣布：黄金不再作为货币定值标准，废除黄金官价，可在市场上自由买卖黄金；取消对国际货币基金组织必须用黄金支付的规定；出售国际货币基金组织1/6黄金，所得利润用于建立帮助低收入国家优惠贷款基金；设立特别提款权代替黄金用于会员国与IMF之间的某些支付等等。

6. 香港联系汇率制度是香港金融管理局(金管局)的首要货币政策目标，在联系汇率制度的架构内，通过稳健的外汇基金管理、货币操作及其他适当的措施，维持汇率稳定。

7. 在世界经济发展中，国际金融机构所起的作用包括在重大国际经济金融事件中协调统一行动、提供短期资金，平衡国际收支逆差、提供长期资金，促进欠发达国家经济发展，但是不能干预汇率。

8. 国际金融公司是世界银行集团成员之一。其宗旨是促进发展中国家私营部门的可持续投资，从而减少贫困，改善人民生活。国际金融公司提供贷款、股本、结构性融资、风险管理产品以及咨询服务。

12. 国际货币基金组织的贷款的特点包括：国际货币基金组织对成员国的贷款主要是帮助其解决国际收支问题；国际货币基金组织的贷款是有政策条件的；国际货币基金组织的贷款是临时性的。

14. 国际收支吸收分析法是指只有当一国商品、劳务的产出的增加超过其吸收能力的增加时，该国的国际收支才能得以改善。这里的吸收是指国内居民在商品或劳务上的支出。国民收入不属于支出，因此排除。

15. 伦敦外汇市场、纽约外汇市场、东京外汇市场为世界三大外汇市场。香港外汇市场是国际外汇市场中的重要一环。

16. 在外汇交易中，一般存在着这样几种交易方式：①即期外汇交易。②远期外汇交易。③外汇期货交易。④外汇期权交易。

17. 广义的外汇包括外国货币、外汇支付凭证、特别提款权、外币有价证券等。

18. 所有货币标价法实质上都是两种货币价值的比值，从中可套算出任意两种货币的套算汇率。而当套算汇率与公布的汇价不同时，就产生了获得利润的机会。在外汇交易中，利用不同市场、不同货币、不同交割期限在汇率上的差异进行外汇买卖的活动称为套汇。套汇可分为时间套汇和地点套汇。

19. 复汇率是指一国货币的对外汇率不只有一个，而是有两个或两个以上的汇率。其目的是利用汇率的差别来限制和鼓励商品进口或出口。涉及进出口的汇率主要有贸易汇率和金融汇率。

20. 并不是所有的外国货币都能成为外汇。一种外币成为外汇有三个前提条件：①自由兑换性，即这种外币能自由地兑换成本币。②普遍接受性，即这种外币在国际经济往来中被各国普遍接受和使用。③可偿性，即这种外币资产是可以保证得到偿付的。

四、判断题

1	2	3	4	5	6	7	8	9	10
√	×	×	×	×	×	√	√	√	×
11	12	13	14	15	16	17	18	19	20
×	×	√	×	√	×	×	×	√	×

【重难点讲解】

3. 特别提款权是国际货币基金组织创设的无偿分配给各会员国用以补充现有储备资产的一种国际储备资产。

4. 亚洲开发银行是一个致力于促进亚洲及太平洋地区发展中成员经济和社会发展的区域性政府间金融开发机构。

5. 外国债券是指外国借款人(政府、私人公司或国际金融机构)所在国与发行市场所在国具有不同的国籍并以发行市场所在国的货币为面值货币发行的债券。对发行人来说,发行外国债券的关键就是筹资的成本问题,而对购买者来讲,它就涉及发行者的资信程度、偿还期限和方式、付息方式以及和投资收益率相关的如票面利率、发行价格等问题。外国债券发行方式有两种,一种是公募,另一种是私募。公募是指向社会上不特别指定的广大投资者募集资金。

6. 布雷顿森林会议确立了以美元为中心的国际货币体系。

11. 国际货币基金组织采用的是广义的国际收支概念。

12. 储备账户借方和贷方所表示的含义与经常项目和资本项目是相反的。

14. 国际储备除了黄金储备,还有外汇储备、普通提款权和特别提款权,外汇储备是国际储备的主体。

16. 黄金平价是两种纸币所代表的含金量之比。

17. 一国的经济规模越大,越倾向于采用浮动汇率制度。

18. 我国已经实现了人民币在经常项目下的自由兑换。经常项目下的购汇无须经外汇管理部门审批。

20. 从 1994 年 1 月 1 日起,我国境内机构经常项目外汇收入,除国家规定的以外,都须按市场汇率卖给外汇银行。

五、简答题

1. **【参考答案】**

汇率按照不同的标准进行分类:

(1) 按照确定汇率的方法划分,汇率可分为基本汇率和套算汇率两种。

(2) 按照国家货币当局对外汇管理的宽严程度划分,汇率可以分为官方汇率和市场汇率两种。

(3) 按照国际汇率制度的演变划分,汇率可以分为固定汇率和浮动汇率两种。

(4) 按照银行买卖外汇的角度划分,汇率可以分为买入汇率、卖出汇率、中间汇率及现钞汇率。

(5) 按照外汇交易的交割期限划分,汇率可以分为即期汇率和远期汇率两种。

2. **【参考答案】**

汇率波动不仅影响进出口商品的国内价格,也影响国内其他商品的价格。本币贬值及外币升值,导致进口商品的出口商品在国内的价格提高,相应导致其他商品价格的提高,从而带动整个物价水平的上涨。

3.【参考答案】

(1) 汇率制度的主要内容：①规定确定汇率的依据。②规定汇率波动的界限。③规定维持汇率应采取的措施。④规定汇率应怎样调整。

(2) 汇率制度的分类。根据汇率波动的幅度和频繁程度，汇率制度可以分为固定汇率制度和浮动汇率制度。

4.【参考答案】

影响汇率制度选择的因素主要包括：①一国经济的结构特征是汇率制度选择的基础。②特定的政策意图是汇率制度选择的政策目的。③一国与其他国家的经济合作情况对汇率制度的选择有着重要的影响。④国际经济和环境制约着一国的汇率制度选择。

5.【参考答案】

国际收支失衡的原因概括起来有以下几个方面：①经济周期变化对国际收支的影响。②经济结构对国际收支的影响。③货币流通状况对国际收支的影响。④汇率变化对国际收支的影响。

6.【参考答案】

(1) 作为国际储备的资产必须具有四个特征：①官方持有性。②自由兑换性。③流动性。④无条件获得性。

(2) 国际储备的作用包括：①弥补国际收支差额。②稳定本国货币汇率。③信用保证。

第十二章　金融风险与金融危机

第一部分　内容概要

一、金融风险

（一）金融风险的概念

金融风险是指相关金融指标偏离其期望值的概率大小和幅度。站在损失的角度来看，金融风险是指金融活动参与者所面临的潜在损失的可能性，即由于金融市场的波动而对金融活动参与者的现金流产生负面影响，导致金融活动参与者的金融资产或收益发生损失的可能性。

（二）金融风险的分类

1. 按照风险承受主体划分

1）工商企业面临的风险

工商企业的经营性质决定了其面对的金融风险主要表现为企业业务活动产生的现金流的不确定性。

2）金融企业面临的风险

金融企业面临的风险则是来自金融市场的波动以及金融资产价值的不确定性。

2. 按照风险的来源划分

1）货币风险

货币风险，是指因汇率波动带来的自身资产损益变动的可能性。

2）利率风险

利率风险，是指金融市场上的利率变动造成金融资产的价值波动所产生的风险。

3）信用风险

信用风险，是指金融交易的一方因种种原因最终没有按照合约规定履行相应的义务而给交易对手方带来利益损失的可能性。

4）流动性风险

流动性风险，是指金融资产的变现存在障碍，无法及时变现或无法按照当前的市场价值变现而遭受损失的可能性，也指现金流短缺而无法满足支付需求的可能性。

5）市场风险

市场风险，是指金融市场的行情变化导致证券收益率偏离期望收益率或必要报酬率的可能性。

6）操作风险

操作风险，是指在金融交易的过程中由于操作上的失误而影响交易方收益的可能性。

3．按照风险是否可分散划分

1）系统风险

系统风险是指能够影响一个经济体内所有经济单位的风险，投资者无法通过投资组合将这些风险分散或消除。

2）非系统风险

非系统风险是指与某一特定企业或特定行业相关的风险，可以通过投资者的投资组合进行分散。

二、金融风险管理

金融风险管理是评估、分析和控制金融风险的一系列过程，包括如下五个环节。

（一）金融风险识别

金融风险识别要求准确地分析一个经济主体所面临的风险，以及风险规避的目标。由于各种风险相互交错、互相影响，因此在金融风险识别的过程中，需要特别关注各个金融变量之间的联系，以求全面、客观地厘清一个主体所面临的各方面的金融风险。

（二）金融风险评估

对于识别出的金融风险，需要通过数学的方法来量化风险的影响程度以及各种结果出现的可能性。金融风险评估有两种方法，即账面价值测量法和市场价值测量法。

1．账面价值测量法

账面价值测量法是按照企业所持有的资产和负债的历史成本来编制资产负债表，当资产或负债本身由于被转让等发生变动时，才将资产或负债的实际市场价值与账面价值的差额进行计量的方法。这种方法并不能准确、及时、客观地反映资产或负债的实际经济价值所面临的风险，会造成风险管理和风险暴露间的不对称性。

2．市场价值测量法

市场价值测量法，是指根据资产或负债当前的市场价值进行重新计价，以此作为依据计入资产负债表的风险评估方法。市场价值测量法能够反映资产和负债的实时价值，使市场波动对自身收益的潜在影响及时暴露出来，从而能够有效测量企业所面临的金融风险。

（三）选择风险管理策略

在确认了所面临的风险性质以及程度之后，需要针对特定的风险来选择有效的风险管理方法。

1．风险承担

风险承担是指企业直接承担风险带来的后果。一般来说，当企业无法有效地识别和计量风险时，才不得不采取风险承担的策略。当企业对于该部分风险缺乏必要的管理能力或管理风险的成本过高时，企业将选择风险承担的策略。

2. 风险回避

风险回避是指企业回避或退出风险的波及面，在根源上隔离风险的影响。

3. 风险补偿

风险补偿是指企业针对风险因素提前采取相应的措施来缓解风险在未来造成的负面影响。

4. 风险控制

风险控制是指控制风险事件发生的动因、环境、条件等，以减轻风险事件发生的可能性或降低风险事件负面影响的程度。

5. 风险转移

风险转移是指企业通过与另一方达成某种合约，从而将风险转移给另一方的过程。

6. 风险转换

风险转换是指企业将当前的某种风险转换成另一种风险。风险转换一般不会降低企业所承受的风险总量，而是转化了风险的形式和性质。

7. 风险对冲

风险对冲是指在承担原有风险的基础上，主动引入其他风险，使得这些风险的未来结果能够互相抵消。

(四) 实施风险管理

实施风险管理策略的目标是最小化风险管理的成本，最优化风险管理的效果。

(五) 风险管理效果评价

风险管理是一个动态的过程。在实施风险管理之后，需要对风险管理的效果进行评价，以便对风险管理的各环节进行修正，总结风险管理的经验和不足，提高企业风险管理手段的有效性。

三、金融不稳定理论

金融不稳定理论的主要思想是，资本主义经济制度的本质决定了金融处于经济体系的中枢地位，而金融体系具有显著的不稳定性，这导致经济常常处于波动之中。

(一) 企业的三种债务类型

构成企业资本的一个重要成分是负债。企业对于其债务是否发生违约很大程度上取决于企业对未来利润的预期是否可靠。然而，预期具有不确定性，这种由不确定性引导的投融资决策将因企业性质的不同而对经济造成不同的潜在影响。根据企业“债务—收入”的不同结构，可以将企业分为三种类型：抵补型企业、投机型企业和庞氏型企业。

1. 抵补型企业

抵补型企业一般不存在债务违约行为，其收益基本能够保障债务的偿付。因此，抵补型企业是融资最谨慎、财务风险最低的企业类型。

2. 投机型企业

投机型企业的特点是它们无法在短期内通过收入现金流来偿还债务，预期在长期能够有充足的收入现金流来对债权人还本付息。投机型企业吸收经济冲击的能力要弱于抵补型企业。

3. 庞氏型企业

庞氏型企业是指不能依靠经营利润来还本付息的企业，或者需要通过变卖现有资产、不断举借新债来偿还旧债的企业。由此可见，庞氏型企业不具备吸收经济冲击的能力，是经济中最不稳定的因素。

明斯基认为，经济繁荣在一定程度上是由银行的信用扩张导致的。经过一段较长时期的经济增长之后，经济趋于从抵补型企业占主导的融资结构转向投机型企业和庞氏型企业占主导的融资结构。现金流短缺的企业将不得不为了维持头寸而出售头寸，经济陷入“债务—通缩”境地，这将导致资产价值的崩溃。

(二) 政府干预的必要性

考虑到金融系统的不稳定性以及金融危机的潜伏性和破坏性，金融不稳定理论提出了“大政府”和“大银行”的概念。“大政府”是指在经济衰退期，政府可以通过扩张性政策使宏观经济避免陷入萧条的局面。“大银行”是指中央银行可以对存款准备金率和利率进行调节，以稳定金融市场。

四、金融危机

金融危机是指全部或大部分金融指标的急剧、短暂和超周期的恶化现象。其特征是资产价格急剧下跌、金融机构破产、企业大量倒闭。

(一) 金融危机的表现形式

金融危机的基本表现形式有货币危机、债务危机和银行危机。

1. 货币危机

货币危机是指一国汇率的变动幅度超出了合理、可承受的范围而造成的金融危机。

2. 债务危机

债务危机是指企业或国家出现大规模的债务违约。对于企业来说，杠杆率偏高，企业违约的风险就会提高，同时也会将风险传导到银行系统。对于国家来说，严重的债务危机不仅对债务国的财政造成压力，而且影响整个国际金融系统的稳定。

3. 银行危机

银行危机是商业银行资产负债严重失衡，不能如期偿还债务而发生或濒临发生破产倒闭的危机。

（二）金融危机的成因

1. 资产负债表的资产市场效应

债务人资产负债表与金融危机关系的一个重要机制就是由股价下跌引起的信贷收缩。当整个股票市场的诸多股价都呈下跌状态时，表示经济中的很多企业净资产的市场价值同时下降，债权人的保障将会减弱，贷款的损失将可能更大。由于贷款者的保障减少，他们的信贷供给就会减少，进而导致整个宏观经济的投资支出和总供给下降。

2. 金融机构资产负债恶化

金融机构是连接资金供给方和资金需求方的平台。如果金融机构的资产负债恶化，将导致金融市场中的信息生产数量和质量降低、信贷规模缩减，从而抑制企业的投资活动。

3. 银行危机

当一家银行的经营出现危机时，负面消息带来的恐慌情绪很可能会在整个银行业中传染，这会加速银行资金链断裂的速度，直接或间接地导致银行破产。而一家银行破产之后，又会形成一系列的连锁反应，波及正常经营的银行和金融机构。

4. 利率提高

对于现金流量相对短缺的企业来说，外源融资成为其主要手段。利率的提高加大了这种企业的借款成本，进一步减少了其现金流量，降低了偿债能力，逆向选择和道德风险问题将更突出，从而降低了金融机构发放贷款的动力，造成信贷规模收缩。

5. 政府财政收支失衡

当人们预期政府由于财政收支失衡而提高违约的可能性时，政府债券价格就会降低，进而造成持有政府债券的金融机构资产状况恶化，从而加剧金融危机发生的可能性。

五、金融监管

金融监管的基本目的包括：减少金融系统的信息不对称程度、增强监管的针对性和有效性、降低监管的成本、提高金融系统的安全性和效率。

1. 金融监管的内容

1）资本充足率

资本充足率是指金融监管当局对金融机构所要求的最低资本储备要求。资本充足率并非越高越好，过高的、不恰当的资本充足率将增加金融机构资金占用的机会成本，降低金融系统的资金融通效率。

2）监管检查

监管检查指的是监管部门针对金融行业的特点，制定的监管制度以及实施的具体监管行为。监管检查既包括现场监管，也包括非现场监管。

3）市场约束

市场约束是指金融市场的运转秩序。有效的市场约束能促使金融机构自觉披露重要信息，迫使管理落后或运营不良的金融机构退出市场。

2. 金融监管机构

我国的金融监管是由国务院金融稳定发展委员会统筹抓总，中国人民银行、银保监会、证监会和国家外汇管理局分工合作。

第二部分 练 习 题

一、名词解释

1. 流动性风险
2. 信用风险
3. 系统风险
4. 非系统风险
5. 账面价值测量法
6. 市场价值测量法
7. 风险补偿
8. 风险控制
9. 风险转移
10. 风险对冲
11. 庞氏型企业
12. 货币危机
13. 债务危机
14. 银行危机
15. 资本充足率

二、单项选择题

1. 下列各项中，不属于工商企业面临的金融风险的是（　　）。

A. 应收账款平均账龄过长，坏账损失可能性较大

B. 因原材料价格上涨，企业现金流出增加

C. 融资成本提高

D. 信贷资金预计无法按期收回

2. 由于债务人信用评级的降低而导致债权价值缩水的可能性是（　　）。

A. 流动性风险　　B. 信用风险

C. 利率风险　　D. 汇率风险

3. 在金融交易过程中由于操作失误而影响交易方收益的可能性是指(　　)。

A. 市场风险　　B. 流动性风险

C. 操作风险　　D. 信用风险

4. 下列事项中,投资者无法通过投资组合分散的风险是(　　)。

A. 利率波动　　B. 企业财务杠杆较高

C. 企业债券信用评级下调　　D. 企业产成品积压严重

5. 银行对贷款者往往会进行严格的信用评估,目的是防范(　　)。

A. 汇率风险　　B. 系统风险

C. 工商企业面临的金融风险　　D. 信用风险

6. 随着债券到期日的临近,债券持有者所面临的(　　)会越来越小。

A. 市场风险　　B. 利率风险

C. 流动性风险　　D. 信用风险

7. 与M_0(流通中的现钞)相比,M_2(广义货币)所面临的(　　)更为显著。

A. 流动性风险　　B. 操作风险

C. 货币风险　　D. 信用风险

8. 由于投资者和公司内部人员存在信息不对称,投资者有时会对公司发出的信号过度解读,做出非理性的预期和投资决策。这又会进一步误导其他投资者对市场行情的判断,甚至造成过度乐观或过度恐慌情绪的蔓延。这说明投资者在证券投资中往往面临(　　)。

A. 利率风险　　B. 货币风险

C. 市场风险　　D. 信用风险

9. 在利率互换合约中,换出浮动利率的一方是出于对(　　)的规避。

A. 交易风险　　B. 汇率风险

C. 利率风险　　D. 财务风险

10. 在每个会计年度末,根据公允价值对金融资产的账面价值进行调整的风险评估方法是(　　)。

A. 账面价值测量法　　B. 市场价值测量法

C. 两者兼有　　D. 以上都不对

11. 当企业对某种风险的管理成本过高,同时该风险又不会对企业造成显著损失时,企业针对该风险最适宜选择(　　)。

A. 风险承担　　B. 风险对冲

C. 风险控制　　D. 风险回避

12. 当企业某项业务所在的领域竞争过于激烈,企业权衡之后选择出售该项业务。企业的这种风险管理策略是(　　)。

A. 风险转移　　B. 风险控制

C. 风险补偿　　D. 风险回避

13. 银行针对信用状况较差的客户往往收取较高的贷款利息。银行的这种风险管理策略是(　　)。

A. 风险承担　　B. 风险补偿

C. 风险回避　　D. 风险对冲

14. 应收账款保理使企业获得流动性的同时,也实现了(　　)。

A. 风险控制　　B. 风险转换

C. 风险转移　　D. 风险对冲

15. 为了预防所持有的资产减值而带来损失,企业有时通过在期货市场上进行反向操作来抵消现货市场价格波动带来的影响。这属于风险管理策略中的(　　)。

A. 风险控制　　B. 风险转换

C. 风险转移　　D. 风险对冲

16. 根据企业"债务—收入"结构差异进行划分的企业类型中,(　　)是融资最谨慎、财务风险最低的类型。

A. 庞氏型企业　　B. 抵补型企业

C. 投机型企业　　D. 以上都不对

17. 当(　　)在经济结构中的比重非常大时,宏观经济将不断背离均衡。

A. 庞氏型企业　　B. 抵补型企业

C. 投机型企业　　D. 以上都不对

18. 大部分金融指标的急剧、短暂和超周期的恶化现象是(　　)。

A. 金融风险　　B. 金融危机

C. 金融波动　　D. 以上都不对

19. 下列各项中,容易引发债务危机的是(　　)。

A. 经济中大量企业维持较高的财务杠杆

B. 本币汇率被严重低估

C. 国际账户的经常项目频繁发生大额逆差

D. 商业银行资产负债严重失衡

20. 下列各项中,可以解决银行危机的是(　　)。

A. 提高外债利用效率　　B. 去杠杆

C. 完善银行风险评价指标体系　　D. 保持适当的外汇储备

21. 下列各项中,不属于金融监管的基本内容的是(　　)。

A. 监管检查　　B. 资本结构

C. 资本充足率　　D. 市场纪律

22. 金融监管当局对金融机构所要求的最低资本储备要求是(　　)。
A. 法定准备金率　　B. 法定盈余公积金
C. 资产负债率　　D. 资本充足率

23. 下列各项中,不属于防范潜在金融危机措施的是(　　)。
A. 金融机构维持高水平的资本储备
B. 完善金融监测指标体系
C. 合理有效的市场纪律
D. 金融监管部门有针对性的进行现场监管

24. 下列各项中,不属于我国金融监管机构的是(　　)。
A. 证监会　　B. 银保监会
C. 中国人民银行　　D. 财政部

25. 在我国的金融监管体系中,负责统筹抓总的部门是(　　)。
A. 中国人民银行　　B. 国家外汇管理局
C. 国务院金融稳定发展委员会　　D. 银保监会

三、多项选择题

1. 按风险是否可分散,金融风险可划分为(　　)。
A. 系统风险　　B. 工商企业面临的风险
C. 非系统风险　　D. 金融企业面临的风险

2. 货币风险分为(　　)。
A. 汇率风险　　B. 利率风险
C. 交易风险　　D. 折算风险

3. 下列事项中,投资者能够通过投资组合分散的风险有(　　)。
A. 自然灾害　　B. 企业股价波动较大
C. 企业经营管理不善　　D. 本国货币大幅度贬值

4. 从金融风险划分的不同角度来看,一个制造型企业发生流动性不足说明该企业可能面临(　　)。
A. 工商企业面临的金融风险　　B. 可分散风险
C. 信用风险　　D. 流动性风险

5. 为了有效地实施风险转移策略,下列做法中,正确的有(　　)。
A. 通过保监会网站查询拟投保公司的经营效益
B. 评估拟投保公司的偿付能力充足率是否达标
C. 选择专业素养和职业道德水平较高的保险代理人
D. 适当关注拟投保公司的负面新闻

6. 明斯基根据企业“债务—收入”的不同结构，将企业分为(　　)。

A. 庞氏型企业　　B. 抵补型企业

C. 投机型企业　　D. 投资型企业

7. 基于金融不稳定理论提出的政策建议有(　　)。

A. 计划经济　　B. 看不见的手

C. 大银行　　D. 大政府

8. 下列关于金融危机成因的表述中，不正确的有(　　)。

A. 股市行情波动较大　　B. 商业银行面临兑付危机

C. 利率下跌　　D. 国债违约风险大幅提高

9. 金融危机的主要表现形式包括(　　)。

A. 货币危机　　B. 债务危机

C. 资源危机　　D. 银行危机

10. 金融危机的连锁反应一般包括(　　)。

A. 经济萧条　　B. 失业率提高

C. 市场信心崩溃　　D. 社会动荡

11. 金融危机的特征有(　　)。

A. 本币大幅升值　　B. 资产价格急剧下跌

C. 金融机构破产　　D. 企业大量倒闭

12. 下列方法中，能有效防范和化解货币危机的有(　　)。

A. 加快推进供给侧结构性改革

B. 完善本国的汇率制度，使汇率制度与本国的经济发展水平相协调

C. 银行需要重视外生性金融风险危机管理预案的建立

D. 根据本国的进出口状况确定恰当的外汇储备

13. 资产负债表的资产市场效应导致金融危机的表现包括(　　)。

A. 股价普遍下跌

B. 银行缩减信贷规模

C. 信贷债务人道德风险加大

D. 银行倒闭的恐慌情绪传染

14. 金融机构资产负债表恶化可能带来的影响有(　　)。

A. 逆向选择问题突出　　B. 本国币值波动

C. 信贷规模缩减　　D. 社会投资规模减少

15. 针对银行危机，可以采取的防控金融危机的方法有(　　)。

A. 保持适当的资本充足率　　B. 参保存款保险

C. 增加外币储备量　　D. 分散化投资

16. 政府财政收支失衡带来的影响包括(　　)。

A. 政府债券违约风险加大

B. 外币投资者的恐慌

C. 本国以外币计价企业的资产负债状况恶化

D. 利率波动加大

17. 金融监管的目标包括(　　)。

A. 推动金融工具创新,提高金融市场活力

B. 缓解金融系统的高风险性给宏观经济稳定增长带来的负面影响

C. 减少金融系统的信息不对称程度

D. 提高金融系统的安全性和效率

18. 金融机构维持适当资本充足率的原因包括(　　)。

A. 增强金融机构抵御风险的能力

B. 保障中小投资者的利益

C. 弱化金融危机在金融系统内的联动反应

D. 保证金融机构的盈利能力

19. 下列关于监管检查的说法中,正确的有(　　)。

A. 现场监管是非现场监管的基础

B. 构建实时性监测系统是监管检查的发展目标之一

C. 监管检查是对金融机构的经营活动构成的一系列约束

D. 监管检查有利于防范潜在的金融危机

20. 合理有效的市场准入和退出机制有利于(　　)。

A. 促使金融机构主动披露信息

B. 淘汰运营不良的金融机构

C. 防范潜在的金融危机

D. 提高金融市场的资金融通效率

四、判断题

1. 风险仅指未来损失的不确定性,与收益的不确定性无关。(　　)
2. 站在损失的角度来看,金融风险是指金融活动参与者所面临的潜在损失的可能性。(　　)
3. 一般来说,工商企业的金融风险敞口比金融企业大。(　　)
4. 在其他条件保持不变的条件下,长期债券的利率风险小于短期债券。(　　)
5. 实施风险管理策略的目标是最优化风险管理的效果。(　　)
6. 金融风险特别是指金融活动参与者所面临潜在损失的可能性,企业风险管理的目标是消除一切风险敞口。(　　)

7. 风险管理是一个动态的过程。 ( )
8. 实施风险管理是金融风险管理的终点。 ( )
9. 对于金融风险的评估,定性的方法要优于定量的方法。 ( )
10. 金融风险管理过程的核心是金融风险评估。 ( )
11. 各种金融风险一般是互相独立的。 ( )
12. 企业通过退出风险波及面来进行风险管理的策略是风险转移。 ( )
13. 风险转换是企业将当前的某种风险转换成另一种风险。 ( )
14. 在承担原有风险的基础上,主动引入其他风险的风险管理策略是风险承担。 ( )
15. 金融不稳定理论认为,经济存在波动的一个重要原因是金融体系的不稳定。 ( )
16. 庞氏型企业的财务杠杆最低。 ( )
17. 投机型企业将偿还债务的能力寄托在未来的现金流上。 ( )
18. 庞氏型企业不具备吸收经济冲击的能力,是经济中最不稳定的因素。 ( )
19. 庞氏型企业对现金流变化的敏感程度比投机型企业和抵补型企业都要大。 ( )
20. 债务资本化是解决国际债务危机的途径之一。 ( )

五、简答题

1. 如何进行金融风险管理?
2. 简述金融危机的表现形式以及相应的防范措施。
3. 简述金融危机的成因。

第三部分 参考答案

一、名词解释

1. 流动性风险

流动性风险是指金融资产的变现存在障碍,无法及时变现或无法按照当前的市场价值变现而遭受损失的可能性,也指现金流短缺而无法满足支付需求的可能性。

2. 信用风险

信用风险是指金融交易的一方因种种原因最终没有按照合约规定履行相应的义务而给交易对手方所带来利益损失的可能性。

3. 系统风险

系统风险是指由影响整个资本市场的风险因素引起的金融资产收益率波动的可能性,这些风险因素包括宏观经济形势的波动、国际形势的变动等。

4. 非系统风险

非系统风险是指与某一特定企业或特定行业相关的风险。该风险因素仅对该企业或该行业的资产收益率产生影响，并非与所有的经济单位相关。

5. 账面价值测量法

账面价值测量法是指按照企业所持有的资产和负债的历史成本来编制资产负债表，当资产或负债本身由于被转让等而发生变动时，才将资产或负债的实际市场价值与账面价值的差额进行计量的方法。

6. 市场价值测量法

市场价值测量法是指根据资产或负债当前的市场价值进行重新计价，以此作为依据计入资产负债表的风险评估方法。

7. 风险补偿

风险补偿是指企业针对风险因素提前采取相应的措施来缓解风险在未来造成的负面影响。

8. 风险控制

风险控制是指控制风险事件发生的动因、环境、条件等，以减轻风险事件发生的可能性或降低风险事件负面影响的程度。

9. 风险转移

风险转移是指企业通过与另一方达成某种合约，从而将风险转移给另一方的过程。

10. 风险对冲

风险对冲是指在承担原有风险的基础上，主动引入其他风险，使得这些风险的未来结果能够互相抵消。

11. 庞氏型企业

庞氏型企业是指不能依靠经营利润来还本付息的企业，或者需要通过变卖现有资产、不断举借新债来偿还旧债的企业。

12. 货币危机

货币危机是指一国汇率的变动幅度超出了合理、可承受的范围而造成的金融危机。

13. 债务危机

债务危机是指企业或国家出现大规模的债务违约。

14. 银行危机

银行危机是指商业银行资产负债严重失衡，不能如期偿还债务而发生或濒临发生破产倒闭的危机。一家银行危机的发生，往往可能会影响到其他银行，而且还有可能和其他风险因素联动，引发整个银行系统乃至整个金融系统的危机。

15. 资本充足率

资本充足率是指金融监管当局对金融机构所要求的最低资本储备要求。

二、单项选择题

1	2	3	4	5	6	7	8	9	10
D	B	C	A	D	B	A	C	C	B
11	12	13	14	15	16	17	18	19	20
A	D	B	C	D	B	A	B	A	C
21	22	23	24	25					
B	D	A	D	C					

【重难点讲解】

2. 信用风险包括由于债务人信用评级降低，致使债务的市场价格下降而造成的损失。

4. 利率波动属于市场风险，无法通过投资组合进行分散。

5. 信用风险是由于借款人或交易对手的违约而导致的损失的可能性。因此，商业银行对贷款者会进行严格的信用评估。

6. 随着债券到期日的临近，债券持有者所面临的偿债压力就会减小，而偿还债务利息则面临利率风险，期限越短，面临的利率就会越来越小。

7. 流动性风险是指金融资产的变现存在障碍，无法及时变现或无法按照当前的市场价值变现而遭受损失的可能性，也指现金流短缺而无法满足支付需求的可能性。M_0(流通中的现钞)不需要变现，而M_2(广义货币)除了现金，还包括企业活期存款、机关团体部队存款、农村存款、个人持有的信用卡类存款、城乡居民储蓄存款、企业存款中具有定期性质的存款、外币存款、信托类存款等。

10. 市场价值测量法是指根据资产或负债当前的市场价值进行重新计价，以此作为依据计入资产负债表的风险评估方法。

11. 当企业对某种风险的管理成本过高，同时该风险又不会对企业造成显著损失时，即保留风险的成本要低于管理该风险的成本，因此企业针对该风险最适宜选择风险承担。

12. 由于竞争激烈，企业将某项业务出售，则回避了竞争带来的风险，因此属于风险回避。

13. 风险补偿是指企业针对风险因素提前采取相应的措施来缓解风险在未来造成的负面影响。

14. 应收账款保理使企业获得流动性的同时，也实现了风险转移。

15. 风险对冲是为了预防所持有的资产减值而带来的损失，企业有时通过在期货市场上进行反向操作来抵消现货市场价格波动带来的影响。

17. 庞氏型企业是指不能依靠经营利润来还本付息的企业，或者需要通过变卖现有资产、不断举借新债来偿还旧债的企业。

18. 只有金融危机才能引起大部分金融指标的急剧、短暂和超周期的恶化。

19. 引发债务危机一般是因为企业的财务杠杆过高。货币危机是指一国汇率的变动幅度超出了合理、可承受的范围而造成的金融危机，因此本币汇率被严重低估属于货币危机。商业银行资产负债表严重失衡属于银行危机。

21. 金融监管机构不能监管金融企业的资本结构。

22. 资本充足率是指金融监管当局对金融机构所要求的最低资本储备要求。

24. 我国的金融监管体系是“一委一行两会一局”，不包括财政部。

25. 我国的金融监管体系是“一委一行两会一局”，即国务院金融稳定发展委员会统筹抓总，中国人民银行、银保监会、证监会和国家外汇管理局分工合作。

三、多项选择题

1	2	3	4	5	6	7	8	9	10
AC	CD	BC	ABD	ABCD	ABC	CD	AC	ABD	ABCD
11	12	13	14	15	16	17	18	19	20
BCD	BD	ABC	CD	AB	AB	BCD	ABC	BD	ABCD

【重难点讲解】

1. 按风险是否可分散，金融风险可划分为系统风险和非系统风险两大类。

2. 按照风险的来源不同，金融风险可以分为货币风险、利率风险、信用风险、流动性风险、市场风险和操作风险。其中，交易风险和折算风险属于货币风险。

3. 自然灾害、本国货币大幅度贬值属于宏观现象，属于系统风险；而企业股价波动较大和经营管理不善则属于企业个体所面临的风险，可通过投资组合进行风险分散。

4. 从金融风险划分的不同角度来看，一个制造型企业发生流动性不足说明该企业可能面临工商企业面临的金融风险、可分散风险及流动性风险，而信用风险虽然也是企业风险的一种，但并非由企业流动性不足而引发的。

6. 根据企业“债务—收入”的不同结构，可以将企业分为三种类型：抵补型企业、投机型企业和庞氏型企业。

7. 金融不稳定理论提出了“大政府”和“大银行”的概念。“大政府”是指在经济衰退期，政府增加财政支出和减免税收的举措可以帮助企业维持必要的利润，使得整体宏观经济避免陷入萧条的局面。“大银行”是指中央银行可以对存款准备金率和利率进行调节，从而预防和缓和金融体系陷入动荡状态。

9. 金融危机是指全部或大部分金融指标的急剧、短暂和超周期的恶化现象。其特征是资产价格急剧下跌，金融机构破产，企业大量倒闭。金融危机的基本表现形式有货币危机、债务危机和银行危机。

10. 金融危机的连锁反应一般包括经济萧条、失业率提高、市场信心崩溃、社会动荡等。

11. 当整个经济体的货币币值出现幅度较大的贬值,经济规模与经济增长受到严重打击,社会生产将停滞或倒退。因此本币大幅升值不属于金融危机的特征。

13. 债务人的资产负债情况很大程度上对金融危机的出现有着最直接的影响。债务人资产负债表与金融危机关系的一个重要机制就是由股价下跌引起的信贷收缩。

14. 金融机构的资产负债恶化,将导致金融市场中的信息生产数量和质量降低。尤其是像商业银行这样的直接持有金融资产的金融中介机构资产负债状况恶化时,其资本金的短缺将导致信贷规模缩减,抑制经济的投资和生产活动。

16. 政府财政收支失衡会使政府债券违约风险加大,并引起外币投资者的恐慌。

17. 金融监管的基本目的包括:减少金融系统的信息不对称程度、增强监管的针对性和有效性、降低监管的成本、提高金融系统的安全性和效率。

18. 金融机构维持必要的资本充足率,既能够减轻信息不对称的影响,保障中小投资者的利益,又能增强金融机构抵御风险的能力。

四、判断题

1	2	3	4	5	6	7	8	9	10
×	√	×	×	√	×	√	×	×	√
11	12	13	14	15	16	17	18	19	20
×	×	√	×	√	×	√	√	√	√

【重难点讲解】

1. 风险是指未来损失的不确定性。

3. 风险敞口指未加保护的风险,即因债务人违约行为导致的可能承受风险的信贷余额,指实际所承担的风险,一般与特定风险相连。

4. 在其他条件保持不变的条件下,长期债券的利率风险一般大于短期债券。

6. 金融风险指的是与金融有关的风险,如金融市场风险、金融产品风险、金融机构风险等。一家金融机构发生的风险所带来的后果,往往超过其对自身的影响。金融机构在具体的金融交易活动中出现的风险,有可能对该金融机构的生存构成威胁。具体的一家金融机构因经营不善而出现危机,有可能对整个金融体系的稳健运行构成威胁;一旦发生系统风险,金融体系运转失灵,必然会导致全社会经济秩序的混乱,甚至引发严重的政治危机。

8. 实施风险管理是金融风险管理的一个重要组成部分。

9. 对于金融风险的评估,应该将定性方法和定量方法相结合进行合理评估。

11. 各金融风险并非相互独立的。金融机构在具体的金融交易活动中出现的风险,有可能对该金融机构的生存构成威胁,也有可能对整个金融体系的稳健运行构成威胁。一旦发生系统风险，金融体系运转失灵，必然会导致全社会经济秩序的混乱，甚至引发严重的政治危机。

12. 风险转移是指通过合同或非合同的方式将风险转嫁给另一个人或单位的一种风险处理方式。风险转移是对风险造成的损失的承担的转移。

14. 风险自留也称为风险承担，是指企业自己非理性或理性地主动承担风险，即指一个企业以其内部的资源来弥补损失。

16. 庞氏型企业是指不能依靠经营利润来还本付息的企业，或者需要通过变卖现有资产、不断举借新债来偿还旧债的企业，因此庞氏型企业财务杠杆高。

五、简答题

1.【参考答案】

进行金融风险管理主要分为以下五步：

(1) 金融风险识别。金融风险识别要求准确地分析一个经济主体所面临的风险从而确定风险规避的目标。在金融市场中，各种风险并不是独立存在的，而是相互交错、互相影响的，所以需要特别关注各个金融变量之间的联系。

(2) 金融风险评估。金融风险评估是整个风险管理过程的核心。对于识别出的金融风险，需要通过数学的方法来量化风险的具体程度，从而选择恰当的风险管理手段。常用的风险评估方法有账面价值测量法和市场价值测量法。市场价值测量法是指根据资产或负债当前的市场价值进行重新计价，以此作为依据计入资产负债表的风险评估方法。该方法反映了资产和负债的实时价值，使市场波动对自身收益的潜在影响能够及时暴露出来，从而能够有效测量企业所面临的金融风险。

(3) 选择风险管理策略。在确认风险性质以及影响程度之后，需要针对特定的风险选择有效的风险管理策略。一般来说，风险管理策略有以下七种：风险承担、风险规避、风险补偿、风险控制、风险转移、风险转换、风险对冲。

(4) 实施风险管理。当确定了风险管理的策略之后，下一步就是实施相应的策略。实施风险管理策略的目标是最小化风险管理的成本，最优化风险管理的效果。

(5) 风险管理效果评价。在实施风险管理之后，需要对风险管理的效果进行评价，以便对风险管理的各环节进行修正，总结风险管理的经验和不足，提高企业风险管理手段的有效性。同时，随着时间的推移，新的风险状况可能会出现。有效地总结过去风险管理的经验，能够减轻企业与风险事件的信息不对称，提高风险管理的效率。

2.【参考答案】

金融危机的表现形式有货币危机、债务危机和银行危机，其具体内容如下：

(1) 货币危机。货币危机是指一国汇率的变动幅度超出了合理、可承受的范围而造成的金融危机。为了防范和化解货币危机，一方面可以完善本国的汇率制度，使汇率制度与本国的经济发展水平相协调。另一方面,应当根据一国的进出口状况确定恰当的外汇储备。

(2) 债务危机。债务危机是指企业或国家出现大规模的债务违约。当大规模债务违约出现的时候,就很有可能造成系统性的金融风险。在企业层面,应当加快推进供给侧结构性改革,释放经济活力和创造力,提高投入产出效率,从而降低杠杆以防范债务危机。在国家层面,可以适当推进债务资本化、证券化,提高本国经济的生产效率、提高外债利用效率等。

(3) 银行危机。银行危机是指商业银行资产负债严重失衡,不能如期偿还债务而发生或濒临发生破产倒闭的危机。对于银行危机的防范,一方面可以完善银行风险评价指标体系,加强对风险数据的监测和预警;另一方面要求银行建立外生性金融风险的应对方案和危机管理预案,协同银监会和政府资源,加强对经济波动的抗冲击能力,提高银行防范外生性风险的能力。

3.【参考答案】

金融危机出现的原因主要有以下五点:

(1) 资产负债表的资产市场效应。当市场上诸多股价都呈下跌状态时,企业的净资产市值缩水,这将减弱对企业债权人的保障,扩大债权人的潜在损失,进而导致社会的信贷供给减少,整个宏观经济的投资支出和总供给下降。同时,由于企业投资失败的成本更低,它们也将更有动力将借款投资于高风险的领域,进一步导致信贷收缩。

(2) 金融机构资产负债恶化。金融机构的资产负债情况恶化,将导致金融市场中的信息生产数量和质量降低,进而缩减信贷规模,抑制经济的投资和生产活动。

(3) 银行危机。当一家银行的经营出现危机时,负面消息带来的恐慌情绪很可能会在整个银行业中传染,使得人们可能在短期内集中去银行提取存款,加速银行资金链的断裂,并形成一系列的连锁反应,波及正常经营的银行和金融机构,对整个金融秩序造成破坏。

(4) 利率提高。对于现金流量充足的企业来说,依靠内源融资的比重会更大,受到利率变动的影响会比较小。但是对于现金流量相对短缺的企业来说,由于金融资产和利润留存的不足,外源融资成为其主要手段,利率的提高加大了其借款的成本,进一步减少了其现金流量。这些企业的偿债能力将更低,逆向选择和道德风险问题将更突出,从而降低了金融机构发放贷款的动力,最终造成信贷规模、投资和经济活动的收缩。

(5) 政府财政收支失衡。当人们预期政府违约的可能性提高时,政府债券价格就会降低,进而造成金融机构的资产状况恶化。同时,还可能引起外币投资者的恐慌,使外币撤出本国、本币汇率降低,造成以外币计价的本国企业的资产负债状况恶化。

第十三章　金融功能与金融可持续发展

第一部分　内容概要

一、金融功能

（一）资源配置

传统金融的核心功能是便利金融资源在不同时空和不同主体之间的转移，即资金的融通。随着世界经济的发展，金融市场的机构发生了变化，资金的融通变成了金融资源的配置。

（二）清算、结算

金融能够提供清算和支付结算的途径，以完成商品、服务和资产的交易。

（三）储备资源及分配股份

金融系统将一个个家庭的资金聚集起来并在投资中分割股份，为单个家庭提供了参与需要大量资金的投资的机会。

（四）风险规避

金融能够提供风险管理的方法，以达到规避风险的目的。正如资金通过金融系统转移一样，风险也在转移。金融中的很多金融合约是关于转移风险的，而不是转移资金的。

（五）提供价格信息

金融提供价格信息的功能，帮助协调不同经济部门的决策。

（六）解决激励问题

在现代金融中交易中，交易中的一方拥有另一方没有的信息，或一方作为另一方的代理人为其决策时，容易出现代理问题，此时，金融可以提供解决激励问题的方法。

二、金融可持续发展

（一）金融资源

以金融资源学说为基础的金融可持续发展理论认为：①金融是一种资源，是一种社会资源，是一国的战略性稀缺资源。②以合理运用金融资源为基础，实现金融可持续发展，进而推进社会文化和经济的全面协调可持续发展。③金融关系着国家经济安全，是第二国防，必须提高警惕捍卫本国金融主权。

1. 金融资源的概念

金融资源是指金融领域中关于金融服务主体与客体的结构、数量、规模、分布及其效应和相互作用关系的一系列对象的总和或集合体。

2. 金融资源的战略性意义

作为一种战略性资源，金融资源在一个经济中的战略性作用是通过其整体性的宏观功能来体现的。主要表现在以下两个方面：

(1) 金融资源向一个经济体所提供的资源配置能力和资源配置效率决定这个经济体的综合发展水平和潜在增长能力。

(2) 金融资源在将一个经济体的经济关系深化为金融关系的同时，不可避免地提高这个经济体的系统的风险程度，从而使得这个经济体的内在安全性变得相对脆弱。

(二) 金融创新

1. 金融创新的概念

金融创新是指在金融领域建立新的生产函数，它是各种金融要素新的结合，是为了追求利润机会而形成的市场改革，主要泛指金融体系和金融市场上出现的一系列新事物。

2. 金融创新的类型

常用的金融创新分类方法主要包括以下两种：

(1) 按照熊彼得的创新法分类，金融创新可粗略分为五大类，即新技术在金融业的应用、国际新市场的开拓、国内国际金融市场上各种新工具的出现、银行业组织和管理方面的改进和金融机构方面的变革。

(2) 按照金融创新工具所起的金融中介作用分类，金融创新可分为四类，即风险转移型金融创新、流动性增强型金融创新、债权型金融创新以及股权型金融创新。

3. 金融创新的意义

(1) 创新是发展的源动力，金融创新是金融业持续发展的基础。

(2) 金融创新是解决金融矛盾的关键。

(3) 金融创新是防范金融风险、使金融可持续发展的有效途径。

(三) 金融可持续发展

1. 金融可持续发展的概念及原则

金融可持续发展是指金融体制和金融机制随着经济的发展而不断调整，从而合理有效地动员和配置金融资源，提高金融效率，以实现经济和金融在长期内有效运行和稳健发展。金融可持续发展的基本原则：①无浪费原则。②无破坏性原则。

2. 金融可持续发展的主要体现

金融可持续发展取决于人类对金融资源的理性开发与利用。金融可持续发展的内涵，绝不简单地指一个国家的金融或全球的金融能否持续地演进下去，而是指在合理利用金融资源的基础上，使金融能够有效地促进和调控经济的发展，实现效率与公平的双优目标。

3. 增强金融可持续发展系统的自我发展能力

增强金融可持续发展系统自我发展能力的根本途径在于依靠科技进步和提高劳动者素质,这里需要注意三个问题:

(1) 不同性质的金融机构的动力机制构造存在差异。

(2) 注意健全目标系统、信息系统、工作系统等动力机制运行要素。

(3) 要注意金融可持续发展动力机制运行过程,即指挥、执行和反馈的合理衔接。

(四) 对金融可持续发展的评价

对金融可持续发展的评价主要包括以下三点:

(1) 金融可持续发展确立了金融学研究的最终目标。

(2) 金融可持续发展是一种全新的金融效率观。

(3) 金融可持续发展强调金融学的社会科学属性。

(五) 我国实施金融可持续发展的战略选择

我国实施金融可持续发展的战略选择主要从以下两个方面进行:

(1) 注重金融发展的质性和量性的结合。

(2) 确保金融产业的独立性。确保金融产业独立性对金融可持续发展的意义主要表现在以下三点:①独立性是主动性的基础。②有利于消除杠杆。③提高金融体系的安全性。

第二部分　练　习　题

一、名词解释

1. 金融的资源配置功能
2. 金融的清算、结算功能
3. 金融资源
4. 金融创新
5. 金融可持续发展

二、单项选择题

1. 传统金融的核心功能是便利金融资源在不同时空和不同主体之间的转移,即(　　)。

A. 金融管制　　B. 资金融通

C. 信贷配额　　D. 金融资产单调

2. 金融体系通过(　　)功能,调剂整个社会中资金的余缺,以达到对资金的更有效利用,进而提高整个社会的福利水平。

A. 清算、结算　　B. 股份分配

C. 资源配置　　D. 风险规避

3. 金融提供(　　)功能,帮助协调不同经济部门的决策。

A. 清算、结算　　B. 风险规避

C. 资源配置　　D. 价格信息

4. (　　)是指金融领域中关于金融服务主体与客体的结构、数量、规模、分布及其效应和相互作用关系的一系列对象的总和或集合体。

A. 金融资源　　B. 货币资源

C. 储备资源　　D. 准备金

5. (　　)是解决金融矛盾的关键。

A. 金融创新　　B. 金融发展

C. 金融压抑　　D. 金融资产

三、多项选择题

1. 金融压抑的表现有(　　)。

A. 金融管制　　B. 利率限制

C. 信贷配额　　D. 金融资产单调

2. 金融发展对经济发展的作用体现在(　　)。

A. 有助于资本积累

B. 有助于提高资源的使用效率

C. 有助于提高金融资产储蓄比例

D. 有助于提高经济效率

3. 金融压抑战略对经济发展和经济成长的负效应主要表现在(　　)。

A. 负收入效应　　B. 负储蓄效应

C. 负投资效应　　D. 负就业效应

4. 金融自由化的主要内容有(　　)。

A. 放松利率管制　　B. 发行直接融资工具

C. 放松汇率限制　　D. 缩减指导性信贷计划

5. 激励问题有很多种形式,其主要内容有(　　)。

A. 道德风险　　B. 逆向选择

C. 代理问题　　D. 购买股票

6. 下列各项中,属于金融可持续发展理论观点的有(　　)。

A. 金融是一种资源　　B. 金融资源是一国的战略性稀缺资源

C. 金融关系着国家经济安全　　D. 金融是国家的第二国防

7. 按照熊彼得的创新方法,金融创新可分为(　　)。

A. 新技术在金融业的应用　　　　B. 国际新市场的开拓

C. 金融机构方面的变革　　　　D. 银行业组织管理方面的改进

8. 按照金融创新工具所起的中介作用分类，金融创新可分为(　　)。

A. 利率创新　　　　B. 汇率创新

C. 债权型金融创新　　　　D. 股权型金融创新

四、判断题

1. 一般而言，经济不发达国家的金融相关率要高于发达国家的金融相关率。(　　)
2. 一个社会的货币化率与其商品经济发展程度呈负相关关系。(　　)
3. 金融压抑论认为，在经济相对落后的发展中国家，企业投资主要依赖外源型融资。(　　)
4. 金融深化论认为放松利率管制有利于促进经济发展。(　　)
5. 公共政策的最主要的目标是维护金融体系的安全，并在此前提下，提升金融效率。(　　)
6. 金融资源的配置状况与经济宏观调控密切相关。(　　)
7. 实行市场经济的国家也就是金融自由化的国家。(　　)
8. 金融自由化的标志之一就是政府放弃对金融业的干预。(　　)
9. 官定利率过低是金融压抑的表现之一。(　　)
10. 金融中的很多金融合约是关于转移风险的，而不是转移资金的。(　　)

五、简答题

1. 简述金融资源的战略性意义。
2. 简述金融创新的分类。
3. 简述金融创新的意义。
4. 简述金融可持续发展的评价。
5. 简述确保金融产业的独立性对金融可持续发展的意义。

第三部分　参考答案

一、名词解释

1. 金融的资源配置功能

传统金融的核心功能是便利金融资源在不同时空和不同主体之间的转移，即资金的融通。

2. 金融的清算、结算功能

金融能够提供清算和支付结算的途径，以完成商品、服务和资产的交易。

3. 金融资源

金融资源是指金融领域中关于金融服务主体与客体的结构、数量、规模、分布及其效应和相互作用关系的一系列对象的总和或集合体。

4. 金融创新

金融创新是指在金融领域建立新的生产函数，它是各种金融要素新的结合，是为了追求利润机会而形成的市场改革，主要泛指金融体系和金融市场上出现的一系列新事物。

5. 金融可持续发展

金融可持续发展是指在合理利用金融资源的基础上，使金融能够有效地促进和调控经济的发展，实现效率与公平的双优目标。

二、单项选择题

1	2	3	4	5
B	C	D	A	A

【重难点讲解】

1. 传统金融的核心功能是便利金融资源在不同时空和不同主体之间的转移，即资金的融通。

2. 金融体系通过资源配置功能，建立起整个经济中资金赤字者(需求者)与资金盈余者(供给者)之间的联系，调剂整个社会中资金的余缺(或不平衡)，以达到对资金(进而对实际经济资源)的更有效利用，进而提高整个社会的福利水平。

3. 金融提供价格信息的功能，帮助协调不同经济部门的决策。每天，报纸、广播、电视都有股票指数、利率、汇率、商品价格等信息。在收到这些报道的人当中，只有很少一部分在进行实际买卖交易。然而，许多不进行实际交易的人，可以利用这些价格信息制定其他决策。

4. 金融资源是指金融领域中关于金融服务主体与客体的结构、数量、规模、分布及其效应和相互作用关系的一系列对象的总和或集合体。

5. 金融创新是解决金融矛盾的关键。从金融市场、金融机构、金融监管等各方面的创新入手，用新的思维和管理模式去创造性地解决金融问题。

三、多项选择题

1	2	3	4	5	6	7	8
ABCD	ABC	ABCD	ABCD	ABC	ABCD	ABCD	CD

【重难点讲解】

1. 金融压抑的表现有金融管制、利率限制、信贷配额、金融资产单调等。

2. 金融发展对经济发展的作用体现在有助于资本积累、有助于提高资源的使用效率、有助于提高金融资产储蓄比例等。

3. 金融压抑战略对经济发展和经济成长的负效应主要表现在负收入效应、负储蓄效应、负投资效应、负就业效应。

4. 放松利率管制和汇率限制、发行直接融资工具及缩减指导性信贷计划都属于金融自由化的主要内容。

5. 激励问题有很多种形式，如道德风险、逆向选择及代理问题等。一个职能健全的金融系统有助于克服这些问题，从而使金融的其他好处(如储备、风险分担和金融专业化)得以实现。

6. 以金融资源学说为基础的金融可持续发展理论认为：①金融是一种资源，是一种社会资源，是一国的战略性稀缺资源。②以合理运用金融资源为基础，实现金融可持续发展，并进而推进社会文化和经济的全面协调可持续发展。③金融关系着国家经济安全，是第二国防，必须提高警惕捍卫本国金融主权。

7. 按照熊彼得的创新法分类，金融创新可粗略分为五大类，即新技术在金融业的应用、国际新市场的开拓、国内国际金融市场上各种新工具的出现、银行业组织和管理方面的改进和金融机构方面的变革。

8. 按照金融创新工具所起的金融中介作用分类，金融创新可分为四类，即风险转移型金融创新、流动性增强型金融创新、债权型金融创新以及股权型金融创新。

四、判断题

1	2	3	4	5	6	7	8	9	10
×	×	×	√	√	√	×	×	√	√

【重难点讲解】

3. 发展中国家的金融压抑表现在：发展中国家存在的市场机制作用没有得到充分发挥、金融资产单调、金融机构形式单一、过多的金融管制和金融效率低下等。

8. 金融自由化是减少政府对金融业的干预，而并非政府彻底放弃对金融业的干预。

五、简答题

1. 【参考答案】

作为一种战略性资源，金融资源在一个经济中的战略性作用是通过其整体性的宏观功能来体现的。主要表现在以下两个方面：

(1) 金融资源向一个经济体所提供的资源配置能力和资源配置效率决定了这个经济体的综合发展水平和潜在增长能力。

(2) 金融资源在将一个经济体的经济关系深化为金融关系的同时,不可避免地提高这个经济体的系统的风险程度,从而使得这个经济体的内在安全性变得相对脆弱。

2.【参考答案】

常用的金融创新分类方法主要包括以下两种:

(1) 按照熊彼得的创新法分类,金融创新可粗略分为五大类,即新技术在金融业的应用、国际新市场的开拓、国内国际金融市场上各种新工具的出现、银行业组织和管理方面的改进和金融机构方面的变革。

(2) 按照金融创新工具所起的金融中介作用分类,金融创新可分为四类,即风险转移型金融创新、流动性增强型金融创新、债权型金融创新以及股权型金融创新。

3.【参考答案】

金融创新的意义主要包括以下三点:

(1) 创新是发展的源动力,金融创新是金融业持续发展的基础。

(2) 金融创新是解决金融矛盾的关键。

(3) 金融创新是防范金融风险、使金融可持续发展的有效途径。

4.【参考答案】

金融可持续发展的评价可分为以下三点:

(1) 金融可持续发展确立了金融学研究的最终目标。

(2) 金融可持续发展是一种全新的金融效率观。

(3) 金融可持续发展强调金融学的社会科学属性。

5.【参考答案】

确保金融产业的独立性对金融可持续发展的意义主要表现在以下三点:

(1) 独立性是主动性的基础。只有确保金融产业的独立性,金融业才能走出被动适应经济发展的局面,主动调节经济,为自身发展创造良好的环境,从而强化自身发展的持续能力。

(2) 有利于消除杠杆。确保金融产业的独立性,有利于消除将金融作为杠杆机制,有利于真正建立金融可持续发展的动机机制。

(3) 提高金融体系的安全性。确保金融产业的独立性,有利于提高金融体系的安全和稳健,增强金融可持续发展系统的平衡力。